HANS HERBERT VON ARNIM (Hrsg.)

Erosion von Demokratie und Rechtsstaat?

Schriftenreihe der Deutschen Universität
für Verwaltungswissenschaften Speyer

Band 235

Erosion von Demokratie und Rechtsstaat?

Beiträge auf der 17. Speyerer Demokratietagung vom 26. bis 27. Oktober 2017 an der Deutschen Universität für Verwaltungswissenschaften Speyer

Herausgegeben von

Hans Herbert von Arnim

Duncker & Humblot · Berlin

Bibliografische Information der Deutschen Nationalbibliothek

Die Deutsche Nationalbibliothek verzeichnet diese Publikation in der Deutschen Nationalbibliografie; detaillierte bibliografische Daten sind im Internet über http://dnb.d-nb.de abrufbar.

Druck: Meta Systems Publishing & Printservices GmbH
Printed in Germany

ISSN 2197-2842
ISBN 978-3-428-15536-1 (Print)
ISBN 978-3-428-55536-9 (E-Book)
ISBN 978-3-428-85536-0 (Print & E-Book)

Gedruckt auf alterungsbeständigem (säurefreiem) Papier
entsprechend ISO 9706 ♾

Internet: http://www.duncker-humblot.de

Vorwort

Die 17. Speyerer Demokratietagung war dem Thema *Erosion von Demokratie und Rechtsstaat?* gewidmet. Zur „Demokratie" gehören Volkssouveränität, Wahlen, direkte Demokratie, kurz: Bürgerpartizipation an der politischen Willensbildung, oder – mit Abraham Lincoln – Herrschaft *durch* das Volk. Offenbar hat sich in den letzten Jahren immer mehr das Gefühl verbreitet, dass die Bürger wenig zu sagen haben und Politik über ihre Köpfe hinweg gemacht werde. Unter „Rechtsstaat" sind Gewaltenteilung, Grundrechte, unabhängige Kontrolleure wie Gerichte, Zentralbanken, Rechnungshöfe zu verstehen. Die materiellen Stichworte sind inhaltliche Richtigkeit, sprich: Gerechtigkeit und Gemeinwohl, also Herrschaft *für* das Volk.

Die Erosionsgefahr wurde durch grundlegende faktische Entwicklungen sozusagen aktualisiert, die die politischen Koordinaten neu ausgerichtet und damit die Politik in Deutschland und in Europa wesentlich beeinflusst haben. Hier sind zu nennen der Brexit im Juni 2016 und der Flüchtlingsstrom besonders im Herbst 2015. Auch hat in der deutschen Innenpolitik das In-die-linke-Mitte-Rücken der CDU unter Angela Merkel die Volksparteien, besonders die SPD, geschwächt. Die Fortsetzung der großen Koalition nach der Bundestagswahl 2017 wurde dadurch sehr erschwert. Andererseits erhielten die kleineren Parteien Auftrieb. Insbesondere die großzügige Flüchtlingspolitik der Regierung hatte für die AfD, die nach der Trennung von ihrem Vorsitzenden darnieder lag, wie eine politische Reanimationskur gewirkt.

Angesichts des Zusammenrückens der Volksparteien kann der Bürger aber kaum noch mit dem Stimmzettel gute Politik belohnen und schlechte bestrafen, was letztlich die Essenz der Demokratie ausmacht – es sei denn, er wendet sich den Konkurrenten der Volksparteien zu.

Dementsprechend geht es in mehreren Texten dieses Bandes um ein „Zu wenig an Demokratie", weil politische Entscheidungen dem Volk oder seiner Vertretung, dem Parlament, entzogen oder vorenthalten werden.

So etwa durch die Europäische Zentralbank, die die politische Macht usurpiert habe, wie Hans-Werner Sinn ihr in seinem Vortrag vorhielt. Leider konnte er die schriftliche Fassung nicht rechtzeitig für den Tagungsband fertigstellen, hat aber freundlicherweise seinen jüngsten Vortrag über den Brexit zur Verfügung gestellt. Darin beschreibt er das unerhörte Gewicht des Austritts Großbritanniens aus der EU, der gemessen an der Wirtschaftskraft dem Austritt der 19 kleinsten von 28 Mitgliedern gleichkommt, und die gravierenden Auswirkungen gerade für Deutschland.

So etwa durch die Gerichte, die die Gesetze und die Verfassung nicht *aus*legten, sondern ihnen etwas *unter*legten (Bernd Rüthers). Man fühlt sich an das Goethe-Wort erinnert: „Im Auslegen seid frisch und munter. Legt ihrs nicht aus, so legt was unter." Krasse Beispiele für die Machtergreifung der Verfassungsgerichte sind grundlegende Urteile des EuGH und neuerdings das Urteil des Hamburger Verfassungsgerichts zur direkten Demokratie.

So etwa durch Regierungen und ihre Chefs im Wege der Präsidialisierung (Thomas Poguntke), so dass dem Parlament nur die formale Absegnung längst getroffener Entscheidungen bleibt.

Ein Bereich, in dem Parlament, Regierung und Verwaltung von den Ereignissen überrollt wurden, stellt die Flüchtlingswelle im Herbst 2015 dar, deren Vorgeschichte und Ablauf Robin Alexander wohl recherchiert beschreibt.

Wolfgang Weiß behandelt die Wirkungsweise von Freihandelsabkommen sowie gewisse Gefahren für Demokratie und Rechtsstaat und zeigt verfassungsrechtliche Lösungsmöglichkeiten auf.

Jens Gnisa, Vorsitzender des deutschen Richterbundes, gibt einen umfassenden Überblick über aktuelle Gefahren für Rechtsstaat und Demokratie und stellt zahlreiche Reformvorschläge zur Diskussion. Gelegentlich entsteht in der Tat der Eindruck, der Rechtsstaat nehme es im Kleinen sehr genau, während Rechtsbrüche im Großen ungeahndet blieben.

Werner Patzelt und Frank Decker behandeln das Thema direkte Demokratie auf Bundesebene in seinen verschiedenen Aspekten durchaus kontrovers. Ihre Analysen erscheinen auch vor dem Hintergrund der jüngsten Koalitionsvereinbarung von Union und SPD von Interesse, die die Einsetzung einer einschlägigen Sachverständigenkommission vorsieht.

Joachim Behnke analysiert das undurchsichtige Bundestagswahlrecht, auch am Beispiel der Wahl vom 24. September 2017, das mit seinen Überhang- und Ausgleichsmandaten zu einer gewaltigen Aufblähung des Bundestags, gerade an Listenmandaten, geführt hat, und unterbreitet einen Reformvorschlag.

Sven Giegold gibt in der Niederschrift seines frei gehaltenen Vortrags einen erfahrungsgesättigten Überblick über Licht- und Schattenseiten der Europäischen Union aus Sicht des Brüsseler Abgeordneten.

Insgesamt kann man feststellen, dass die Themen immer noch höchst aktuell sind. Mit den meisten wird sich die Politik auch in den nächsten Jahren zu beschäftigen haben.

Allerdings: Überwiegend geht es nicht um Inhalte der Politik, sondern um die Struktur der politischen Willensbildung selbst, um die angemessene Regelung der Regeln der Macht. Und darüber entscheidet die Politik in eigener Sache. Das erschwert Veränderungen zum Besseren und schürt Skepsis, ob und inwieweit hier Reformen vorankommen. Beim Wahlrecht wird das Problem der Entscheidung in eigener Sache besonders akut. Zur Eindämmung der übergroßen Zahl der (Listen-)Mandate kommt noch die Frage der Verlängerung der Wahlperiode auf 5 Jahre hinzu, ferner die Frage der voraussetzungslosen Briefwahl und der Doppelt-Wahl von Zwei- oder Mehrstaatlern.

Auch die Frage der Einführung und Ausgestaltung der direkten Demokratie auf Bundesebene stellt letztlich eine Entscheidung in eigener Sache dar. Dies wird besonders deutlich, wenn gleichzeitig die Wahlperiode des Bundestags verlängert werden sollte, wie die Fraktionen noch kurz vor der Bundestagswahl 2017 angekündigt hatten.

Bei der Vorbereitung der Tagung und dieses Bandes hat mir Herr Dipl.-Volkswirt Andrei Király wertvolle Hilfe geleistet.

Speyer, im April 2018 *Hans Herbert von Arnim*

Inhaltsverzeichnis

Brexit, Deutschland und die Zukunft der Europäischen Union[1]

Hans-Werner Sinn

Reisende solle man ziehen lassen. So hört man es achselzuckend aus deutschen Regierungskreisen. Der Brexit wird kommunikativ als ein Ereignis von minderer Bedeutung dargestellt. Schade zwar, aber auch kein Beinbruch.

Diese Position ist entweder naiv, oder sie soll beschwichtigen. Großbritannien ist nicht nur eine von zwei Nuklearmächten der EU, sondern die zweitgrößte Volkwirtschaft Europas. Gemessen an der Wirtschaftskraft ist der Brexit gleichbedeutend mit dem simultanen Austritt von 19 von 28 EU-Ländern. Der Austritt ist ein größerer, ja katastrophaler Unfall in der Geschichte Europas. Er zerstört die Nachkriegsordnung und lässt eine lädierte EU zurück.

Ich erinnere mich noch gut, als der Elysée-Vertrag, der deutsch-französische Freundschaftsvertrag, im Jahr 1963 beschlossen wurde. Der französische Präsident De Gaulle zog über die deutschen Marktplätze und hielt flammende Reden. Im Fernsehen richtete er in makellosem Deutsch einen Appell an die Deutschen, um sie für das Vorhaben zu gewinnen. Die Briten wollte er freilich nicht dabei haben.

Die Atlantiker in der deutschen Regierung unter Leitung des damaligen Außenministers Gerhard Schröder und des Wirtschaftsministers Ludwig Erhard waren deshalb skeptisch. Sie überzeugten den Bundestag gegen den Willen Adenauers, der sein Amt bald darauf verlor, dem Freundschaftsvertrag eine Präambel vorzuschalten, in dem zwar der Wille zur Freundschaft mit Frankreich bekräftigt, doch auch erklärt wurde, dass man die Briten in die Europäische Wirtschaftsgemeinschaft aufnehmen wolle.

Als De Gaulle davon erfuhr, kochte er. Er blockierte die britischen Beitrittsgesuche der Jahre 1963 und 1967 mit seinem Veto und praktizierte eine Politik des leeren Stuhls, um Frankreichs Interessen durchzusetzen. Erst 1973, nach seinem Tode, gelang es den Atlantikern in Deutschland und Nordeuropa, Großbritannien in die Europäische Wirtschaftsgemeinschaft zu holen. Ein wesentliches Ziel der deutschen Nachkriegspolitik war erreicht. Mit dem Beitritt Großbritanniens wur-

---

[1] Deutsche Niederschrift eines am 23. Januar 2018 beim *Forum on Geopolitics* an der Universität Cambridge (Brendan Simms und Sir Andrew Cook) frei gehaltenen Vortrags in englischer Sprache. Auch erschienen in der FAZ vom 23.2.2018, S. 20.

de der Schutz der NATO glaubhafter, eine einseitige Abhängigkeit von Frankreich wurde vermieden, und unter dem Schutz der weltläufigen Briten, die den Freihandel mit den Ländern ihres ehemaligen Weltreichs in der EU erfolgreich verteidigten, gelang es der deutschen Industrie, die Weltmärkte zu erobern.

Auch im Vereinigten Königreich selbst gab es freilich nicht nur Zustimmung. So strengte die Labour-Partei im Jahr 1975 eine Volksabstimmung über den Verbleib in der EWG an. Dass die Abstimmung nicht zum Wiederaustritt des Vereinigten Königreichs führte, lag nicht zuletzt auch an den Interventionen der deutschen Bundesregierung. So hatte Helmut Schmidt im November 1974 eine viel beachtete Rede in prächtigem Englisch auf dem Parteitag der EU-skeptischen Labour-Partei gehalten, um die Genossen von der Notwendigkeit des Verbleibs zu überzeugen.

Ähnlich energische Aktionen wie sie damals bei De Gaulle auf der Einen und den deutschen Atlantikern auf der anderen Seite beobachtet werden konnten, sind mir vor der Brexit-Entscheidung bei der deutschen Bundesregierung nicht aufgefallen. Ja, als Cameron zur Vermeidung des Brexit eine Verlängerung der Zeit bis zur Inklusion der EU-Migranten in das Sozialsystem des jeweiligen Gastlandes verlangte, um seine Landsleute vom Verbleib in der EU zu überzeugen, ließ man ihn abblitzen. Die Regelung, die die EU Cameron angeboten hatte und die auch die Kanzlerin unterstützte, war wertlos, weil sie nach einer Übergangszeit alsbald wieder auslaufen sollte. Cameron kam von den Treffen mit leeren Händen zurück und hatte wenig Substanz für einen positiven Ausgang des Referendums anzubieten. Er hat sich später über die mangelnde Unterstützung durch die Kanzlerin beklagt.

Warum wurde die deutsche Kanzlerin nicht aktiv? Hatte sie keine Zeit, sich dem Thema zu widmen? Oder war sie nicht handlungsfähig, weil sie sich bei der Flüchtlingspolitik verfahren hatte und nun Frankreich nicht verprellen wollte, auf dessen Unterstützung sie bei der Umsetzung einer Quotenregelung angewiesen war?

Zu der Austrittsentscheidung trug das Migrationsthema auch auf anderem Wege bei. UKIP hat nämlich unter Verweis auf die kampierenden Flüchtlinge vor dem Eingang des Tunnels von Callais davor gewarnt, dass ein Teil der Flüchtlinge, die damals nach Deutschland drängten, auch nach Großbritannien kommen werde, sei es auf illegalem Wege, sei es durch das von Deutschland angestrebte Quotenverfahren. Bei den Exit-Polls, den Umfragen, die das Befragungsinstitut YouGov direkt nach dem Verlassen der Wahlkabinen am 26. Juni durchführte, wurde das Migrationsthema von den *Brexiteers* tatsächlich fünf Mal so häufig genannt wie das nächstwichtige Thema, Arbeitsplätze und Investitionen. Insofern trägt die deutsche Regierung eine doppelte Mitverantwortung für die Entscheidung.

I. Nicht nur Verlierer

Deutschland ist für Großbritannien der zweitgrößte Exportmarkt, und die EU als Ganze ist sogar Großbritanniens wichtigster Exportmarkt. Eine Einschränkung des Handels würde Großbritannien empfindlich treffen und dem Land erhebliche Wohlfahrtsverluste bescheren. Besonders große Verluste sind beim Handel mit Finanzdienstleistungen zu erwarten, denn die werden sicherlich in besonderem Maße eingeschränkt werden, schon weil die EU es nicht zulassen wird, dass sie Institutionen, von denen systemische Risiken auf ihr Territorium ausgehen, nicht selbst kontrollieren kann.

Wenn der Dienstleistungshandel eingeschränkt wird, wird die City of London ihre Funktion als *Hub*, als Umschlagsplatz für die Transaktionen des europäischen Finanzmarktes verlieren. Allein schon an der Clearing-Funktionen im Derivate-Handel hängen zehntausende von Arbeitsplätzen. Aber auch die ganz normalen Arbitrage-Geschäfte der Banken, bei denen Ersparnisse eingesammelt und an Kreditnehmer in ganz Europa weitergeleitet werden, sowie das Versicherungswesen bieten direkt Hundertausenden und indirekt Millionen von Menschen Arbeit und Brot. Der Wertschöpfungsanteil der Finanz- und Versicherungsbranche ist in Großbritannien mit 6,5% des BIP fast doppelt so groß wie in Deutschland.

Der Austritt erzeugt in Großbritannien aber nicht nur Verlierer. Gewinner könnten die alten Industriegebiete sein. Diese Gebiete hatten durch die Aufwertung des Pfunds, die selbst auf die wachsende Attraktivität der Finanzdienstleistungen der *City* zurückzuführen war, ihre Wettbewerbsfähigkeit verloren und könnten mit der Zurückdrängung der *City* nun wieder hochkommen. Auf dem Weg über eine Normalisierung des Pfundkurses erhalten die alten Industriegebiete mit neuen stofflichen und digitalen Produkten neue Chancen.

In der Sprache der Ökonomen liegt dieser neue Vorteil darin, dass Großbritannien von der sogenannten „holländischen Krankheit" geheilt wird. In den 1960ger Jahren hatte Holland Gas gefunden, dessen Verkauf in die Welt zu einer Aufwertung des Gulden und einem Reallohnanstieg führt, der die holländische Industrie dezimierte. Erst als in den 1980ger Jahren die Gaspreise wieder fielen und die Gasproduktion zurückging, erholte sich das Land wieder. Auch Norwegen leidet unter der Holländischen Krankheit, denn wegen des Verkaufs seiner Ressourcen hat es die höchsten Lohnkosten der ganzen Welt mit der Folge, dass man ein verarbeitendes Gewerbe dort vergeblich sucht. Was für Norwegen das Öl und für Holland das Gas ist, sind für Großbritannien die Produkte der *City*. So gesehen folgten die Wähler aus den alten Industriegebieten nicht nur irgendwelchen populistischen Rattenfängern, wenn sie sich gegen das Londoner Establishment auflehnten, sondern entschieden sich für eine Strategie, die ihnen persönlich Vorteile bringen kann. Das heißt nicht, dass diese Vorteile die Nachteile der City aufwiegen, es heißt nur, dass es sie gibt.

II. Auch Deutschland wird zu den Verlierern des Austritts gehören

Obwohl sich ein Teil der britischen Finanzbranche nun nach Frankfurt verlagert, wird Deutschland zu den Verlierern des Brexit gehören. So wird die strukturelle Abwertung des Pfundes im Verein mit einer allgemeinen Beschränkung des Handels der Exportindustrie zusetzen, die in Großbritannien noch vor kurzem ihren drittgrößten und heute den viertgrößten Absatzmarkt hat. Deutsche Autos sind zwar nach wie vor begehrt, doch ist die eigene Automobilindustrie bereits jetzt wieder im Kommen. Dass auch BMW daran seinen Anteil hat, weil es sein Know-How mitsamt vieler deutscher Fachleute dort hinterließ, sei nur am Rande vermerkt.

Wichtiger noch als die unmittelbaren Effekte einer Handelserschwerung mit Großbritannien wiegen freilich die indirekten Effekte aufgrund einer Verringerung des politischen Gewichts der nördlichen Länder der EU, die traditionell eher an Freihandel interessiert sind und einer Transferunion à la Macron skeptisch gegenüberstehen.

Diese Gewichtsverringerung lässt sich präzisieren. So haben die nördlichen EU-Länder inklusive des Vereinigten Königreichs, der Niederlande, Deutschlands, Österreichs, der baltischen Länder, Dänemarks und Schweden 39% der EU-Bevölkerung, und die mediterranen haben 38%. Nach dem Brexit schrumpft die nördliche Gruppe auf 30%, und die mediterrane wächst auf 43%. Das ist durchaus problematisch, denn der Lissabon-Vertrag hatte beiden Ländergruppen eine Blockademacht bei den Entscheidungen des Ministerrats der EU gegeben, indem er vorsah, dass eine Ländergruppe, die mindestens 35% der EU-Bevölkerung auf sich vereint, nicht überstimmt werden kann. Diese Regelung verliert nun offenkundig ihre Bedeutung, indem die Blockademacht der mediterranen Länder gestärkt und die der nördlichen Länder beseitigt wird.

Der Rückzug Großbritanniens führt im Übrigen auch im Europaparlament noch auf einem ganz anderen Wege zu einer Schwächung der politischen Macht Deutschlands. So hat ein Parlamentsausschuss bereits vorgeschlagen, dass von den 73 Parlamentssitzen, die nach dem Austritt des Vereinigten Königreichs frei werden, 27 anderen Ländern zugeschlagen werden. So sollen zum Beispiel Frankreich und Spanien je fünf weitere Sitze erhalten, während Deutschland nicht einen einzigen Sitz erhält. Seine Zahl der Parlamentssitze bleibt auf 96 gedeckelt, wie es der Lissabon-Vertrag vorsieht. Es ist zu erwarten, dass dieser Vorschlag im EU-Parlament die Mehrheit findet. Die anderen 46 frei werdenden Sitze will Präsident Macron für „europäische Listen" verwenden.

Die Verringerung der politischen Macht Deutschlands und der anderen nordischen Länder, wie sie insbesondere mit dem Verlust der Sperrminorität verbunden ist, wird die Machtbalance in der EU drastisch zugunsten der wirtschaftlich weniger erfolgreichen Länder des Mittelmeerraums verändern. Die Prognose, dass sich Europa nun auch deswegen zu einer Transferunion entwickeln wird, bei der der Norden den Süden wird aushalten müssen und der Süden umgekehrt dauerhaft in der holländischen Krankheit mit Löhnen gehalten wird, die durch die Produktivität der jeweiligen Standorte nicht gedeckt ist und deshalb nie wieder vom Fleck kommt, ist nicht gewagt.

Man denke nur an den vorauseilenden Gehorsam, der sich bereits im Koalitions-Vorvertrag zeigt. Die Position von Wolfgang Schäuble, dass der ESM intergouvernemental kontrolliert werden soll, weil Deutschland dabei über eine Sperrminorität verfügt, wird mit der Übertragung der Kontrolle auf das EU-Parlament und die Kommission preisgegeben. Deutschland muss jetzt nur einmal „Ja" sagen, bevor es anschließend dauerhaft zahlt, ohne dafür unterwegs zumindest noch das Wohlwollen der anderen Länder einkaufen zu können.

Es ist sogar zu befürchten, dass die große Koalition verbabreden könnte, einen verbindlichen Zeitplan für die Einrichtung einer gemeinsamen Einlagensicherung vorzubereiten. Auch wenn es dabei zuvor zu einer optischen Bilanzbereinigung kommt, wird es sich noch sehr viele schlummernde Altlasten einhandeln. Und im Übrigen schafft es damit auch in Europa die Bedingungen, die die Banken der USA zu Spielkasinos machten und die die in den 1980ger Jahren die Savings & Loan – Krise hervorrief, die hunderte von Banken in den Ruin trieb und den amerikanischen Staat weit über 100 Milliarden Dollar gekostet hat. Unter dem Schutz der Einlagensicherung war es damals auch dubiosen Banken gelungen, Kundengelder für waghalsige Anlageprojekte einzusammeln, die in der Krise notleidend wurden.

Auch liegt die Prognose auf der Hand, dass sich Europa in den kommenden Jahrzehnten gegenüber anderen Ländern der Welt als nur Großbritannien zu einer Handelsfestung entwickeln wird, um die wenig wettbewerbsfähigen Industrien Südeuropas und Frankreichs zu schützen. Der Geist des neuen Protektionismus zeigt sich ebenfalls bereits deutlich in den Vorvereinbarungen der großen Koalition, die im Schulterschluss mit Frankreich unter anderem vorsehen, den Wettbewerb durch osteuropäische Arbeitskräfte zu beschränken. Aber dabei wird es nicht bleiben, denn jede Maßnahme Trumps wird Frankreich mit einer anderen protektionistischen Maßnahme beantworten wollen. Der Hauptleidtragende des neuen Protektionismus, der nun von Frankreich herüberweht, wird jenes europäische Land sein, das mehr als alle anderen von der Integration in den Welthandel lebt, die es unter dem Schutz Großbritanniens im letzten halben Jahrhundert geschafft hat – nämlich Deutschland.

III. Wider die Metapher vom Rosinenpicken

Die Verhandlungen der EU werden vom französischen Spitzenbeamten Michel Barnier gleitet, der derzeit als EU-Kommissar tätig ist, aber schon als nächster Kommissionspräsident gehandelt wird. Er hat die in Deutschland häufig nachgesprochene Devise vom Verbot des Rosinenpickens ausgesprochen. Wenn Großbritannien den Binnenmarkt verlasse, dann müsse es ihn ganz verlassen. Es könne nicht einerseits die Freizügigkeit für Menschen verbieten und andererseits Handelsfreiheit für Kapital, Güter und Dienstleistungen beanspruchen.

Barniers Devise mag eine vordergründige Logik auf ihrer Seite haben. Aus ökonomischer Sicht ist sie grundfalsch, ja geradezu das Gegenteil dessen, was jedes Modell des reinen Außenhandels impliziert. Danach ist es zwar schade, wenn eine der Freiheiten eingeschränkt wird, doch, wenn das nun einmal passiert, ist es umso wichtiger, die anderen Freiheiten weiterhin zu gewähren, denn sie nützen grundsätzlich beiden Seiten. Handel ist die Voraussetzung für Spezialisierungsgewinne und gibt den Verbrauchern die Möglichkeit, dort zu kaufen, wo sie besser bedient werden. Mit dem Verbot des Rosinenpickens würden sich die EU-Länder selbst schädigen.

Der Grund für diese Aussage ökonomischer Modelle liegt darin, dass die freie Migration von Arbeitskräften und der Freihandel mit Gütern und Kapital ökonomische Substitute sind, die sich teilweise ersetzen können und jedenfalls ähnlich günstige Wohlfahrtswirkungen hervorrufen. Wenn eines gestört ist, braucht man das andere umso mehr. Konkret: Wenn wegen fehlender Arbeitskräftemigration die Lohnunterschiede zwischen den Ländern besonders groß sind, dann sind auch die relativen Güterpreise arbeits- und kapitalintensiv produzierter Güter zwischen den Ländern besonders groß, und das wiederum spricht für hohe Handelsgewinne. Diese Handelsgewinne würde man durch die Strategie Barniers zum Nachteil beider Seiten verhindern.

Es ist wie mit meiner rechten und meiner linken Hand. Wenn ich meine gebrochene rechte Hand in einer Schlinge trage, folgt nicht, dass ich nun auch die linke an meinen Körper anbinden sollte, um die Symmetrie zu wahren. Ganz im Gegenteil folgt, dass die linke Hand besonders frei sein muss, damit sie einen Teil der Arbeit der rechten Hand miterledigen kann.

IV. Welche Union wollen wir?

Der wahre Grund für Barniers Rosinenpicker-Devise ist denn wohl auch, dass er eine Möglichkeit sucht, Großbritannien zu bestrafen, damit nicht auch andere Länder auf „dumme“ Gedanken kommen.

Das ist als Motiv zwar zunächst plausibel und wird deshalb immer wieder so vorgebracht. Doch muss man sich fragen, welches Bild von der EU ihm zugrunde liegt. Wieso sollte ein freiwilliger Bund souveräner Staaten, die gerne zusammenkommen, weil sie sich allesamt Vorteile davon versprechen, Strafen für den Austritt aus der Union verhängen? Nur Gefängnisse brauchen solche Strafen.

Es gibt grundsätzlich zwei Arten von Union. Der eine Typus ist durch Freiwilligkeit der Mitgliedschaft und gegenseitige Vorteile gekennzeichnet, die grundsätzlich alle Mitglieder haben. Man kann hier in Anlehnung an die Theorie des italienisch-schweizerische Ökonomen Vilfredo Pareto von einer Pareto-optimalen Föderation reden.

Die andere Union ist eine Umverteilungsunion, die einer Gruppe von Ländern Ressourcen nimmt und sie einer anderen Gruppe gibt. Die Verlierer einer solchen Union würden es vorziehen auszutreten, und um sie daran zu hindern, müssen sie mit Strafen bedroht werden. Sie ist offenbar das, was Barnier im Auge hat.

Wer ihm hier nicht folgen möchte, der muss die Option des straffreien Austritts wollen und im Übrigen bei den Abstimmungen starke Minoritätsrechte vorsehen. Nur so lassen sich die Umverteilungsgelüste der Mehrheit im Zaum halten. Der oben zitierte Verlust der Sperrminorität der nordischen Länder nach dem Brexit lässt erwarten, dass die EU sich in die falsche Richtung entwickeln wird.

Sicher, man kann auch eine Umverteilungsunion im Sinne eines Versicherungsschutzes auf Gegenseitigkeit interpretieren. Eine solche Union benötigt jedoch einen bindenden Versicherungsvertrag, der dauerhaft Bestand hat und auch dann noch gilt, wenn die jetzigen Nettozahler selbst einmal bedürftig werden sollten. Der Abschluss eines solchen Vertrages ist die Gründung des europäischen Staates.

Davon ist Europa jedoch meilenweit entfernt, zumal ein französischer Präsident nach dem anderen erklärt hat, dass er das Fernziel der Vereinigten Staaten genauso ablehnt wie die damit verbundene Unterordnung der Force de Frappe unter ein europäisches Kommando.

Die häufig von französischen Ökonomen beschworene Risikoteilung verdient diesen Namen schon deshalb nicht, weil kein europäisches Land durch Ereignisse in Schwierigkeiten gekommen ist, die es nicht selbst zu verantworten hätte.

Wie schwer sich selbst veritable Staaten tun, Umverteilungssysteme zu Lasten einzelner Regionen aufrecht zu erhalten, zeigt das Beispiel Kataloniens. Das Land hat 16% der spanischen Bevölkerung und erzeugt 20% des Sozialprodukts. Von diesem Vorteil verbleibt aber nicht viel, weil viele Mittel über undurchsichtige Kanäle über Madrid nach Südspanien geleitet werden. Die Umverteilung zwischen Regionen und Ethnien stabilisiert Föderationen nicht, wie manche zu glauben scheinen, sondern ruft ganz im Gegenteil erhebliche Zentrifugalkräfte hervor. Auch der Separatismus der italienischen Lega Nord sollte ein warnendes Beispiel sein.

V. Exit from Brexit

Aus heutiger Sicht erscheint der Brexit, der all diese Gefahren heraufbeschwört, als kaum noch abwendbar. Das gesamte Establishment des Vereinigten Königreichs geht mit nur wenigen Ausnahmen heute davon aus, dass Großbritannien die EU zum 19. März 2019 verlassen und die sich anschließende Übergangsfrist mit dem Jahr 2020 enden wird.

Dennoch könnte es anders kommen. Zu viele Ereignisse, die eigentlich unmöglich zu sein schienen, fanden in den letzten Jahren statt, als dass man Gewissheit haben könnte. Wenn sich die Verhandlungen festfahren, wenn die Briten begreifen, wie groß ihre Verluste sind, wenn es zu einer krisenhaften Kapitalflucht kommen oder das Pfund kollabieren sollte: dann könnte sehr wohl ein Zustand eintreten, in dem das Unterhaus ein zweites Referendum vorschlägt, um das Volk über den ausgehandelten Vertrag entscheiden zu lassen. Nach den heutigen Umfrageergebnissen würden dabei die Remainers vermutlich gewinnen.

Für diesen Fall sollte sich die EU wappnen, indem sie den Briten einen großen Schritt entgegen kommt. Wenn die EU über ihren Schatten spränge, könnten es auch die Briten tun, und beide Seiten kämen noch rechtzeitig zur Vernunft, bevor die Katastrophe ihren Lauf nimmt. Und wenn die Briten dennoch austreten, dann hätte man zumindest eine bessere EU.

Dazu müsste zweierlei geschehen. Erstens müsste die deutsche Regierung erklären, dass sie den Austritt für eine solch wichtige und für das Schicksal unseres Landes dermaßen zentrale Frage hält, dass sie die Verhandlungen darüber nicht der EU allein überlassen kann. Sie muss den EU-Vertrag in seiner heutigen Form selbst in Frage stellen, und dabei kann sie sich nicht von einem französischen EU-Kommissar vertreten lassen. Schon der drohende Verlust der Sperrminorität im Ministerrat sollte Anlass genug sein, aus wichtigem Grund eine Vertragsänderung zu verlangen.

Sie muss dabei natürlich auch Rücksicht auf andere Länder nehmen, aber sie muss dazu zunächst einmal couragiert agieren, ähnlich wie es Frankreich immer wieder tut. Wie die große spanische Zeitung *El Pais* unter Berufung auf den spanischen Ministerpräsident Zapatero berichtete, hatte Präsident Sarkozy im Mai 2010 mit dem Austritt seines Landes aus dem Euro gedroht, um Deutschland den Rettungsschirm EFSF abzutrotzen, eine Aktion, die selbst die französische Finanzministerin Lagarde als Vertragsverletzung ansah. Nun ist die Zeit gekommen, in der Deutschland auch einmal seine Interessen in die Waagschale werfen muss und offensiv für eine bessere EU werben muss. Wenn Angela Merkel nicht als Kanzlerin der Teilung Europas in die Geschichtsbücher eingehen will, sollte sie diesen Hinweis ernst nehmen.

Zweitens käme es darauf an, ein kluges Zugeständnis zu formulieren, das den Briten hilft, uns aber nicht schadet, ja anerkennt, dass die Briten mit ihrem Reformbegehren sogar Recht hatten. Und das könnte eine Verbesserung der Regeln für die EU-interne Migration sein. Dies war ja das Thema, das die Briten so sehr störte, dass die Austrittsbefürworter die Mehrheit gewannen.

Konkret könnte man den Vorschlag Camerons, EU-Sozialmigranten verzögert in das Sozialsystem des Gastlandes aufzunehmen noch einen Schritt weiterentwickeln, indem man die Sozialleistungen in erarbeitete und ererbte Sozialleistungen unterscheidet. Erarbeitete Leistungen sind zum Beispiel die Arbeitslosen- oder die Rentenversicherung, die durch Beiträge finanziert wurden. Ererbte Leistungen könnten andere Leistungen wie das Wohngeld, das Kindergeld oder die soziale Grundsicherung für nicht erwerbsfähige Personen sein, die nichts mit dem Arbeitsverhältnis zu tun haben. Diese ererbten Leistungen könnten grundsätzlich vom EU-Heimatland erbracht werden, während es den Betroffenen vollständig freigestellt bleibt, sie an einem Ort ihrer Wahl zu konsumieren.

Dieser Vorschlag ginge sogar noch über Camerons Wünsche hinaus und würde den Briten gesichtswahrend ein neues Referendum ermöglichen. Auch wäre er geeignet, die Wohlfahrtsmagneten der nördlichen Länder abzuschwächen, die die Migrationsströme in Europa in den letzten Jahren in erheblichem Maße verzerrt haben, ohne dabei die Freizügigkeit in irgendeiner Weise einzuschränken. Ob mit oder ohne Großbritannien: Es entstünde ein besseres Europa, in das wir unsere Kinder mit mehr Zutrauen hineinwachsen lassen könnten.

Kann Freihandel Demokratie und Rechtsstaat gefährden?*

Zu den (unions)verfassungsrechtlichen Anforderungen der parlamentarischen Begleitung von Regelsetzung durch Vertragsgremien

Wolfgang Weiß

I. Einleitung: Einordnung der Problemstellung in den Kontext von Globalisierung und internationalisierter Regelsetzung

Freihandel und Demokratie schienen lange Zeit Themen zu sein, die nichts miteinander zu tun haben. Indes gibt es seit längerem eine Diskussion um Demokratie und Globalisierung[1] allgemein. Dass Demokratie und die mit dem Stichwort Globalisierung bezeichneten Veränderungsprozesse der internationalen Ordnung keine Liebe auf den ersten Blick sind, ist bereits häufig festgehalten worden.[2] Diese Prozesse führen unter anderem zu Veränderungen in der Art und Weise, wie auf internationaler Ebene Regeln formuliert werden. Diese Mechanismen, auf die hier nicht weiter im Detail eingegangen werden kann, führen zu neuen Regelungsstrukturen in internationalen Netzwerken, in internationalen Organisationen oder in Vertragsgremien.[3] Damit geht häufig eine Machtausweitung der

---

* Vorliegende Publikation geht auf Vorträge auf der 17. Speyerer Demokratietagung 2017 und bei Konferenzen in Frankfurt, Berlin und Rennes zurück und führt die in meinen Beiträgen in *Kadelbach* (Hrsg.) Die Welt und wir. Die Außenbeziehungen der EU, 2017, S. 151 ff., und in *Wieland/Hill* (Hrsg.) Zukunft der Parlamente, 2017, S. 21 ff. entwickelten Argumentationen weiter.

This project has received funding from the European Union's Horizon 2020 research and innovation programme under the Marie Skłodowska-Curie grant agreement No. 721916.

1 Zum Begriff aus der Rechtswissenschaft etwa *S. Hobe*, Die Zukunft des Völkerrechts im Zeitalter der Globalisierung, AVR 1999, S. 253, 256 f. Umfassender sozialwissenschaftlich *U. Beck*, Was ist Globalisierung?, 1997.

2 Programmatisch *E. Stein*, International Integration and Democracy: No Love at First Sight, AJIL 2001, S. 489.

3 Dazu *C. Bradley/J. Kelly*, The Concept of International Delegation, Law and Contemporary Problems 2008, S. 1; *J. L. Dunoff*, Mapping a Hidden World of International Regulatory Cooperation, Law and Contemporary Problems 2015, S. 266; *A.-M. Slaughter*, A New World Order, 2005; *J. Hielscher*, Legitimität und Legitimation von international und

Exekutive zu Lasten der Parlamente, ihrer demokratischen Verantwortlichkeit und der Partizipation der Bürger einher.[4] Das führt zu einem Konflikt zwischen einerseits der Verlagerung verbindlicher oder quasi-verbindlicher Regelsetzung auf die überstaatliche Ebene und andererseits der an sich nach verfassungsrechtlichen Regelzuständigkeiten gegebenen maßgeblichen Rolle des Parlamentes (wenn schon nicht im politischen Prozess insgesamt, so aber doch jedenfalls) in der Rechtsetzung. So wird etwa an der WTO kritisiert, dass ihre Regeln den nationalen Gesetzgebungsspielraum ungebührlich einschränkten und damit die Entschließungsfreiheit des nationalen Gesetzgebers beeinträchtigten, die der Mehrheitsansicht entsprechenden Klima-, Gesundheits- oder Umweltschutzmaßnahmen zu treffen; hinzu kommt Kritik an den intransparenten Verfahren in der WTO und an einer Einseitigkeit der allein wirtschaftlichen Interessen, die bei der Regelformulierung in der WTO Eingang fänden.[5]

Internationalisierte Regelsetzung erfolgt somit in Strukturen und Verfahren, die sich von nationalstaatlichen Verfahren unterscheiden und die tradierte demokratische Legitimationsvorstellungen herausfordern. Für den Europäischen Integrationsprozess ist es Gemeingut geworden, das zu beklagen.

Auf der anderen Seite schreiben diese Prozesse aber nicht nur eine Verlustgeschichte zu Lasten nationaler Parlamente; unter Berufung darauf allgemein einen Abgesang auf die Parlamente und allgemein die Staatlichkeit anstimmen zu wollen, wäre viel zu einseitig und damit unrichtig. Denn die internationalen Strukturen können auch neue Legitimationsbeiträge leisten. Jedenfalls der Europäische Integrationsprozess hat eine Aufwertung des Parlamentarismus insgesamt durch eine stetige Bedeutungssteigerung des Europäischen Parlaments auch in den Außenbeziehungen, gerade im Außenhandel[6], und zuletzt auch der Bedeutung nationaler Parlamente in unionalen Entscheidungsprozessen mit sich gebracht

---

europäisch determiniertem Recht, 2010. Kritik hieran indes bei *A. Guzman*/*J. Landsidle*, The Myth of International Delegation, California Law Review 2008, S. 1693.

4 *A. Mitchell*/*E. Sheargold*, Global Governance: The WTO's Contribution, Georgetown Law Faculty Publications 2010, S. 14 ff; E. Benvenisti, Democracy Captured: Mega-Regional Agreements and the Future of Global Public Law, IILJ Working Paper 2016/2, S. 11–13. Für die Europäische Integration s. *U. Haltern*, Europarecht. Dogmatik im Kontext, Band I, 3. Aufl 2017, Rn. 1210 ff.

5 Dazu etwa *S. Joseph*, Blame it on the WTO, 2011, S. 56 ff., 78 ff. Zur Kritik an der neoliberalen Durchdringung der vorfindlichen Strukturen des Internationalen Wirtschaftsrechts *N. Tzouvala*, Not Letting Go, London Review of International Law 2018 (demnächst).

6 Dazu *W. Weiß*, in: Grabitz/Hilf/Nettesheim (Hrsg.), Art. 207, Rn. 19, 97 f.; konkret zur gestiegenen Bedeutung des Europäischen Parlaments in internationalen Vertragsverhandlungen *C. Eckes*, How the European Parliament's participation in international relations affects the deep tissue of the EU's power structures, ICON 2014, S. 904; *K. Meissner*, Democratizing EU External Relations: The European Parliament's Informal Role in

(dazu Art. 12 EUV).[7] Die Europäische Integration ist keine Geschichte nationalen Bedeutungsverlusts und nationalen Souveränitätsverzichtes. Man muss solche Prozesse vielmehr auch als Entstehungsgeschichte einer veränderten, nämlich gemeinsamen Ausübung der Souveränität bewerten.[8] Darin liegt ein Fortschritt, der auch mit Wandlungen des Parlamentarismus einhergeht.[9] So wird dem inhärenten Legitimationsdefizit nationalstaatlicher Entscheidungsmechanismen abgeholfen, das in der Inkohärenz zwischen rein nationalen Verantwortlichkeitsstrukturen und darüber hinausgehenden, grenzüberschreitenden Auswirkungen nationaler Entscheidungen begründet liegt.[10] Völkerrechtliche Verpflichtungen bringen einer Öffnung parlamentarischer Entscheidungsverfahren für internationale Anliegen und Argumente und dienen der Abwehr einseitiger Einflussnahmen und beschränkter Politikvorstellungen.[11]

Trotzdem muss auf der Defizitseite festgestellt werden, dass die Bewältigung der Herausforderungen, die sich für den Parlamentarismus durch moderne völkerrechtliche Governancemechanismen einstellen, erst am Anfang steht. Die rechtswissenschaftliche Befassung mit den demokratietheoretischen Problemen der Verlagerung von Regelungstätigkeit auf völkerrechtliche Strukturen ist erst dabei, sich zu entfalten.[12] Erste verfassungsrechtliche Problemanalysen und Vor-

---

SWIFT, ACTA, and TTIP, EFAR 2016, S. 269; *A. Ott*, The European Parliament's Role in EU Treaty-Making, MJ 2016, S. 1009.

7 Zur (nationalen) Europäisierung des Bundestags als Erfolgs- aber auch Problemgeschichte und zu den Bemühungen seitens des BVerfG in seinen Entscheidungen zu den Mechanismen zur Überwindung der Finanzkrise der EU, den Bundestag besser in Stellung zu bringen und zur Wahrnehmung seiner neu betonten, ausgebauten Rechte zu bewegen vgl. *F. Mayer*, in: Franzius/Mayer/Neyer (Hrsg.), Modelle des Parlamentarismus im 21. Jahrhundert, 2015, S. 83, 84 ff., 93 ff.

8 *U. Haltern*, Europarecht, Band I, 3. Aufl. 2017, § 2, Rn. 114; *W. Weiß*, in: Niedobitek (Hrsg.), Europarecht – Grundlagen, 2014, § 5, Rn. 63 ff.

9 Für die Fortschrittsthese *A. von Bogdandy*, Parlamentarismus in Europa: eine Verfalls- oder Erfolgsgeschichte?, AöR 2005, S. 445, 459 ff. In ähnliche Richtung aus politikwissenschaftlicher Sicht *G. Abels*, Parlamentarismus im europäischen Mehrebenensystem – Niedergang, Renaissance oder beides?, in Hartlapp/Wiesner (Hrsg.), Gewaltenteilung und Demokratie im Mehrebenensystem der EU, Sonderheft 1/2016 der Zeitschrift für Politikwissenschaft, S. 165, 167–171.

10 Vgl. *A von Bogdandy*, Demokratie, Globalisierung, Zukunft des Völkerrechts – eine Bestandsaufnahme, ZaöRV 2003, S. 853, 870, 872; *C. Joerges*, Constitutionalism in postnational constellations, in: ders./Petersmann (Hrsg.), Constitutionalism, Multilevel Trade Governance and Social Regulation, 2006, S. 491, 494; *W. Weiß*, in: Niedobitek (Fn. 8), § 5, Rn. 99.

11 *E. Benvenisti*, Reclaiming Democracy: The Strategic Uses of Foreign and International Law by National Courts, AJIL 2008, S. 241.

12 *M. Herdegen*, Informalisierung und Entparlamentarisierung politischer Entscheidungen als Gefährdungen der Verfassung?, VVDStRL 62 (2003), S. 7, 27 ff.; *R. Poscher*, Das Verfassungsrecht vor den Herausforderungen der Globalisierung, VVDStRL 67

schläge stehen zur Diskussion.[13] Es geht um nicht weniger als eine Fortentwicklung des Parlamentarismus und seiner Instrumente und Grundlagen im Hinblick auf diese grundsätzlich globalen, sich typischerweise innerhalb völkerrechtlicher Strukturen vollziehenden Regelsetzungsmechanismen. Das ist eine der „größten zeitgenössischen Herausforderungen"[14] für unsere demokratische und rechtsstaatliche Ordnung. Dabei kann man solche Bedenken nicht damit abtun, dass im Bereich des Auswärtigen die demokratischen Anforderungen wegen der traditionalen Vormacht der Exekutive und der funktionellen Schranken der Parlamente seit jeher geringer seien. Denn völkerrechtliche Mechanismen einer regional oder gar global einheitlichen Regelsetzung müssen sich anderen demokratischen Legitimationsanforderungen stellen, als der Erlass völkerrechtlicher Regelungen zur zwischenstaatlichen Koordination. Es geht um die Legitimation einer Art von Welt(verfassungs)recht statt um staatliches intergouvernementales Außenrecht. Es geht um völkerrechtliche Pflichten, die nicht so sehr den zwischenstaatlichen Bereich, also das Verhalten staatlicher Akteure gegenüber anderen Staaten oder deren Bürgern betreffen, sondern Bedeutung für das Verhalten von Rechtssubjekten in Deutschland haben. Darin liegt eine Hoheitsausübung, die spezifisch nationalstaatlicher Hoheitsausübung funktional nahekommt, weil es sich um eine abgestimmte Regulierung vor allem innerstaatlicher Vorgänge handelt, auf die sich Staaten einigen, mit dem Ziel, gemeinsame Standards herbeizuführen und Hindernisse für grenzüberschreitenden Handel abzubauen. Sie gleicht hinsichtlich ihrer Ziele und Instrumente der nationalen Gesetzgebung und Regulierung, und zielt nicht auf Koordinierung des Verhaltens von Staaten in ihren Außenbeziehungen. Dafür müssen andere, höhere demokratische Legitimationsanforderungen gelten als für den Bereich klassischen auswärtigen Handelns, für den die Legitimation der Exekutive genügen mochte.

Vor diesem Hintergrund will der vorliegende Beitrag zunächst einmal die Gefahren für Demokratie und Rechtstaat infolge der neuen Governancemechanismen des Völkerrechts der Globalisierung aufzeigen (II.). Als Governancemechanismen werden dabei die öffentlichen Verfahren und Instrumente in den Blick

---

(2008), S. 160, 162 ff., 172 ff.); *M. Ruffert*, Die Globalisierung als Herausforderung an das Öffentliche Recht, 2004, S. 61 ff.; s. auch *A. von Bogdandy/J. Bast/F. Arndt*, Handlungsformen im Unionsrecht, ZaöRV 2002, S. 77, 148 f.; *A. Funke*, Umsetzungsrecht, 2010, S. 377 ff.

13 *M. Herdegen* (Fn. 12), S. 36, ruft zu einer „stärkeren Konstitutionalisierung der auswärtigen Gewalt" auf, ohne Hinweise dafür zu formulieren, und verweist auf die Eigenlegitimation internationaler Kooperation. *A. Funke* (Fn. 12), S. 397 ff., begründet eine „organisationswärtige Gewalt" der Bundesrepublik zur Mitwirkung in der Rechtsetzung durch internationale Gremien, die er nicht nur der Exekutive zuweist. Die Einbeziehung der Legislative bedarf einer konkreten gesetzlichen Ausformung, nach dem Vorbild von Art. 23 Abs. 2 ff. GG.

14 *A. von Bogdandy*, (Fn. 9), S. 445, 464; s. auch *ders.*, (Fn. 10), S. 853, 877.

genommen, durch die das Verhalten einzelner beeinflusst werden soll. Konkret soll es dabei um die Regelungsstrukturen in neueren Freihandelsabkommen der EU gehen, die auf ihre verfassungsrechtlichen Problemstellungen hin untersucht werden (III.). Nach einer verfassungsrechtlichen Einordnung im Hinblick auf die Stellung des Parlaments werden konkrete Schlussfolgerungen und Regelungsvorschläge für die Weiterentwicklung der parlamentarischen Strukturen unter dem Unionsrecht und dem Grundgesetz (unter III. 4. und 5.) aufgezeigt. Ein abschließendes Fazit (IV.) fasst zusammen.

II. Verfassungsrechtliche Problemfelder der neuen umfassenden Freihandelsabkommen der EU

1. Vertragsgremien mit immer umfangreicheren Kompetenzen

Moderne Handelsverträge wie die Freihandelsabkommen der EU der sog. vierten Generation beschränken sich nicht auf die Senkung von Zöllen und die Beseitigung reiner Marktzugangshemmnisse durch diskriminierende Regelungen. Vielmehr wollen sie auch und gerade Handelshemmnisse in Form von innerstaatlichen Regeln beseitigen. Dadurch sollen Handelsbeschränkungen, die aus innerstaatlicher Gesetzgebung etwa im Interesse des Umweltschutzes, der Produktsicherheit oder des Verbraucherschutzes folgen können, weil diese Bereiche in den Handelspartnern anders geregelt sind, und daher die Produkte nicht den Standards des Einfuhrlandes entsprechend, auf das unvermeidliche Maß reduziert werden. Die Abkommen wenden sich daher den sog. „behind the border issues“ zu, also nationalen Regelungen, die aus ganz anderen als Handelsgründen gesetzliche Anforderungen an Waren oder Leistungen vorgeben. Um die dadurch ausgelösten Handelshemmnisse zu beseitigen, versuchen die neueren Handelsabkommen, die seit Anfang des 21. Jahrhunderts zur Stärkung transkontinentaler Handelsbeziehungen („new cross regionalism“[15]) abgeschlossen werden, durch spezifische Abstimmungs- und Kooperationsmechanismen die nationale Regulierungsdivergenz abzubauen.[16] Dabei erfassen neuere Freihandelsabkommen zum Teil ganze Regionen (sog. Megaregionals) und somit einen erheblichen Anteil am Welthandel; damit entfaltet eine dadurch ermöglichte Abstimmung von

[15] *J.-B. Velut*, Introduction: The political and economic governance of new cross-regionalism, in: ders./Dalingwater/Boullet/Peyronel (Hrsg.), Understanding Mega Free Trade Agreements, 2018, S. 1, 3.

[16] Zur Regulierungskooperation als neuem Thema von Freihandelsabkommen *S. Krstic*, Regulatory Cooperation to Remove Non-tariff Barriers to Trade in Products: Key Challenges and Opportunities for the Canada-EU Comprehensive Trade Agreement, Legal Issues of Economic Integration 2012, S. 3; *D. Steger*, Institutions for Regulatory Cooperation in „New Generation“ Economic and Trade Agreements, Legal Issues of Economic Integration 2012, S. 109.

Regulierungsstandards einen erheblichen Einfluss auf die Marktregulierung[17], was dann den Spielraum für innerstaatliche Rechtsetzung nochmals erheblich einschränkt. Die verfassungsrechtlichen Bedenken insoweit beziehen sich daher auf die für die abgestimmte Regelsetzung genutzten Mechanismen, allen voran die Errichtung von Vertragsgremien, regelmäßig in Form beschlussfassender Ausschüsse oder Räte, die verbindliche Rechtsakte annehmen. Die darin liegende Zuweisung von Hoheitsgewalt führt zu verfassungsrechtlichen Anfragen im Hinblick auf ihre demokratische Legitimation und Verantwortlichkeit.

Zwar sehen völkerrechtliche Abkommen der EU seit längerem Vertragsgremien vor, denen zur Erledigung bestimmter Aufgaben eine eigenständige Beschlussfassungszuständigkeit anvertraut wurde. Am bekanntesten ist der Assoziationsrat in dem EU-Assoziationsabkommen mit der Türkei,[18] durch dessen Beschlüsse zentrale rechtliche Grundlagen für den Arbeitsmarktzugang türkischer Arbeitnehmer geschaffen werden. Die Assoziationsratsbeschlüsse haben verbindliche Wirkung[19] und ihre Zuständigkeiten gehen auf eine ausdrückliche, in Zielrichtung und Befugnisumfang präzise Ermächtigung im Zusatzprotokoll von 1970 zurück.[20] Jedoch machen die jüngeren Freihandelsabkommen der EU von der Möglichkeit, solche Vertragsgremien mit solchen Zuständigkeiten auszustatten, zunehmend intensiven Gebrauch. In dem Freihandelsabkommen mit Korea wurde ein Handelsausschuss eingesetzt, der verbindliche Beschlüsse fasst,[21] und zwar auch zur Änderung von Anhängen, Anlagen, Protokollen und Anmerkungen zu dem Abkommen.[22]

Eine neue Stufe hat der Einsatz solcher Gremien in dem als gemischtes Abkommen abzuschließenden[23] Europäisch-Kanadischen Umfassenden Wirtschafts- und

---

17 *J.-B. Velut*, Revue Interventions économiques 2016, § 4 (http://interventionseconomiques.revues.org/2839); s. die Beiträge zu Finanzmarktregulierung und öffentlichen und kulturellen Dienstleistungen von *P. Knaack*, *L. Dalingwater* und *G.-P. Wells*, in: Velut/Dalingwater/Boullet/Peyronel (Fn. 15), S. 67–122.

18 BGBl 1964 II, S. 509; ABl. EG 1964 L 217/3687.

19 Etwa EuGH, Rs. C-277/94 (Taflan-Met), ECLI:EU:C:1996:315, Rn. 18 - 21.

20 Vgl. Art. 36 Zusatzprotokoll zum Assoziationsabkommen mit der Türkei, ABl. EG 1972 L 293/3; BGBl 1972 II, S. 385: „Die Freizügigkeit der Arbeitnehmer zwischen den Mitgliedstaaten … und der Türkei wird nach den Grundsätzen des Artikels 12 des Assoziierungsabkommens zwischen dem Ende des zwölften und dem Ende des zweiundzwanzigsten Jahres nach dem Inkrafttreten des genannten Abkommens schrittweise hergestellt. Der Assoziationsrat legt die hierfür erforderlichen Regeln fest." Art. 12 des Assoziierungsabkommens hält fest, dass sich die Parteien von den primärrechtlichen Regelungen des damaligen EWGV zur Arbeitnehmerfreizügigkeit „leiten lassen, um untereinander die Freizügigkeit der Arbeitnehmer schrittweise herzustellen."

21 Art. 15.4 Freihandelsabkommen zwischen der EU und ihren Mitgliedstaaten einerseits und der Republik Korea andererseits, ABl. EU 2011 L 127/6.

22 s. Art. 15.5.2 Freihandelsabkommen mit Korea.

Handelsabkommen CETA[24] erreicht. Daher sollen die verfassungsrechtlichen Fragen insoweit an diesem Beispiel veranschaulicht werden.

a) Umfangreiche Kompetenzen der CETA Ausschüsse

CETA etabliert eine umfangreiche institutionelle Architektur. Denn es wird neben dem Gemischten CETA-Ausschuss (Art. 26.1) eine Fülle weiterer Sonderausschüsse (Art. 26.2. 1) eingerichtet, die dem Gemischten CETA-Ausschuss zuarbeiten, die aber auch mit einigen eigenständigen, verbindlichen Beschlussfassungszuständigkeiten betraut sind.[25] Die Kompetenzen der Ausschüsse betreffen zum einen technisch-administrative Angelegenheiten,[26] zum anderen auch grundlegende Aspekte[27] und Entscheidungen mit weitreichender Bedeutung[28] bis hin zu Rechtsetzung,[29] und ermöglichen sogar die Veränderung des CETA und seiner

---

23 Dazu KOM(2016) 444 endg.; BVerfG Urteil v. 12. 10. 2016, 2 BvR 1368/16 u.a.

24 Das Abkommen findet sich in ABl. EU 2017 L 11/23.

25 Auflistung der Beschlussfassungszuständigkeiten des Gemischten-CETA Ausschusses und der Sonderausschüsse im CETA bei *W. Weiß*, Verfassungsprobleme des Abschlusses und der vorläufigen Anwendung des CETA Freihandelsabkommens mit Kanada: Stellungnahme für die Öffentliche Anhörung im Ausschuss für Wirtschaft und Energie (5.9.2016), S. 13 f. (http://www.bundestag.de/blob/438052/9 f45bd9ca1de30 f51726df5d39 1b8702/stgn_weiss-data.pdf). Dort hat sich auf S. 14 ein kleiner Fehler eingeschlichen: Für die Änderung des Anhang 20-A ist der Gemischte CETA-Ausschuss und nicht der Sonderausschuss für geographische Angaben zuständig.

26 Dazu zählt etwa die Problemlösung bei Schwierigkeiten in der Zollzusammenarbeit durch den Gemischten Ausschuss für die Zusammenarbeit im Zollbereich nach Art. 2.8 i.V.m. Art. 6.14.4; die Veränderung der Anzahl der Investitionsgerichtsmitglieder durch den Gemischten CETA-Ausschuss nach Art. 8.27.3, die Regelung ihres Gehalts nach Art. 8.27.15, die Aufstellung der Liste der Schiedsrichter nach Art. 29.8 oder der Ausschluss eines Richters von seiner Tätigkeit nach Art. 8.30.4.

27 Etwa den Übergang der Investitionsschutzzuständigkeit nach CETA auf ein durch multilateralen Vertrag eingesetztes internationales Investitionsgericht gemäß Art. 8.29 durch Beschluss des Gemischten CETA-Ausschusses, oder über die Anwendbarkeit von Ausnahmen, über die der Ausschuss für Finanzdienstleistungen entscheidet, Art. 13.16.1 i.V.m. Art. 13.21.3. und 13.21.4.

28 Nach Art. 21.7.5 billigt der Ausschuss für Warenhandel die Umsetzungsmaßnahmen zum Austausch gegenseitiger Produktwarnungen zwischen den Parteien, die auch Regeln über den Schutz personenbezogener Daten und die Wahrung der Vertraulichkeit treffen.

29 Insoweit kann auf Art. 8.28.3. i.V.m. 8.28.7 verwiesen werden, wonach der Gemischte CETA-Ausschuss mit dem Beschluss über die Ernennung von Richtern administrative und organisatorische Aspekte der Arbeitsweise des Berufungsgerichts, insbesondere auch Verfahrensfragen regelt, und auf Art. 8.44.2 und Art. 8.44.3. b), wonach der Ausschuss für Dienstleistungen und Investitionen einen Verhaltenskodex für die Richter festlegt, der auch Fragen der Offenlegung, Vertraulichkeit und Transparenz zum Gegen-

Anhänge.[30] Von letzterer Qualität kann auch ein Beschluss des Gemischten CETA-Ausschusses über eine verbindliche Auslegung des CETA gemäß Art. 8.31.3/ Art. 8.44.3 a) sein.[31] Schließlich kann der Gemischte CETA-Ausschuss auch die institutionelle Struktur des CETA ändern, da er neue Sonderausschüsse einrichten, die Zuständigkeiten von Sonderausschüsse ändern oder übernehmen oder sie auflösen darf (Art. 26.1.5 a), g) und h) CETA).

b) Bindungswirkung der Ausschussbeschlüsse

Die Beschlüsse dieser Ausschüsse sind auch grundsätzlich mit ihrer Annahme im Ausschuss völkerrechtlich bindend. In den allermeisten Fällen ist ein Beschluss des Gemischten CETA-Ausschusses oder der Sonderausschüsse für die EU und ihre Mitgliedstaaten ohne weiteres, insbesondere ohne nachfolgende Annahme oder gar Ratifikation durch die Vertragsparteien verbindlich. Das ist auch in anderen Abkommen der EU so vorgesehen und keine Besonderheit des CETA.[32] Art. 26.3.2 CETA stellt als allgemeine Regel über die Verbindlichkeit der Beschlüsse des Gemischten CETA-Ausschuss (s. Art. 26.1.4 e) CETA) ihre Bindungswirkung generell fest. Doch enthält er in der Parenthese für die Bindungswirkung den Vorbehalt „der Erfüllung etwaiger interner Anforderungen und

---

stand hat, ferner Verfahrens- und Transparenzregeln. Die Parteien bereiten dies nach ihren jeweiligen internen Verfahren vor.

30 Beschluss des Gemischten CETA-Ausschusses nach Art. 8.1. über die Ausweitung des Begriffs des geistigen Eigentums oder über die Bedeutung der Verpflichtung zur gerechten und billigen Behandlung von Investoren nach Art. 8.10.3. Nach Art. 2.13.1. b) kann der Gemischte CETA-Ausschuss Bestimmungen des CETA bezüglich des Harmonisierten Systems ändern oder ergänzen. Nach Art. 23.11.5 in Verbindung mit dem Verweis auf Art. 30.2 kann er Änderungen des Kapitels 23 vornehmen; der dortige Verweis auf das Verfahren des Art. 30.2 kann nur dahin verstanden werden, dass Art. 23.11.5 die Zuständigkeit des Gemischten CETA-Ausschuss zu Änderungen nach Art. 30.2.2. auch auf Änderungen des Kapitel 23 erstreckt. Der Gemischte CETA-Ausschuss kann nach Art. 20.22 CETA durch Änderung des Anhang 20-A neue geschützte geographischer Herkunftsangaben aufnehmen oder streichen. Gemäß Art. 5.14.2 d) ändert ein Gemischter Verwaltungsausschuss die Anhänge zum 5. Kapitel; dieser Beschluss bedarf allerdings der Genehmigung durch die Parteien nach deren Verfahren. Unklar ist Art. 4.7.1. f), weil er ohne Verweis auf Art. 30.2.2 die Änderung von Kapitel 4 des CETA anspricht. Man wird darin eine Änderungszuständigkeit sehen können, die allerdings in eingrenzender Auslegung noch mit den legitimatorischen Anforderungen vereinbar ist, vgl. dazu *W. Weiß*, Demokratische Legitimation und völkerrechtliche Governancestrukturen: Bundestagsbeteiligung bei Handelsabkommen mit beschlussfassenden Gremien, in: Kadelbach (Hrsg.), Die Welt und wir, 2017, S. 151, 199 f., 203.

31 Verbindliche Auslegungen können von Änderungen nicht immer getrennt werden.

32 Nach Art. 15.4 Freihandelsabkommen mit Korea binden die Entscheidungen des Handelsausschusses die Parteien. Eine Formulierung, die eine vorherige Annahme durch die Parteien erfordert, findet sich nur für Beschlüsse über die Änderung des Abkommens, Art. 15.5.2.

des Abschlusses etwaiger interner Verfahren"; dies ist jedoch kein Ratifikationsvorbehalt. Das CETA gibt das interne Verfahren nicht an; das ist grundsätzlich auch nicht Aufgabe eines völkerrechtlichen Abkommens. Das einzuhaltende interne Verfahren ergibt sich aus dem internen Recht der Parteien. Die Parteien haben selbst zu bestimmen, welches Verfahren nach ihren nationalen Regeln einschlägig ist. Die Kommission versteht die Verweisung in Art. 26.3.2 CETA auf interne Verfahren und Anforderungen dahin, dass ein Beschluss, ehe er im Gemischten CETA-Ausschuss getroffen wird, erst der internen Festlegung des Standpunkts in der EU bedarf.[33] Damit wird auf die vereinfachten Verfahren nach Art. 218 Abs. 9 AEUV und auch Art. 218 Abs. 7 AEUV verwiesen. Art. 218 Abs. 9 AEUV sieht u.a. vor, dass der Rat auf Vorschlag der Kommission über die Standpunkte beschließt, die die EU in einem Vertragsorgan vertritt. Bei vereinfachten Textänderungen durch Ausschussbeschluss legt Art. 218 Abs. 7 AEUV das vereinfachte Verfahren fest, in dem der Abschluss der Änderung durch den vom Rat ermächtigten Verhandlungsführer, i.d.R. die Kommission, erfolgt, in Abweichung vom regulären Vertragsschlussverfahren nach Art. 218 AEUV. Die Anwendung des Art. 218 Abs. 7 ist für die Beschlussfassung des Gemischten CETA-Ausschusses nach Art. 20.22 CETA zu Änderungen im Anhang 20-A vorgesehen, so in Art. 3 des Beschlusses über den Abschluss des CETA bzw. nach Art. 2 des Beschlusses über seine vorläufige Anwendung. Darin wird die Kommission ermächtigt, die Änderung im Ausschuss zu billigen.[34] Es geht somit in dem Verweis in Art. 26.3.2 um die interne Vorbereitung der übertragenen Beschlussfassung im Gemischten CETA Ausschuss durch Fassung eines Ratsstandpunkts oder um die intern erforderliche Zustimmung durch die Kommission im Rahmen einer Ermächtigung. Der Beschluss wird somit mit der Annahme im Ausschuss bindend. Dieses Verständnis des Art. 26.3.2 wird noch dadurch bestätigt, dass für manche Beschlüsse des Gemischten CETA-Ausschusses ausdrücklich eine Zustimmung oder Billigung durch die Vertragsparteien vorgesehen ist (so in Art. 2.4.4, Art. 23.11.5, Art. 30.2.2 CETA[35]), was überflüssig wäre, wenn bereits Art. 26.3.2 CETA dies enthalten würde.

---

33 Die Kommission verweist für die Beschlussfassung des Gemischten CETA Ausschusses darauf, dass „die EU ... folglich unter Einhaltung ihrer im EU-Vertrag festgelegten internen Verfahren [entscheidet], ob sie einem Beschluss des Gemischten Ausschusses zustimmt. Der Gemischte CETA Ausschuss kann somit nicht ohne einen Beschluss der EU-Organe handeln, der gemäß dem internen rechtlichen Verfahren der EU gefasst wurde.", so KOM(2016) 470 endg., S. 8.

34 s. Beschlussentwurf der Kommission für den Ratsbeschluss über den Abschluss des CETA (KOM(2016) 443, dort Art. 3) bzw. über seine vorläufige Anwendung (KOM(2016) 470, dort Art. 2) und KOM(2016) 443, Erwägungsgrund 5 bzw. KOM(2016) 470, Erwägungsgrund 6.

35 Die Auslegung des Art. 30.2.2 als Ratifikationsvorbehalt, also aus Verweis auf das normale Vertragsschlussverfahren nach Art. 218 AEUV ist aber alles andere als eindeutig.

Die autonome Verbindlichkeit der Beschlüsse der zahlreichen Sonderausschüsse regelt Art. 26.2.4 CETA am Ende, wonach die Sonderausschüsse Beschlüsse fassen, wenn das CETA dies vorsieht. Es wird zwar nicht explizit festgehalten – anders als für die Beschlüsse des Gemischten CETA-Ausschusses – dass die Beschlüsse der Sonderausschüsse verbindlich sind. Doch ist das keine Besonderheit; auch in anderen EU-Abkommen fehlt eine explizite Klarstellung der Verbindlichkeit der vorgesehenen Beschlüsse.[36] Die Bindungswirkung für die Parteien ergibt sich indes eindeutig – wie bei anderen EU-Abkommen – aus dem Kontext: Dem Beschluss wird auch im CETA eine nicht verbindliche Handlungsform, nämlich die Empfehlung, gegenübergestellt.[37] Ferner statuiert die Norm für die Verbindlichkeit der Beschlüsse keinen Ratifikations- oder Zustimmungsvorbehalt im Sinne einer nachfolgenden Annahme durch die Parteien. Vielmehr ist bei *manchen* der Beschlussfassungszuständigkeiten der Sonderausschüsse als Verbindlichkeitsvoraussetzung eine eigene Annahme in den Verfahren der Parteien ausdrücklich vermerkt.[38] Diese speziellen Regelungen bestätigen, dass die allgemeine Regel des Art. 26.2.4 CETA wiederum von Verbindlichkeit mit Annahme des Beschlusses im Ausschuss ausgeht; eine nachfolgende Annahme/Ratifikation durch die Parteien ist nicht gefordert.

Ein weiterer Beleg für die Verbindlichkeit der Beschlüsse ist Art. 30.7.3 d) CETA, wonach die Wirkungen der Ausschussbeschlüsse mit Ende der vorläufigen Anwendung entfallen. Wären die Beschlüsse nur empfehlenden Charakters, bedürfte es dieser Regelung nicht.

Die Ausschussbeschlüsse sind somit regelmäßig für die Parteien rechtlich bindend. Sie benötigen keine nachfolgende Annahme oder Ratifikation. Allerdings besteht zunächst nur eine völkerrechtliche Bindung. Diese wird jedoch über Art. 216 Abs. 2 AEUV zugleich unionsrechtlich beachtlich. Die darin festgelegte rechtliche Bindungswirkung bezieht sich auch auf die Beschlüsse von Gremien, die in von der EU abgeschlossenen Abkommen vorgesehen sind.[39] Daher sind die Beschlüsse

Das BVerfG will auch hier das vereinfachte Verfahren nach Art. 218 Abs. 9 AEUV in Ansatz bringen, BVerfG, Urteil v. 13.10.2016, 2 BvR 1368/16 u.a., NJW 2016, S. 3583, Rn. 61, 64. Zum Verständnis des Verweises auf interne Verfahren in Art. 30.2.2 als Verweis auf das reguläre Vertragsschlussverfahren unten zu und in Fn. 116.

36 Zur Relevanz dieses Arguments s. *N. Appel*, Das internationale Kooperationsrecht der EU, 2016, S. 212.

37 Zu bloßen Empfehlungen Art. 8.10.3, Art. 8.44.3 a), d) und e), Art. 23.11.5 CETA.

38 So bezüglich der Änderung der Anhänge zu Kapitel 5, die gemäß Art. 5.14.2 d) CETA vom Gemeinsamen Verwaltungsausschuss für SPS-Maßnahmen beschlossen werden; oder in Art. 11.3.6 CETA bezüglich der Zuständigkeit des MRA Ausschusses, der ein Zustimmungserfordernis jeder Partei („Mit der Meldung jeder Vertragspartei an den MRA-Ausschuss wird der Beschluss für die Vertragsparteien verbindlich.“) statuiert.

39 Vgl. *R. Wessel*/*S. Blockmans*, The Legal Status and Influence of Decisions of International Organizations and other Bodes in the EU, Brugge Research Paper 1/2014, S. 20.

der CETA-Ausschüsse unionsrechtlich auch intern beachtlich, auch wenn die unmittelbare Wirkung des CETA, anders als bei anderen Abkommen, ausdrücklich ausgeschlossen ist (Art. 30.6.1 CETA), was aber nichts an Art. 216 Abs. 2 AEUV ändert. Die völkerrechtliche Bindung wird somit auch unional internalisiert.[40]

c) Übertragung von Hoheitsgewalt

Daher liegt in der Kompetenzzuweisung zugleich eine Übertragung von Hoheitsrechten an die Ausschüsse[41], auch wenn die Beschlussfassung im Rat nach Art. 218 Abs. 9 AEUV vorbereitet wird und die Ausschüsse nur einstimmig entscheiden (vgl. Art. 13.18.2, Art. 26.3.3)[42], so dass inhaltlich die Beschlüsse vom Rat bestimmt werden. Dennoch sind die Zuständigkeitsübertragungen an die Ausschüsse keine Delegation an den Rat; nicht der Rat ist Empfänger der Hoheitsübertragung, sondern die Ausschüsse. Denn ohne nachfolgenden Ausschussbeschluss fällt der Ratsbeschluss ins Leere. Der Ratsbeschluss hat insoweit nur

---

40 *N. Lavranos*, Legal Interaction between Decisions of International Organisations and European Law, 2004, S. 60; *N. Appel* (Fn. 36), S. 384.

41 Anders *B. Grzeszick*, Völkervertragsrecht in der parlamentarischen Demokratie, NVwZ 2016, S. 1753, 1755 ff., der wegen der fehlenden unmittelbaren Wirkung eine Hoheitsrechtsübertragung ablehnt, und meint, die Vertragsgremien stünden außerhalb des Art. 23 GG. Dabei wird verkannt, dass die Beschlüsse der Vertragsgremien nach ständiger Rechtsprechung des EuGH integrierende Bestandteile des Unionsrechts sind und Art. 216 Abs. 2 AEUV auch unbeschadet fehlender unmittelbarer Wirkung gilt. Ferner wird verkannt, dass die Durchgriffswirkung eine hinreichende, nicht aber eine notwendige Bedingung für eine Hoheitsübertragung im Sinne von Art. 23 Abs. 1 GG ist. Nach Ansicht des BVerfGE 131, 152, 218, Rn. 140 – Unterrichtung ESM ist „jede Zuweisung von Aufgaben und Befugnissen an die Europäische Union und/oder ihre Organe … eine Übertragung von Hoheitsrechten, und zwar auch dann, wenn die Organe für die Erledigung der Aufgabe ‚nur' im Wege der Organleihe in Anspruch genommen und mit Befugnissen ausgestattet werden." Das Erfordernis einer Durchgriffswirkung findet sich hier nicht und ist nicht notwendig im Begriff der Befugnisse impliziert. Vielmehr genügt eine Zuständigkeitsübertragung zu Entscheidungen, die für Rechtsgüter in Deutschland erhebliche Relevanz haben, vgl. *F. Wollenschläger*, in: Dreier (Hrsg.), Grundgesetz Kommentar, Bd. II, 3. Aufl. 2015, Art. 23, Rn. 44; *F. Schorkopf*, in: Bonner Kommentar, 153. EL August 2011, Art. 23, Rn. 65; *M. Streinz*, in: Sachs (Hrsg.), Grundgesetz Kommentar, 7. Aufl. 2014, Art. 23, Rn. 56a.

42 In ihnen sitzen Vertreter Kanadas und der EU (Art. 26.1.1 CETA). Eine Präsenz der Mitgliedstaaten ist allenfalls für manche Sonderausschüsse vorgesehen (Art. 5.14.1: Vertreter der Regulierungs- und der Handelsseite jeder Vertragspartei mit Zuständigkeit für SPS-Maßnahmen; Art. 6.14.2: Vertreter von Zoll-, Handels- oder anderen zuständigen Behörden; Art. 13.18.1: Vertreter von Finanzdienstleistungsbehörden). Nach Art. 21.6.3 haben im Forum für die Regulierungszusammenarbeit ein hochrangiger Vertreter Kanadas und der Kommission den gemeinsamen Vorsitz; weitere Mitglieder können „maßgebliche Beamte der Vertragsparteien" sein.

vorbereitenden Charakter und ist an den EU-Vertreter im Ausschuss gerichtet.[43] Die Rechtswirkungen etwa im Hinblick auf eine Veränderung des EU-Rechts gehen von den Beschlüssen der Vertragsgremien aus[44]; sie sind integraler Teil der Unionsrechtsordnung.[45] Schließlich kann den Ausschüssen auch ein Entscheidungsspielraum zukommen, wenn der Rat die EU-Position nicht detailliert festlegt, sondern dem EU Vertreter ein Ermessen einräumt.[46] Im internationalen Bereich, außerhalb bilateraler Abkommen, kann die EU auch überstimmt werden, sodass Beschlüsse drohen, die mit Unionsprimärrecht nicht vereinbar sind.[47]

d) Anfragen an die demokratische Legitimation

Die CETA Ausschüsse haben somit infolge ihrer umfangreichen, teilweise sehr weitgehenden Beschlussfassungszuständigkeiten (unter anderem) Funktionen der Regelsetzung und Vertragsänderung übertragen erhalten, die an sich Parlamenten zukommen. Zwar kann ein Parlament seine Funktionen zumindest teilweise delegieren, doch unterliegt eine Delegation Grenzen, üblicherweise in substantieller und in verfahrensmäßiger Hinsicht. Das Parlament darf nicht jede Funktion übertragen, und soweit es das tun darf, sollte seine Kontrolle durch bestimmte Mechanismen sichergestellt sein. Die Vertragsgremien unterstehen indes keiner parlamentarischen Kontrolle. Die Vorbereitung der Beschlussfassung dieser Gremien für die EU erfolgt durch Beschluss über die für die EU zu vertretende Position nach Art. 218 Abs. 9 AEUV im Rat. Die Kommission formuliert den Vorschlag. Das EP ist nicht beteiligt; es wird nur informiert und kann versuchen, durch Resolutionen Einfluss zu nehmen.[48] Der Bundestag wird über Vorschläge für Ratsbeschlüsse nach Art. 218 Abs. 9 AEUV wie über jeden Rechtsakt der EU informiert und kann über seine Mitwirkungsrechte nach Art. 23 Abs. 3 GG und EUZBBG versuchen, Einfluss zu nehmen. Das läuft aber

---

43 Demgemäß werden nicht alle Ratsbeschlüsse unter Art. 218 Abs. 9 im ABl. EU veröffentlicht, vgl. Art. 297 Abs. 2 AEUV.

44 EuGH, Rs. C-399/12 (Deutschland/Rat), ECLI:EU:C:2014:2258, Rn. 63; s. auch *J. Czuczai*, The Autonomy of the EU Legal Order and the Law-making Activities of International Organizations: Some Examples Regarding the Council's most Recent Practice, YEL 2012, S. 452.

45 EuGH, Rs. 30/88 (Griechenland/Kommission), ECLI:EU:C:1989:422, Rn. 13. *N. Lavranos*, Legal Interaction between Decisions of International Organisations and European Law, 2004, S. 35 ff., 53, 93.

46 Vgl. Art. 2 Abs. 2 Ratsbeschluss 11436/12; *T. Giegerich*, in: Pechstein/Nowak/Häde (Hrsg.), Frankfurter Kommentar zu EUV, GRC und AEUV, 2017, Art. 218, Rn. 175.

47 Vgl. den Vorschlag für einen Ratsbeschluss über den EU-Standpunkt auf der 6. Tagung der Vertragsparteien der Aarhus-Konvention, KOM (2017) 366.

48 Art. 109 Geschäftsordnung des EP. Über den im Vergleich zu den Einflussmöglichkeiten bei Verhandlung und Abschluss begrenzten Gehalt insoweit s. noch unten 4.

leer, da die Entscheidung im Rat mit Mehrheit erfolgt.[49] Ein effektiver Einfluss auf den Inhalt der Beschlüsse der Vertragsgremien ist auf diese Weise nicht sichergestellt. Dass die Ausschussbeschlüsse infolge Art. 216 Abs. 2 als Unionsakte auch der Gerichtsbarkeit des EuGH und damit einer rechtlichen Kontrolle unterliegen, ersetzt nicht die demokratische, politische Legitimation und Kontrolle. Die umfangreichen Kompetenzen der Ausschüsse lösen damit die Frage nach den unionalen Grenzen für die Hoheitsübertragung auf die Vertragsgremien und nach den Mechanismen ihrer demokratischen Legitimation und Kontrolle aus, da jede Hoheitsgewalt demokratischen Standards entsprechen muss. Für die EU ergibt sich diese Anforderung aus dem Bekenntnis zur Demokratie in Art. 2 und Art. 10 EUV, und aus dem dahingehenden Struktursicherungsgebot des Art. 23 Abs. 1 GG. Dieser Bindung kann die EU sich nicht durch Verlagerung von Aufgaben auf völkerrechtliche Gremien entziehen. Vielmehr muss sie dann dafür Sorge tragen, dass diese Gremien den Anforderungen entsprechend ausgestaltet sind.

Eine Legitimationsherausforderung, auf die hier nicht näher eingegangen wird, ergibt sich noch daraus, dass die Annahme von Regeln oder Standards in internationalen Gremien nicht die partizipativen Standards erreicht, die für den Erlass entsprechender Maßnahmen in der EU vorgesehen sind, insbesondere im Hinblick auf Konsultationen. Da die Abkommen in aller Regel für die Beschlussfassungen keine vorherigen Konsultationen durch die Gremien vorsehen, werden die partizipativen Anforderungen an exekutive Regelsetzung in der EU umgangen.[50]

2. Investitionsschutzstandards und Investor-Staat-Streitbeilegungsverfahren

Auch der Konflikt zwischen internationalen Investitionsschutzstandards wie der Entschädigungspflicht bei indirekten Enteignungen oder bei unfairen, unangemessenen Behandlungen ausländischer Investoren einerseits und dem verbleibenden Spielraum der Legislative bei der Verfolgung nationaler Politiken (Stichwort right to regulate) andererseits[51] verdeutlicht den großen Einfluss völkerrechtlicher Standards auf eigentlich rein innerstaatliche Fragen der Ausgestaltung nationaler Gesetzgebung. Daher begegnen auch Investitionsschutzmechanismen verfassungsrechtlichen Einwänden, die eine Beeinträchtigung der gesetzgeberischen Entscheidungsfreiheit befürchten. Geltend gemacht wird,

---

49 Dazu näher unten Fn. 147.

50 Dazu näher *J. Mendes*, EU law and global regulatory regimes: Hollowing out procedural standards?, ICON 2012, S. 988.

51 Zu den daraus fließenden Anforderungen für die methodische Herangehensweise bei der Auslegung solcher Standards *S. Schill*, Internationales Investitionsschutzrecht und Vergleichendes Öffentliches Recht: Grundlagen und Methode eines öffentlich-rechtlichen Leitbildes für die Investitionsschiedsgerichtsbarkeit, ZaöRV 2011, S. 247, 274.

dass die bloße Möglichkeit, dass ein Investor eine staatliche Maßnahme als Beeinträchtigung seiner Investition und damit als eine indirekte Enteignung oder als eine unfaire Behandlung im Sinne eines Investitionsschutzabkommens ansieht und daher unter Berufung hierauf vor einem Schiedsgericht Schadensersatz einfordert, die Entscheidungsfreude des Gesetzgebers beeinträchtigt und die staatlichen Stellen daher auf Maßnahmen, die die wirtschaftliche Betätigung beeinträchtigen könnten, etwa zum Umwelt-, Verbraucher- oder Klimaschutz, verzichten. Diese Befürchtung wird noch dadurch unterfüttert, dass die Auslegung der Investitionsschutzstandards in einem Abkommen durch die Schiedsgerichte häufig als recht willkürlich und stets unternehmerfreundlich empfunden wird. In der Literatur wird die darauf folgende denkbare Zurückhaltung des Gesetzgebers als sog. Chilling Effect[52] bezeichnet. Wenn die empirische Lage zu diesen negativen Effekten auch eher wenig erforscht ist[53], gibt es doch ein recht handgreifliches Beispiel, nämlich die Vorgänge um das Kohlekraftwerk Moorburg in Hamburg[54], in bezug auf das die Behörden eine Umweltverträglichkeitsprüfung wohl auch aus Furcht vor den negativen Folgen unionsrechtswidrigerweise[55] nicht korrekt durchgeführt hatten. Gleichwohl ist die Einschränkung nationaler Spielräume durch völkerrechtliche Bindungen nichts Neues, und sie begegnet auch nicht von vornherein berechtigten demokratischen Einwänden. Es ist gerade Ausdruck demokratischer Selbstbestimmung, sich durch Verträge zu binden. Ihre – im Vergleich zu einem nationalen Gesetz – erschwerte Reversibilität steht dem nicht grundsätzlich entgegen.[56]

Die Kritik an dieser negativen Folge für die Offenheit des demokratischen Prozesses verbindet sich mit sehr grundsätzlichen verfassungsrechtlichen Einwänden gegen die Investor-Staat-Streitbeilegung, die als unzulässige, weil diskriminierende Sonderjustiz zugunsten von transnationalen Großunternehmen und als Verletzung des staatlichen Justizmonopols aus Art. 92 GG[57] angesehen wird. Rechtsstaatliche Gebote an gerichtliche Verfahren wie richterliche Unabhängigkeit und Verfahrensöffentlichkeit werden insoweit als stark defizitär emp-

---

52 Oder „regulatory chill", *P.-T. Stoll/T. P. Holterhuis/H. Gött*, Investitionsschutz und Verfassung, 2017, S. 115.

53 Differenzierend *K. Tienhaara*, in: Brown/Miles (Hrsg.), Evolution in Investment Treaty Law and Arbitration, 2011, S. 606.

54 Dazu *M. Krajewski*, Umweltschutz und internationales Investitionsschutzrecht am Beispiel der Vattenfall-Klagen und des Transatlantischen Handels- und Investitionsabkommens (TTIP), ZUR 2014, S. 396.

55 EuGH, C-142/16(Kommission/Deutschland), ECLI:EU:C:2017:301.

56 Dazu näher *P.-T. Stoll/T. P. Holterhuis/H. Gött* (Fn. 52) S. 118 ff.

57 Dazu pointiert das Gutachten von *K. Groh* und *D.-E. Khan*, https://www.bund-naturschutz.de/fileadmin/Bilder_und_Dokumente/Themen/Umweltpolitik/TTIP_und_CETA/Gutachten_zu_TTIP-Schiedsgerichten.pdf.

funden. Weiterhin wird die Unbestimmtheit der zentralen Investitionsschutzparameter, nämlich der Schutzstandards der indirekten Enteignung und der fairen und gerechten Behandlung als Rechtsstaatsverletzung gerügt.[58] Unter demokratischen Legitimationsaspekten wird die unzureichende Legitimation der Richterbesetzung beklagt.[59]

Diese Themen sollen hier aus Platzgründen nicht weiter vertieft werden; sie sind – wie auch die sich im Hinblick auf das Unionrecht stellenden Fragen nach der Vereinbarkeit von Investitionsschiedsgerichtsbarkeit mit dem EU-Primärrecht – bereits Gegenstand umfangreicher, kontroverser Erörterungen.[60] Bei allem Für und Wider bleibt die grundsätzliche Frage nach der Rechtfertigung von Schiedsgerichtsbarkeit zentral: Wieso sollte eine nicht-öffentliche besondere Gerichtsbarkeit über recht grundsätzliche Fragen einer Grenzziehung zwischen Investorenschutz und nicht-wirtschaftlichen Allgemeinwohlzielen ohne nähere spezifische inhaltliche Vorgaben dafür entscheiden? Die unionsrechtlichen Fragen nach der Vereinbarkeit der Investitionsstreitbeilegung im CETA sind Gegenstand eines Gutachtenantrags der Belgischen Regierung gemäß Art. 218 AEUV, die insbesondere die Vereinbarkeit mit der Zuständigkeit des EuGH, das Unionsrecht letztverbindlich auszulegen, mit dem Gleichheitssatz, dem Recht auf Zugang zum Gericht und auf eine unabhängige und unparteiische Gerichtsbarkeit, und dem effet utile des Unionsrechts bezweifelt.[61] Auch dürfte die Antwort des EuGH auf die Vorlage des BGH im Achmea Fall zu Intra-EU-BITs insoweit erste Rückschlüsse erlauben.[62]

---

58 Vgl. im Detail die Rügen in der CETA Verfassungsbeschwerde, s. https://www.mehr-demokratie.de/fileadmin/pdf/2016-08-30_CETA-Klage.pdf.

59 *K. Groh*, Endstation Karlsruhe! – Schiedsgerichtsbarkeit in Freihandelsverträgen, ZEuS 2016, S. 433, 442.

60 Vgl. etwa *C. D. Classen*, Der EuGH und die Schiedsgerichtsbarkeit in Investitionsschutzabkommen, EuR 2012, S. 611; *ders.*, Die Unterwerfung demokratischer Hoheitsgewalt unter eine Schiedsgerichtsbarkeit, EuZW 2014, S. 611; *ders.*, Die Unterwerfung unter völkerrechtliche (Schieds-)Gerichte: kein Verfassungsverstoß!, ZEuS 2016, S. 449; *S. Hindelang*, Repellent Forces: The CJEU and Investor-State Dispute Settlement, AVR 2015, S. 68; *F. C. Mayer/M. Ermes*, Rechtsfragen zu den EU-Freihandelsabkommen CETA und TTIP, ZRP 2014, S. 237; *C. Ohler*, Die Vereinbarkeit von Investor-Staat-Schiedsverfahren mit deutschem und europäischem Verfassungsrecht, JZ 2015, S. 337; *B. Schiffbauer*, Investitionsschutz und Grundgesetz, KSzW 2016, S. 145; *S. Schill*, Investor-Staat-Schiedsverfahren sind verfassungskonform, Recht u Politik 2015, S. 11; *C. Tietje*, Investitionsschutzgerichtsbarkeit in CETA und anderen Freihandelsabkommen der EU: Völkerrecht als Verfassungsverstoß?, ZEuS 2016, S. 421; zuletzt umfassend *P.-T. Stoll/T. P. Holterhuis/H. Gött* (Fn. 52), S. 97 ff. Zur internationalen Diskussion vgl. die Autoren oben Fn. 4 und 5.

61 https://diplomatie.belgium.be/de/newsroom/minister_reynders_reicht_antrag_auf_gutachten_zum_ceta_abkommen_ein.

62 GA *Wathelet* hatte keine Bedenken gegen die Vereinbarkeit des Intra EU Schiedsmechanismus mit Unionsrecht, s. Schlussanträge v. 19. 09. 2017 in der Rs. C-284/16 (Achmea),

III. Freihandelsabkommen und Gefahren für die Demokratie

1. Einordnung und Standortbestimmung hinsichtlich demokratischer Anforderungen

In demokratietheoretischer Hinsicht sind die neuen Wege völkerrechtlicher Rechtsetzung herausfordernd, weil sie die Gefahr in sich bergen, Funktionen der Parlamente auszuhebeln. Es sind die Parlamente, denen die Annahme wesentlicher Entscheidungen für das Gemeinwesen und generell die Gesetzgebung obliegt und denen dabei Kontroll- und Öffentlichkeitsfunktionen zukommen. Die Sicherstellung demokratischer Legitimation von Rechtsetzung erfolgt zuvörderst über die Parlamente. Daher bedürfen völkerrechtliche Verträge, die Gegenstände der Gesetzgebung betreffen, oder die gar Hoheitsrechte auf andere Institutionen außerhalb des GG übertragen, der gesetzgeberischen Zustimmung (Art. 59 Abs. 2 GG, Art. 23 GG speziell für die EU, allgemein Art. 24 Abs. 1 GG). Die Bemühungen im Bereich der Europäischen Integration, demokratische und rechtsstaatliche Anforderungen an die supranationale Hoheitsgewalt der heutigen EU durchzusetzen, haben ihren Niederschlag im EU-Recht selbst und im nationalen Europaverfassungsrecht gefunden (EuZBBG, IntVG). Diese Herausforderungen der demokratischen Legitimation überstaatlicher Entscheidungsmechanismen stellen sich nun erneut mit Blick auf die eigenständige, von nationalen oder unionalen demokratischen Verfahren unabhängige Entscheidungsfindung von Vertragsgremien, auf die die EU Kompetenzen übertragen hat. In demokratischer Hinsicht ist das problematisch, weil sich infolge der oben II. 1. skizzierten autonomen Zuständigkeiten der Vertragsgremien, in denen die Mitgliedstaaten in aller Regel nicht vertreten sind, die Rechtsentstehung vom staatlichen Willen oder von der parlamentarischen Willensbildung auf unionaler Ebene ablöst.[63] Und selbst wenn eine staatliche oder unionale Stelle eingebunden ist, führt dies zu einer Entscheidungskonzentration bei der Exekutive.[64] Für die Legitimation von völkerrechtlichen Regeln, die nicht allein die rein zwischenstaatlichen Beziehungen regeln, sondern in die nationale Rechtsetzung einwirken, genügt der Verweis auf die Zustimmung durch die Exekutive oder die Regierungen nicht.[65] Völkerrechtliche Entscheidungsstrukturen, die an die

---

ECLI:EI:C:2017:669. Er sah solche Schiedsgerichte gar als vorlageberechtigt nach Art. 267 AEUV an. Die Entscheidung des EuGH steht aus.

[63] *C. Tomuschat*, RdC (241) 1993, Band IV, S. 195; *W. Weiß*, Die Rechtsquellen des Völkerrechts in der Globalisierung: Zu Notwendigkeit und Legitimation neuer Quellenkategorien, AVR 2015, S. 220, 237.

[64] *M. Ruffert*, Parlamentarisierung von Herrschaft jenseits des Staates, in: Franzius/Mayer/Neyer (Hrsg.), Modelle des Parlamentarismus im 21. Jahrhundert, 2015, S. 67, 69.

[65] Vgl. *A. Paulus*, Zur Zukunft der Völkerrechtswissenschaft in Deutschland: Zwischen Konstitutionalisierung und Fragmentierung des Völkerrechts, ZaöRV 2007, S. 695, 716.

Stelle nationaler oder unionaler Entscheidungsprozesse treten und diese nicht nur ergänzen, sind in ihrer Legitimation begründungsbedürftig; parlamentarische Legitimationsanforderungen können nicht mit Hinweis auf die tradierte Prärogative der Regierungen in den Außenbeziehungen beiseite geschoben werden. Eine Auskopplung vom staatlichen, in der Regel über die Parlamente vermittelten Willen erfolgt etwa, wenn die Änderung eines völkerrechtlichen Vertrags nicht mehr der Zustimmung aller Vertragsparteien bedarf, sondern nur der Beschlussfassung in einem Vertragsgremium unterliegt.[66] Gleiches gilt für innovative Auslegungen von völkerrechtlichen Abkommen durch internationale Gerichte. Diese Rechtsentwicklung löst sich aus dem Einflussbereich des Parlaments. Wenn schon die nationalen Regierungen nicht mehr zwingend einbezogen sind, was bedeutet dies dann erst für die Relevanz der Parlamente, für ihre Gesetzgebungs-, Öffentlichkeits- und Kontrollfunktionen?[67] Die einmalige Zustimmung des Bundestages bzw des Europäischen Parlaments zu einem Vertrag, die ja als antizipierte Zustimmung auch zu jeder nachfolgenden autonomen Vertragsänderung gemäß den Regeln dieses Vertrags angesehen werden könnte (was aber eine sehr formale und wenig überzeugende Argumentation wäre[68]), kann nicht mehr

---

66 Vgl. *H. Krieger*, Verfassung im Völkerrecht – Konstitutionelle Elemente jenseits des Staates?, VVDStRL 2016, S. 439, 461 f., die Legitimationsbedenken mit einem Verweis auf die zulässige Einbeziehung von Staatenpraxis (Art. 31 Abs. 3 lit. a, b, WVRK) und der damit möglichen Verknüpfung mit dem politischen und sozialen Konsens begegnet. Dies klärt aber nicht die Frage nach dem Einfluss des Parlaments bei internationaler Regelgebung.

67 Für die autonomen, vereinfachten Vertragsänderungen hat man in der bundesdeutschen Praxis wohl bereits eine – allerdings gesetzlich nicht verankerte, nicht von Informationsrechten begleitete – Lösung gefunden: Die Bundesregierung legt dem Bundestag ein Vertragsgesetz nach Art. 59 Abs. 2 GG zur Zustimmung vor, wenn die Bundesregierung auf völkerrechtlicher Ebene der Änderung zuzustimmen beabsichtigt. Wird die Änderung gegen die Stimme der Bundesregierung oder ohne ihre Mitwirkung gefasst, legt die Bundesregierung dem Bundestag ein Vertragsgesetz vor, wenn die Bundesregierung den Vertrag nicht kündigen will, *C. Tietje/K. Nowrot*, in: Morlok/Schliesky/Wiefelspütz (Hrsg.), Parlamentsrecht, 2016, § 45, Rn. 34; *M. Nettesheim*, in: Maunz/Dürig, Art. 59, Rn. 126, unter Berufung auf die Leitsätze des Auswärtigen Amtes zu mit völkerrechtlichen Verträgen zusammenhängenden Fragen von 1977 (in den aktuellen von 2014 findet sich dazu nichts).

68 Zweifelnd auch *S. Kadelbach*, Die parlamentarische Kontrolle des Regierungshandels bei der Beschlussfassung in internationalen Organisationen, in: *Geiger* (Hrsg.), Neuere Probleme der parlamentarischen Legitimation im Bereich der auswärtigen Gewalt, 2003, 40, 42 f. Das BVerfG differenziert gleichfalls zwischen Vertragsabänderung und bloßem Vollzug, BVerfGE 104, 151, 199 ff. Zu Befürchtungen um in Verträgen angelegte und vorbereitete, aber parlamentarisch nicht mehr kontrollierbare allmähliche Inhaltsänderungen durch Vertragsfortentwicklungen vgl. hingegen die vier die AWACS Entscheidung nicht tragenden Richter BVerfGE 90, 286, 373 ff.; diese Bedenken wurden in BVerfGE 104, 151, 208 explizit aufgenommen. Allerdings hat das BVerfG in E 77, 170, 231 f. die Anforderungen aus dem Vorbehalt des Gesetzes bezüglich der inhaltlichen Spezifität von Gesetzen für den Bereich des auswärtigen Handelns abgemildert („Entscheidungserheblich ist demgegenüber, ob der allgemeine Vorbehalt des Gesetzes im Bereich des Art. 59 Abs. 2

genügen, wenn es um lebendige, sich weiterentwickelnde Verträge geht, dessen Regelungen nur einen Rahmen formulieren und eigene institutionelle Mechanismen mit politischen Funktionen einsetzen. Denn solche Rechtsakte greifen in zentrale Aufgabe der Parlamente als Gesetzgeber oder Kontrolleure exekutiver Rechtsetzung ein. Sinn der in Deutschland verfassungskräftig im Zustimmungsrecht nach Art. 59 Abs. 2 GG verankerten Teilhabe des Bundestages an der auswärtigen Gewalt ist die Sicherung seiner Legislativfunktion und der innerstaatlichen Umsetzung der übernommenen völkerrechtlichen Pflichten.[69] Im Rahmen der Europäischen Integration ist der Bundestag zur Wahrnehmung seiner Integrationsverantwortung aus Art. 23 GG berufen, die ihm eine Verantwortung für die Entwicklung der Integration gibt, mit der es nicht ohne weiteres vereinbar ist, die Weiterentwicklung der EU im völkerrechtlichen Rahmen von ihr eingesetzten internationalen Gremien zu überlassen. Auch das Demokratieprinzip in der EU (Art. 10 EUV) schützt in der gerichtlichen Praxis des EuGH die parlamentarische Prärogative.[70] Die Stellung des EP wurde im Vertrag von Lissabon ausgebaut; sein Zustimmungsrecht zu internationalen Abkommen nach Art. 218 Abs. 6 AEUV soll gerade einen Gleichlauf seiner Stellung in der Gesetzgebung und beim Eingehen völkervertraglicher Bindungen sichern.[71] Daraus folgt, dass völkerrechtliche Bindungen diese Stellung genauso wenig unterwandern dürfen, wie das Europäische Parlament sich intern beliebig seiner Gesetzgebungszuständigkeit entäußern darf. Art. 290 AEUV zeigt Grenzen der internen Delegation auf. Darauf wird zurückzukommen sein.

Die Rechtsetzung durch internationale Gremien wird in ihrer demokratischen Legitimation als problematisch empfunden, weil sie durch Behördenvertreter oder auch in den politischen Prozess nicht weiter eingebundene Experten ohne parlamentarische Beteiligung erfolgt.[72] Zwar löst die Zuweisung verbindlicher

---

insoweit gilt, als er Anforderungen an die Dichte der Regelung des vom Vertrag erfassten Sachbereiches stellt. Diese Frage ist zu verneinen. Anderenfalls wäre die Bundesrepublik Deutschland von Verfassungs wegen gehalten, völkerrechtliche Verträge nur noch abzuschließen, wenn sie einen erheblichen Grad an Spezifizierung aufweisen.“). Das BVerfG hat dies indes nicht im Hinblick auf völkerrechtliche Regelungsmechanismen formuliert.

69 BVerfGE 118, 244, 258. Dabei genügt schon – wie in der Diskussion um Parallelabkommen deutlich wird – dass eine entsprechende Umsetzungslage besteht. Die Existenz völkerrechtlicher Regeln kann die bestehende innerstaatliche Gesetzeslage festschreiben und so dem Parlament Gesetzgebungsfreiräume entziehen; dazu *S. Kadelbach/U. Guntermann*, Vertragsgewalt und Demokratieprinz, AöR 2001, S. 563, 582.

70 *K. Lenaerts*, The Principle of Democracy in the Case Law of the European Court of Justice, ICLQ 2013, S. 271, 282.

71 EuGH, Rs C-658/11 (Parlament/Rat), ECLI:EU:C:2014:2025, Rn. 56.

72 Vgl. zuletzt *B. S. Chimni*, International Organizations, 1945-Present, in: Cogan/Hurd/Johnstone (Hrsg.), The Oxford Handbook of International Organizations, 2016, S. 113, 129 f.

Entscheidungen an Vertragsgremien nicht automatisch verfassungsrechtliche Bedenken im Hinblick auf das Demokratieprinzip aus. In grundsätzlicher Weise ist zwischen verschiedenen Entscheidungskategorien zu differenzieren[73]: Die bloße Umsetzung eines völkerrechtlichen Abkommens im Rahmen dort klar geregelter Zuständigkeitszuweisungen ist verfassungsrechtlich zulässig, weil und soweit die Kompetenzzuweisung durch die parlamentarische Zustimmung zu dem Vertrag und damit zu der Zuständigkeitsübertragung abgedeckt ist. Auch dringt eine Ausübung rein exekutiver Zuständigkeiten, zumal wenn sie jeweils nur am Einzelfall erfolgt, nicht in den parlamentarischen Gesetzgebungsraum ein.[74] Es gibt keinen Totalvorbehalt des Parlaments für jede auf vertraglicher Grundlage erfolgende Hoheitsausübung oder für jede außenpolitische Entscheidung.[75] Anders ist es, wenn die Entscheidungstätigkeit eines Vertragsgremiums allgemeine nationale Gesetzgebung oder eine erforderliche Umsetzungsgesetzgebung inhaltlich vorformt, insbesondere wenn dabei grundrechtlich geschützte Interessen beeinträchtigt werden können. Denn dann hat das Bedeutung für das Verhalten von Rechtssubjekten in Deutschland; die inhaltliche Regelung geht auf das Vertragsgremium zurück, auch wenn formal die gesetzgeberische Umsetzung noch erforderlich sein mag; dem nationalen Rechtsetzer kommt dann nur noch eine bloß nachvollziehende Funktion zu. Parlamentarische Entscheidungshoheit, Öffentlichkeitsfunktion und Kontrolle über Inhalte der Rechtsetzung laufen weitgehend ins Leere.[76] Wie eingangs schon formuliert, handelt es sich dann bei der

[73] Zu den zu unterscheidenden Kategorien einer internationalen Delegation s. auch *C. Bradley/J. Kelly*, The Concept of International Delegation, Law and Contemporary Problems, 2008, S. 1, 10 ff.

[74] Vgl. § 30 (1) b) letzter Spiegelstrich der Richtlinien des Auswärtigen Amts für völkerrechtliche Verträge von 2014: „Auf ein Vertragsgesetz nach Art. 59 Abs. 2 GG kann bei einer Änderung oder Ergänzung eines Vertrags verzichtet werden, wenn von einer antizipierten Zustimmung des Gesetzgebers ausgegangen werden kann. Letztere liegt nur vor (1) bei einer entsprechenden Verordnungsermächtigung für den Fall der Vertragsänderung oder (2) wenn die Vertragsänderung oder -ergänzung keinen normativen Charakter hat und nach Inhalt, Zweck und Ausmaß bereits in einem im ursprünglichen Vertrag vorgesehenen Verfahren zur Vertragsänderung oder -ergänzung angelegt war." Die Praxis legt letztere Ausnahme eng aus, *T. Plate*, Art. 59 Abs. 2 GG: Anwendungsfragen aus der Praxis am Beispiel der Änderung völkerrechtlicher Verträge, DöV 2011, S. 606, 608.

[75] Vgl. BVerfGE 68, 1, 88 f.; 137, 185, 236.

[76] Zu den Veränderungen im Gesetzgebungsverfahren bei internationalen Vorgaben vgl. *J. Hielscher*, Legitimität und Legitimation von international und europäisch determiniertem Recht, 2010, S. 55 f., 88 f., 108, der eine Verfahrensbeschleunigung, zurückgenommene inhaltliche Auseinandersetzung und Entmachtung der Parlamente beobachtet. Daher überzeugt es nicht, wenn unter Berufung auf die Umsetzungsabhängigkeit die Ausübung von Hoheitsgewalt abgelehnt und die Bedenken bezüglich einer demokratischen Marginalisierung der nationalen Parlamente bzw. des Europäischen Parlaments zurückgewiesen werden, so etwa *B. Grzeszick*, (Fn. 41), S. 1757. Einer nur noch formalen Umsetzung Legitimationswert zuzumessen, verkennt die Problematik. Außerdem haben etliche

Entscheidungstätigkeit des Vertragsgremiums um hoheitliche Betätigung, die nationalstaatlicher Hoheitsausübung funktional entspricht, weil es um eine koordinierte Regulierung vorrangig innerstaatlicher Vorgänge geht. Je bedeutsamer eine Entscheidung oder Maßnahme eines Hoheitsträgers für den Einzelnen ist, je höher die ihm dabei zukommenden Spielräume sind, je intensiver ihre Grundrechtsrelevanz oder ihre generelle Bedeutung für die Allgemeinheit ist, umso höhere demokratische Legitimationsanforderungen sind zu formulieren, umso höher muss das Niveau an demokratischer Legitimation sein.[77] Dieser grundlegende Zusammenhang gilt auch für die EU.[78]

Für die Festlegung der für ein hinreichendes Legitimationsniveau zu erfüllenden Anforderungen ist demnach zu unterscheiden zwischen einfacher Ausführung oder Umsetzung einer bereits in einem völkerrechtlichen, vom Parlament konsentierten Vertrag enthaltenen detailliert umschriebenen Zuständigkeit einerseits, und der Übertragung eigenständiger Gestaltungsaufgaben an völkerrechtliche Gremien im Rahmen allgemein gehaltener Aufgabenbeschreibungen.[79] Letzteres kann weniger deutlich auf eine einmal erteilte parlamentarische Zustimmung zurückgeführt werden. Hier müssen weitere Legitimationswege hinzukommen. Schließlich mag es Entscheidungen geben, die gar nicht oder nur unter sehr hohen Anforderungen aus einem Parlament hinaus auf andere Institutionen verlagert werden können.

Im folgenden werden die demokratischen Anforderungen an Hoheitsausübung durch die Vertragsgremien analysiert. Dabei geht es zunächst um eine unionsrechtliche Betrachtung der unionalen Grundlagen für die Weiterübertragung von Hoheitsbefugnissen durch die EU auf solche Gremien und um eine Analyse der insoweit sich aus dem Unionsrecht ergebenden Grenzen. Zentral ist dabei die Frage nach demokratischen Legitimationsanforderungen insoweit (2.). Nach der Identifikation der Anforderungen und Grenzen werden in diesem Lichte die konkreten Zuständigkeiten der im CETA vorgesehenen Ausschüsse

---

Entscheidungen von Vertragsgremien keine nationalen Umsetzungsakte mehr zur Folge, etwa wenn in CETA-Ausschüssen Verfahrens- und Ethikregeln für die dortige Investitionsschiedsgerichtsbarkeit festgelegt werden.

77 Vgl. BVerfGE 93, 37, 73; 130, 76, 124.

78 Vgl. BVerfGE 123, 267, 364: „Die verfassungsrechtlichen Anforderungen des Demokratieprinzips an die Organisationsstruktur und die Entscheidungsverfahren der Europäischen Union hängen davon ab, in welchem Umfang hoheitliche Aufgaben auf die Union übertragen werden und wie hoch der Grad der politischen Verselbständigung bei der Wahrnehmung der übertragenen Hoheitsrechte ist. Eine Verstärkung der Integration kann verfassungswidrig sein, wenn das demokratische Legitimationsniveau mit dem Umfang und dem Gewicht supranationaler Herrschaftsmacht nicht Schritt hält."

79 Vgl. dazu *A. Barrón*, Der Europäische Verwaltungsverbund und die Außenbeziehungen der Europäischen Union, 2016, S. 211; *C. D. Classen*, Demokratische Legitimation im offenen Rechtstaat, 2009, S. 119 f.

analysiert und die insoweit bestehenden verfassungsrechtlichen Unzulänglichkeiten herausgearbeitet (3.) und unionsrechtliche Lösungswege dafür aufgezeigt (4.). Abschließend erfolgt eine kurze national-verfassungsrechtliche Wertung im Lichte des GG (5.).

2. Unionsrechtliche Anforderungen an die Hoheitsausübung von Vertragsgremien

a) Rechtsgrundlage für die Hoheitsübertragung

Wie schon deutlich geworden, impliziert der an sich eine reine vereinfachte Verfahrensregel darstellende Art. 218 Abs. 9 AEUV die Kompetenz der EU zur Errichtung von Vertragsgremien, die rechterhebliche Akte erlassen dürfen. Der EuGH nimmt seit langem eine implizite Kompetenz der EU an, beschlussfassende internationale Einrichtungen zu schaffen bzw. an ihnen teilnehmen zu können. Sie ist in den Außenkompetenzen der EU zu völkervertraglicher Tätigkeit einbegriffen.[80] Nicht präzise geregelt ist dabei, welche Art von Hoheitsgewalt übertragen werden kann. Rechtswirksame Akte iSv. Art. 218 Abs. 9 AEUV können damit alle Arten von Handlungsformen, wie sie im EU-Recht bekannt sind, oder auch genuin eigene, neue rechtsförmliche Handlungsformen darstellen. Eine Beschränkung auf bloße Beschlüsse, und damit eine mögliche Begrenzung auf eher Einzelfallorientierte Entscheidungen ist mit dem Vertrag von Lissabon entfallen. Das stützt die Annahme, dass mit den Handlungsformen auch Rechtsetzung übertragen werden kann. Die Art der übertragbaren Hoheitsgewalt ist nicht weiter eingegrenzt.[81] Der EuGH weist den Beschlüssen von Vertragsgremien eine die Abkommen anwendende oder durchführende Funktion zu[82]; nach der Ansicht eines Generalanwalts sind davon „geringfügige, eher technische Änderungen" erfasst.[83] Welche Beschränkung der übertragbaren Hoheitsgewalt damit zum Ausdruck kommt, lässt sich dieser Formel aber nicht entnehmen. Das EU-Recht bietet daher eine Grundlage für auch sehr weitreichende, über eine bloße Anwendung von Abkommensregeln auf den Einzelfall hinausgehende, Regelsetzungsbefugnisse umfassende Hoheitsübertragung. Dem entspricht die Praxis der EU, die Vertragsgremien mit Regelsetzungszuständigkeit kennt, die das Unionsrecht teilweise sogar unmittelbar inhaltlich bestimmen.[84]

---

[80] Vgl. EuGH, Gutachten 1/76, ECLI:EU:C:1977:63, Rn. 5.

[81] Dazu näher *W. Weiß* (Fn. 30), S.173 ff.

[82] EuGH, C-73/14 (Rat/Kommission), ECLI:EU:C:2015:663, Rn. 65.

[83] GA *Maciej Szpunar*, Schlussanträge v. 24.04.2017 in der Rs. C-600/14 (Deutschland/Rat), ECLI:EU:C:2017:296, Rn. 58, Fn. 30.

[84] Vgl. etwa EuGH, Rs. C-399/12 (Deutschland/Rat), ECLI:EU:C:2014:2258, Rn. 63; weitere Beispiele bei *J. Czuczai* (Rn. 44), S. 460 ff.

b) Grenzen für die Hoheitsübertragung aufgrund von Anforderungen aus Demokratie und institutionellem Gleichgewicht

Art. 218 Abs. 9 AEUV bringt bereits selbst eine Grenze zum Ausdruck: Rechtsakte, die den institutionellen Rahmen eines Abkommens ergänzen oder ändern, sind auf dem vereinfachten Verfahren ausgeschlossen. Die Veränderung der institutionellen Struktur eines Abkommens ist Vertragsgremien untersagt.[85] Für solcherart grundlegende Entscheidungen bedarf es weiterhin des regulären Vertragsschlussverfahrens, das gerade bei Handelsabkommen eine Zustimmung des EP zu den Abkommen zwingend vorsieht (Art. 218 Abs. 6 AEUV), während die Festlegung des EU-Standpunkts in den Vertragsgremien gemäß Art. 218 Abs. 9 nur der Beschlussfassung des Rates unterliegt; das EP wird nur gemäß Art. 218 Abs. 10 unterrichtet.[86] Durch diese Herausnahme soll sichergestellt werden, dass für „besonders wichtige Beschlüsse" das reguläre Verfahren eingehalten wird[87], damit die Zuständigkeiten des EP und damit auch das institutionelle Gleichgewicht[88] beachtet wird. Im Interesse der Wahrung der Zuständigkeiten des EP darf diese Ausnahme dann nicht eng verstanden werden. Somit ergibt sich als erste Grenze des Übertragbaren ein Verbot der Änderung oder Ergänzung des institutionellen Rahmens. Dieses Verbot wird bei CETA und anderen EU-Abkommen durchaus relevant. Nach Art. 26.1.5 a), g), h) CETA ist der Gemischte CETA-Ausschuss befugt, die Zuständigkeiten von Sonderausschüssen zu ändern, neue Zuständigkeiten vorzusehen oder auch neue Sonderausschüsse einzurichten. Auch in anderen Abkommen ist geregelt, dass ein Vertragsgremium weitere Ausschüsse einrichten und deren Aufgaben festlegen kann.[89] Die Verbindlichkeit der in Art. 26.1.5 a), g), h), vorgesehenen institutionellen Änderungen bedarf als Änderung des CETA des Abschlusses im normalen Vertragsschlussverfahren. Die Nutzung des vereinfachten Verfahrens ist unzulässig.

Liest man diese Begrenzung der Anwendung des Art. 218 Abs. 9 AEUV im Lichte des Schutzes der Zuständigkeiten des Europäischen Parlaments, dann kann Art. 218 Abs. 9 nur als Ausdruck einer viel grundsätzlicheren Beschrän-

---

85 Vgl. *K. Schmalenbach*, in: Calliess/Ruffert (Hrsg.), EUV/AEUV, 5. Aufl. 2016, Art. 218, Rn. 31.

86 *B. Martenczuk* in: Kronenberger (Hrsg.), The EU and the International Legal Order, 2001, S. 141 (150 f).

87 Vgl. GA *Cruz Villalon*, Schlussanträge v. 29.04.2014 in der Rs. C-399/12 (Deutschland/Rat), ECLI:EU:C:2014:289, Rn. 75.

88 Vgl. GA *Cruz Villalon*, Schlussanträge v. 29.04.2014 in der Rs. C-399/12 (Deutschland/Rat), ECLI:EU:C:2014:289, Rn. 80 f.

89 Vgl. etwa Art. 15.1.4. des Freihandelsabkommens mit Korea, Art. 31.3 des EU-Abkommens mit Norwegen, ABl. EG 1973 L 171/2; Art. 43 des EU-Interimsabkommens mit Bosnien und Herzegowina, ABl. EU 2008 L 169/13; Art. 49 des Abkommens mit Mexiko, ABl. EG 2000 L 276/45.

kung der Übertragbarkeit von Hoheitsgewalt angesehen werden: Demokratische Anforderungen und Erfordernisse der spezifischen unionalen Gewaltenteilung bilden dann eine Grenze für das auf Vertragsgremien Übertragbare. Für eine solche Lesart spricht, dass das Unionsrecht Grenzen für die Delegation von Hoheitsrecht kennt. Diese Grenzen sind zum einen gerade im Hinblick auf exekutive Rechtsetzung in Art. 290 AEUV enthalten, zum anderen folgen sie aus der Meroni-Judikatur des EuGH. Überlegungen des institutionellen Gleichgewichts zwischen Parlament und Rat stützen diese Grenzen zusätzlich. Diese drei Ansätze fließen darin zusammen, dass Demokratie auch in der EU den Schutz der Prärogative des Parlamentes bedeutet, im Einklang mit dem Verständnis des Demokratieprinzips beim EuGH.[90] Aus dem Demokratieprinzip der EU folgt somit eine Bestimmtheitsanforderung für Hoheitsübertragung auf Vertragsgremien und ein Delegationsverbot für wesentliche Elemente einer Politik. Dass grundlegende, wesentliche Fragen alleine dem Gesetzgeber vorbehalten bleiben, gilt auch für die Außenbeziehungen. Diese Grenzen ergeben sich aus einer Gesamtschau der benannten drei Parameter:

aa) Art. 290 AEUV über delegierte Rechtsetzung zur Änderung oder Ergänzung von Legislativakten enthält zum einen eine Bestimmtheitsvorgabe für die Delegation von Rechtsetzung (die Ziele, Inhalte, Geltungsbereiche und Dauer der Ermächtigung muss der Gesetzgeber regeln, Art. 290 Abs. 1 Uabs. 1)[91], zum anderen den Ausschluss von wesentlichen Aspekten eines Politikfeldes aus der Delegation. Wesentliche Elemente bleiben dem Gesetzgeber vorbehalten und können nicht übertragen werden. Als wesentlich gelten die grundlegenden, die strategische Ausrichtung betreffenden Fragen eines Rechtsaktes, in denen grundlegende Interessenkonflikte geklärt werden[92], und mehr als nur nebensächliche Grundrechtsinterferenzen.[93] Zum dritten wird Sorge getragen, dass die Delegation unter Kontrolle des EP bleibt; das EP kann Einwände gegen die Ausübung der Delegation erheben und durch ein Veto oder den Entzug der Delegation durchsetzen (Art. 290 Abs. 2 AEUV). Diese Sicherungen dienen der demokratischen Legitimation.[94] Gleich wie in Art. 218 Abs. 9 AEUV bzgl. des normalen Vertragsschlussverfahrens geht es um die Beibehaltung des normalen Verfahrens der

90 Vgl. *K. Lenaerts* (Fn. 70), S. 271, 282.

91 s. auch *R. Schütze*, in: Antoniadis (Hrsg.), The EU and Global Emergencies, 2011, S. 49, 54.

92 EuGH, Rs. C-355/10 (Parlament/Rat), ECLI:EU:C:2012:516, Rn. 64 ff.; vgl. auch – etwas zirkulär auf den politischen Gehalt abstellend – EuGH, Rs. C-44/16 P (Dyson/Kommission), Rn. 61.

93 EuGH, Rs. C-355/10 (Parlament/Rat), ECLI:EU:C:2012:516, Rn. 77; Rs. C-363/14 (Parlament/Rat), ECLI:EU:C:2015:579, Rn. 53.

94 GA *Mengozzi*, Schlussanträge v. 07. 05. 2015 in der Rs. C-88/14 (Kommission/Parlament), ECLI:EU:C:2015:304, Rn. 45.

Gesetzgebung zum Schutz der Zuständigkeiten des Parlamentes. Dass in Art. 218 Abs. 9 mit dem Rat zumindest ein Teil des unionalen Gesetzgebers zur Entscheidung befugt ist, genügt gemäß Primärrecht nicht für eine Übertragung auch wesentlicher Belange auf das vereinfachte Verfahren; denn wie soeben dargelegt, ist Grundlegendes von der Anwendung des vereinfachten Verfahrens in Art. 218 Abs. 9 ausgenommen. Demgemäß können die von Art. 290 gezogenen Grenzen für und Anforderungen an die Delegation nicht dadurch umgangen werden, dass man eine Entscheidung allein des Rates genügen lässt. Das ist unter demokratischen Gesichtspunkten auch deshalb unzureichend, weil die demokratische Legitimation unionaler Hoheitsakte – und die Beschlüsse von Vertragsgremien sind wie gesehen Teil des Unionsrechts – sich gemäß Art. 10 Abs. 2 EUV aus zwei Säulen speist, nämlich über die mitgliedstaatlichen Vertreter im Rat, die ihren Parlamenten bzw. Völkern verantwortlich sind und über die unmittelbare unionale Legitimation aus dem EP. Bei der Beschlussfassung im Rat über den in einem Vertragsgremium für die EU einzunehmenden Standpunkt unterbleibt die Mitwirkung des EP, das auch an der nachfolgenden Entscheidung im völkerrechtlichen Gremium nicht beteiligt ist. Die demokratische Legitimation läuft damit vorrangig über die mitgliedstaatliche Säule, die unionale Säule vermittelt insoweit keine Legitimation. Dieses Defizit an unionaler Legitimation ist prekär, weil die Festlegung auf repräsentative Demokratie im Primärrecht fordert, dass Hoheitsausübung der EU auf den Willen der Bürger zurückzuführen ist, und nicht nur auf den von Regierungen. Die Vermittlung demokratischer Legitimation durch das EP ist auch höher einzustufen als durch den Rat. Denn das EP ist der Ort pluralistischer Erwägung und transnationaler politischer Erörterung; hier können verschiedenste Aspekte des Allgemeininteresses eingebracht werden, während der Rat die nationalen Regierungen versammelt und daher dort nur nationale Mehrheitsinteressen einfließen.[95]

Diese unionale Säule demokratischer Legitimation kann nur insoweit Legitimation vermitteln, als die Übertragung von Zuständigkeiten an die Vertragsgremien präzise in dem völkerrechtlichen Abkommen festgelegt und der Entscheidungsinhalt durch inhaltliche Vorgaben programmiert ist. Denn nur dann ist die allgemeine Zustimmung des EP zum Abkommen überhaupt in der Lage, insoweit sachlich-inhaltliche Legitimation zu sichern. Der Inhalt einer Entscheidung der Vertragsorgane muss somit durch materielle Vorgaben des Parlaments bzw. mit seiner Zustimmung vorgeprägt sein. Für die Legitimationsvermittlung durch das

---

[95] Für eine solche Konzeption demokratischer Legitimation in der EU s. *J. von Achenbach*, Demokratische Gesetzgebung in der EU, 2014, S. 300 ff., 452 ff. Vgl. auch den EGMR, Urteil v. 18.02.1999 – Beschwerde 24833/94 (Matthews/Great Britain), NJW 1999, 3107, Rn. 52: the EP „represents the principal form of democratic, political accountability in the [EU] …. [and] must be seen as that part of the European Community structure which best reflects concerns as to ‚effective political democracy'".

EP kommt es folglich auf die Dichte der Vorgaben für die Entscheidungen der Vertragsgremien im Abkommen an.

bb) Begrenzungen einer Übertragung von Hoheitsgewalt aufgrund des zunächst als „Gleichgewicht der Gewalten" apostrophierten, später als institutionelles Gleichgewicht formulierten Grundsatzes hat der EuGH hinsichtlich einer Übertragung von verbindlichen Entscheidungszuständigkeiten auf vertragsfremde Einrichtungen im Meroni-Urteil[96] entwickelt.[97] Diese Maßgaben sind für die Beurteilung von Befugnisübertragungen noch immer bedeutsam.[98] Danach ist eine Übertragung auf „genau umgrenzte Ausführungsbefugnisse" ohne weites, politisches Ermessen zu beschränken[99], deren Ausübung unter strenger Beachtung objektiver Tatbestandsmerkmale erfolgt. Die Übertragung erfordert eine präzise Einhegung der Befugnisse[100] und damit eine Bestimmtheitsanforderung. Auch ist die Ausübung vom Delegatar zu beaufsichtigen.[101] Damit werden die Parallelen zu Anforderungen aus Art. 290 AEUV deutlich. Politische Funktionen sollten mit Rücksicht auf die primärrechtliche Zuständigkeitsverteilung nicht übertragen werden. Diese Grundsätze wurden zwar nicht für Vertragsgremien formuliert. Ihre Übertragung mag aufgrund der bestehenden Unterschiede zweifelhaft erscheinen, handelt es sich doch bei den Vertragsgremien nicht um Institutionen innerunionalen Verwaltungsvollzugs. Doch bleiben die Grundgedanken maßgeblich.[102] Die Übertragung auf Vertragsgremien nach Art. 218 Abs. 9 AEUV darf nicht die Legislativfunktion des EP und seine Zuständigkeiten unterlaufen. Vielmehr bestätigt die Meroni-Judikatur das Bestehen inhärenter Delegationsgrenzen, die sich auf demokratischen Anforderungen und dem institutionellen Gleichgewicht ergeben.

---

96 EuGH, Rs. 9/56 (Meroni), ECLI:EU:C:1958:7 und 10/56 (Meroni), ECLI:EU:C:1958:8.

97 Er tat dies zunächst nicht unter Rekurs auf das institutionelle Gleichgewicht, sondern des „Gleichgewichts der Gewalten", vgl. EuGH, 9/56 (Meroni), ECLI:EU:C:1958:7 und 10/56 (Meroni), ECLI:EU:C:1958:8, Slg. 1958, S. 11, 45, doch erfolgte später die Bezugnahme auf das institutionelle Gleichgewicht, *K. Michel*, Institutionelles Gleichgewicht und EU-Agenturen, 2015, S. 74. Andere Lesart bei *M. Chamon*, EU Agencies, 2016, S. 229 f.

98 EuGH, Rs. C-270/12 (Vereinigtes Königreich/Parlament), ECLI:EU:C:2014:18, Rn. 41 ff. hinsichtlich Agenturen; Rs. C-154/04 und C-155/04 (Alliance for Natural Health), ECLI:EU:C:2005:449, Rn. 90 bezüglich der Delegation von Gesetzgebung, was mittlerweile durch Art. 290 AEUV geregelt wird.

99 Für dieses Verständnis auch *R. Schütze*, ‚Delegated' Legislation in the (new) European Union: A Constitutional Analysis, Modern Law Review 2011, S. 661, 674, Fn. 89.

100 EuGH, Rs. C-270/12 (Vereinigtes Königreich/Parlament und Rat), ECLI:EU:C:2014:18, Rn. 44 ff.

101 EuGH, Rs. 9/56 (Meroni), ECLI:EU:C:1958:7, Slg. 1958, S. 11, 43 f.

102 Vgl. auch *A. von Bogdandy/J. Bast/F. Arndt* (Fn. 12), S. 77, 147; *A. von Bogdandy/F. Arndt/J. Bast*, Legal Instruments in European Union Law and Their Reform: A Systematic Approach on an Empirical Basis, YBEL 2004, S. 91, 130; *N. Appel* (Fn. 36), S. 300–302; *T. Reinhardt*, Die Auslegung der völkerrechtlichen Verträge der EU, 2016, S. 286.

cc) Die bereits in der Meroni-Judikatur in Bezug genommene unionsspezifische Gewaltenteilung als sog. institutionelles Gleichgewicht bestätigt das Bestehen von Delegationsgrenzen. Durch Delegation von Hoheitsgewalt darf nicht die im Vertrag angelegte Funktionszuordnung von EP und Rat verschoben werden. Das wäre bei einer Delegation der Fall, bei der nur noch der Rat die Hoheitsausübung kontrollieren und begleiten könnte, nicht mehr aber das EP. Das ist der Fall bei Zuweisung von Rechtsetzungszuständigkeiten an Vertragsgremien, bei deren Ausübung nur noch der Rat beteiligt ist und somit effektive Kontrolle ausüben kann.

Die grundsätzliche Funktionszuordnung von Rat und EP ist zunächst in der grundlegenden Typisierung nach Art. 14 und Art. 16 EUV festgelegt, und ergänzend für die Außenbeziehungen in Art. 218 AEUV. Demnach üben Rat und EP gemeinsam die grundlegenden parlamentarischen Funktionen der Gesetzgebung und des Budgetrechts aus. Darüber hinaus wird das EP als Kontroll- und Beratungsorgan definiert, während der Rat die Politik festlegt und koordiniert. Im Bereich der vertraglichen Außenbeziehungen ist der Rat das vertragsschließende Organ, während das EP durch seine Informationsrechte Kontrollfunktionen wahrnimmt, aber bei bestimmten Abkommen infolge seines Zustimmungsrechts (Art. 218 Abs. 6 AEUV) auch politische Funktionen innehat. Insbesondere in der Handelspolitik kommt dem EP damit eine erhebliche, dem Rat gleichgestellte politische Funktion zu.[103] Das Zustimmungsrecht des EP führt zu einem Gleichlauf zwischen legislativen und Vertragszuständigkeiten und den diesbezüglichen Befugnissen von EP und Rat.[104] Das EP nutzt sein Zustimmungsrecht und seine Informationsrechte auch intensiv, um auf informellem Wege die Inhalte von Abkommen zu beeinflussen.[105] Diesen Funktionsbeschreibungen würde es nicht entsprechen, würde über Delegationen an Vertragsgremien die Gleichberechtigung von Rat und Parlament bei Handelsabkommen ausgehebelt. Das spricht dafür, die Zuständigkeiten der Vertragsgremien, auf deren Ausübung – wie bei Art. 218 Abs. 9 - alleine der Rat Einfluss hat, auf Entscheidungen administrativ-exekutiver Art zu begrenzen, die der Konkretisierung von Vorgaben des Abkommens dienen. Der Erlass rechtsetzender, allgemein wirkender Vorgaben, die den Umsetzungsgesetzgeber in der EU, und damit das Parlament binden, ohne dass es die Zuständigkeitsausübung insoweit inhaltlich steuern könnte, wäre damit nicht vereinbar. Rechtsetzungszuständigkeiten können daher auf solche Gremien nicht ohne nähere Sicherungen der Zuständigkeiten des EP übertragen werden. Die Zustimmung des EP zu dem völkerrechtlichen Vertrag und damit zu den Zuständigkeitszuschreibungen ist bei

[103] *W. Weiß*, in: Grabitz/Hilf/Nettesheim (Fn. 6), Art. 207 AEUV, Rn. 97 f.

[104] EuGH, Rs C-658/11 (Parlament/Rat), ECLI:EU:C:2014:2025, Rn. 56.

[105] *R. Schütze*, Foreign Affairs and the EU Constitution, 2014, S. 385 f.; *A. Ott* (Fn. 6), S. 1009; *K. Meissner* (Fn. 6), S. 269.

geringer inhaltlicher Vorprogrammierung der Entscheidungsinhalte nicht hinreichend, um eine hinreichende demokratische Legitimation zu vermitteln. Entscheidend ist die Vorhersehbarkeit der Inhalte der Beschlüsse der Vertragsgremien[106]: Kommt ihnen Gestaltungsraum zu, weil ihre Beschlussfassungszuständigkeiten im Übertragungsakt, also dem Abkommen, nicht hinreichend vorprogrammiert sind, bedarf es für die Sicherung der sachlich-inhaltlichen Legitimation weiterer Steuerungsmechanismen zugunsten der Parlamente. Solche Kontrollmöglichkeiten finden sich im Hinblick auf die Beschlüsse durch Vertragsgremien nicht.

Der übliche Einwand, dass im Bereich der Außenbeziehungen die Stellung der Exekutive stärker ist und daher Sicherungen der demokratischen Legitimation nicht im gleichen Umfange wie bei interner Rechtsetzung erwartet werden können, überzeugt nicht mehr. Denn er verkennt die oben herausgestellte Symmetrie der politischen Funktionen von Rat und EP im Bereich jedenfalls der Handelspolitik. Außerdem verliert er angesichts des wachsenden Einflusses völkerrechtlicher Regelgebung auf nationale Gesetzgebung an Überzeugungskraft. Wenn völkerrechtliche Regelgebung nationale Gesetzgebung vorprägt und wichtige Weichenstellungen vornimmt, tritt sie in ihren Wirkung an die Stelle nationaler Regelsetzung und muss daher vergleichbaren Legitimationsanforderungen im Hinblick auf die parlamentarische Mitwirkung unterliegen. Das auswärtige Handeln darf gerade bei ausgelagerter Regelsetzung in seiner demokratischen Legitimation nicht zurückstehen.[107]

c) Ergebnis

Die Anforderungen demokratischer Legitimation und des institutionellen Gleichgewichts im Unionsrecht spiegeln sich in den ausdrücklichen Delegationsschranken in Art. 290 Abs. 1, 218 Abs. 9 AEUV und in der Meroni Judikatur. Diese Delegationsschranken gelten auch für die Übertragung von Hoheitsgewalt im Rahmen der Außenbeziehungen der EU, jedenfalls im Rahmen von Handelsabkommen infolge der Parallelität bei den Gesetzgebungs- und Vertragsschlusszuständigkeiten des EP. Diese Schranken erfordern zum einen eine hinreichende Bestimmtheit jeder Delegation, und ein Verbot der Delegation wesentlicher Aspekte eines Bereiches. Damit einher geht das Verbot, weites, politisches Ermessen zu übertragen. Jede übertragene Zuständigkeit muss präzise im Handelsabkommen festgelegt sein, auch im Hinblick auf ihren Anwendungsbereich und ihre Anwendungsvoraussetzungen. Außerdem müssen allgemeine Regelsetzung oder Ermessensentscheidungen parlamentarischen Kontrollmechanismen unterliegen, die die Legitimität der Beschlüsse der Vertragsorgane absichern.

---

[106] s. auch *N. Appel* (Fn. 36), S. 303.

[107] s. auch *C. Möllers*, Die drei Gewalten, 2. unv. Auflage 2015, 172.

3. Konsequenzen für die Zuständigkeiten der Vertragsgremien am Beispiel von CETA

Der obige Überblick über die Zuständigkeiten der CETA-Ausschüsse (unter II. 1. a)) verdeutlichte bereits die große Bandbreite an Entscheidungszuständigkeiten. Diese umfassen reine Durchführungszuständigkeiten (a), aber auch Zuständigkeiten über grundlegende Fragen (b), allgemeine Regelsetzungskompetenzen (c) und Änderungen am CETA (d). Ob diese Zuständigkeiten den eben unter 2. herausgearbeiteten unionsrechtlichen Grenzen einer Delegation von Hoheitsgewalt gerecht werden, wird nachstehend näher untersucht.

a) Durchführungszuständigkeiten

In ihrer Tragweite klar festgelegte Entscheidungszuständigkeiten wie etwa Konkretisierungen von allgemeinen, präzise im Abkommen enthaltenen Vorgaben werfen infolge ihrer inhaltlich bestimmten Festlegung durch die einschlägigen CETA-Bestimmungen keine grundlegenden Legitimationsprobleme auf. Die Übertragung von solchen reinen Durchführungsentscheidungen auf Vertragsgremien erfolgt auf hinreichend bestimmter Grundlage. Die Zustimmung des Europäischen Parlaments zum CETA und die unionale Vorbereitung der Beschlussfassung der Ausschüsse durch die Annahme des EU-Standpunkts im Rat gemäß Art. 218 Abs. 9 AEUV vermittelt genügend demokratische Legitimation.

Daher ist die im CETA recht exakt programmierte Zuständigkeit des Gemischten CETA-Ausschusses oder des Ausschusses für Finanzdienstleistungen, über die Anwendung der Ausnahme für aufsichtsrechtliche Maßnahmen nach Art. 13.16 gemäß Art. 13.21 CETA zu entscheiden, unproblematisch.[108] Die Maßnahmen sind in Art. 13.16 CETA benannt; dem Ausschuss kommt nur eine im Streitfall konkretisierende und bezüglich einer bestimmten nationalen oder unionalen Maßnahme subsumierende Funktion zu. Die Entscheidung im Rat nach Art. 218 Abs. 9 AEUV hat keine wesentliche inhaltliche Bedeutung mehr.

b) Entscheidungen grundlegender Bedeutung

Demgegenüber sind Zuständigkeiten, über grundlegende Aspekte zu entscheiden, sehr problematisch, zumal wenn ihre Maßstäbe inhaltlich im CETA nicht eingegrenzt sind.

---

[108] Die Ausnahmen nach Art. 13.16 CETA können bei einer Investitionsschutzstreitigkeit von einem beklagten Staat als Rechtfertigung für die angegriffene Maßnahme im Bereich des Finanzwesens, die vom Kläger als Verletzung des Investitionsschutzstandards gerügt wird, vorgetragen werden. Die konkrete Auslegung und Anwendung der Ausnahme kann der Beklagte gemäß Art. 13.21.3 und .4 CETA diesen Ausschüssen zur Entscheidung vorlegen, die das Investitionsgericht bindet.

aa) Übergang des Investitionsschutzes auf eine multilaterale Investitionsgerichtsbarkeit

Nach Art. 8.29 CETA beschließt der Gemischte CETA-Ausschuss über den Übergang der Investitionsschutzzuständigkeiten auf einen multilateralen Investitionsgerichtshof. Durch diesen Beschluss tritt an die Stelle der CETA-Regelungen über das Investitionsgericht (Abschnitt F, Art. 8.19 ff.) dann ein neuer multilateraler Mechanismus, dessen Gestalt noch nicht absehbar ist. Es gibt noch kein diesbezügliches Abkommen. Das CETA-Abkommen enthält auch keinerlei Anforderungen, wie der Mechanismus ausgestaltet sein muss. Art. 8.29 verlangt nur das Bestehen einer Berufungsinstanz, enthält aber keine Aussage dazu, welche Anforderungen an die Unabhängigkeit oder die Verfahrenstransparenz oder den Schutz der Geschäftsgeheimnisse von Unternehmen beachtet werden müssen. Es lässt sich Art. 8.29 nicht entnehmen, ob der Mechanismus mindestens die Garantien dafür nach den im CETA festgelegten bzw. einbezogenen Standards erfüllen muss, und ob der neue Gerichtshof unter Beachtung dem CETA gleichwertigen Verfahrensstandards zu entscheiden hat. Damit überlässt Art. 8.29 die Beurteilung dieser Fragen der Einschätzung des Gemischten CETA-Ausschusses. Die sachlich-inhaltliche Legitimation der Entscheidung ist daher sehr gering. Außerdem bedeutet der Übergang der Zuständigkeit auch eine grundlegende institutionelle Veränderung, weil durch einen Beschluss nach Art. 8.29 CETA das Gerichtssystem ausgewechselt wird, was auch eine bereits nach den expliziten Grenzen des Art. 218 Abs. 9 AEUV verbotene institutionelle Änderungen darstellte. Es ist somit demokratisch defizitär, eine so weitreichende Entscheidung nur auf der Grundlage eines vorherigen Ratsbeschlusses zu treffen. Diese Zuständigkeitsübertragung überschreitet damit die Grenzen der Delegation.

bb) Festlegung der Standards für den Austausch von Produktwarnungen

Nach Art. 21.7.5 CETA billigt der Ausschuss für Warenhandel die Maßnahmen zur Durchführung des wechselseitigen Austausches von Produktwarnungen. Diese Durchführungsdetails legen etwa die auszutauschenden Informationen und die Modalitäten des Austausches näher fest und müssen die Wahrung der Vertraulichkeit und den Schutz personenbezogener Daten sicherstellen. In Art. 21.7.5 ist nicht klar geregelt, wer die einzuhaltenden Anforderungen aufstellt. Es ist nur vorgesehen, dass der Ausschuss diese Maßnahmen billigt und dass die Parteien sicherstellen, dass diese Maßnahmen den Zielen entsprechen. Das kann dadurch erfolgen, dass die Parteien im CETA-Ausschuss gemeinsam die Vorgaben formulieren; somit käme die Erstellung des Regelwerkes dem CETA Ausschuss zu. Die Formulierung lässt es indes auch zu, dass die Parteien jeweils national diese Regelwerke formulieren und im CETA Ausschuss ihre Eignung im Hinblick auf die formulierten Anforderungen nur billigend festgestellt wird. In beiden Fällen gilt jedenfalls für die EU, dass die Beschlussfassung in diesem CETA-Ausschuss durch die Ratsstellungnahme nach Art. 218 Abs. 9 vorbereitet wird. Die Festlegung der Regelungen für den Informationsaustausch im Rat beteiligt das Europäische Parlament nicht, obschon es, um den Informationsaustausch mit Kanada unionsrechtlich umzusetzen, die RAPEX-Grundlage in Richtlinie 2001/95 ändern muss. Art. 21.7.5 CETA kann daher dazu führen, dass die Regelungen über den Austausch von Produktwarnungen, wie sie von der Exekutive im CETA Ausschuss formuliert wurden, vom EU-Gesetzgeber und damit (auch) vom EP nur noch nachvollzogen werden, ohne eigene Entscheidungshoheit. Bereits das ist demokratisch defizitär. Hier kommt aber hinzu, dass es bei der Festlegung von Regelungen über den Austausch von Produktwarnungen um grundlegende, wesentliche Entscheidungen geht. Denn sie betreffen Grundrechtsbelange von Unternehmen und anderweitig Betroffenen. Eine Regelfestlegung am Parlament vorbei ist daher nicht legitim. Wesentliche Fragen zu regeln ist dem EU-Gesetzgeber vorbehalten. Er kann dies nicht delegieren. Die Delegationssperre erfordert daher, dass solche Entscheidungen nicht im vereinfachten Verfahren nach Art. 218 Abs. 9 AEUV getroffen werden.

c) Allgemeine Regelsetzung

Im Hinblick auf die Grenzen der Delegation treffen auch die Zuständigkeiten der CETA-Ausschüsse zu allgemeiner Regelsetzung auf Einwände.

aa) Arbeitsweise des Berufungsgerichts

Nach Art. 8.28.7 CETA regelt der Gemischte CETA-Ausschuss administrative und organisatorische Aspekte der Arbeitsweise des Berufungsgerichts. Die Gegenstände der Verfahrensregelungen sind in Art. 8.28.7 lit a) bis g) CETA einzeln benannt: Danach geht es um administrative Unterstützung, also die Errichtung eines Sekretariats, ferner um das Verfahren für Einleitung und Durchführung von Berufungsverfahren und für Zurückverweisungen an die erste Instanz, um eine Kostenregelung, die Größe und Besetzung des Berufungsgerichts, die Richtervergütung und – nach Art einer Auffangklausel – um alle sonstigen für das Funktionieren erforderlichen Fragen. Insbesondere letztere Klausel ist nicht präzise; dem Ausschuss wird die Beurteilung überlassen, was für die Funktion des Berufungsgerichts noch an Regelung erforderlich ist. Dem Ausschuss wird somit eine rechtsetzende Funktion übertragen. Der Inhalt der erforderlichen Verfahrensregelungen wird im CETA zwar durch die Auflistung eingegrenzt, doch kommt ihm ein weites Ermessen zu, welche zusätzlichen, in lit a) bis f) nicht genannten Aspekte er regelt. Das EP überträgt durch seine Zustimmung zum CETA dem Ausschuss diese Hoheitsfunktion ohne nähere Maßgabe. Die

Auffangklausel, die dem Ausschuss einen weiten, nicht eingegrenzten Spielraum gewährt, überschreitet daher die Grenzen der Delegation.[109]

bb) Verhaltenskodex und wesentliche Verfahrensregeln

Nicht weniger problematisch ist die Zuständigkeit des Ausschusses für Dienstleistungen und Investitionen nach Art. 8.44.2 CETA, einen Verhaltenskodex für die Richter festzulegen, der auch Fragen der Offenlegung, Unabhängigkeit und Unparteilichkeit der Richter und der Vertraulichkeit regeln soll. Ferner hat der Ausschuss nach Art. 8.44.3 b) die Zuständigkeit, die Streitbeilegungsregeln des CETA zu ergänzen und Transparenzregeln zu erlassen, die die im CETA vorgesehen ändern können.[110] Damit werden Ergänzungen und sogar Ersetzungen geltender Regeln im CETA auf die CETA Ausschüsse übertragen, bei denen es sich nicht um untergeordnete Verfahrensfragen handelt, sondern um zentrale Sicherungen eines rechtsstaatlichen, unabhängigen Gerichtsverfahrens. Regeln über die richterliche Unabhängigkeit, die Transparenz der Verfahren und über die Wahrung der Vertraulichkeit betreffen zentrale Aspekte eines Verfahrens; sie berühren auch grundrechtliche Aspekte des Schutzes von Verfahrensgeheimnissen. Das CETA enthält insoweit keinerlei sachlich-inhaltliche Vorgaben, die das Regelsetzungsermessen des Ausschusses lenken und die inhaltliche Ausgestaltung des Verhaltenskodexes oder der Transparenzregeln anleiten würden. Die Offenheit des CETA insoweit verleiht dem Ausschuss damit ein erhebliches Regelungsermessen, das demokratisch defizitär legitimiert ist. Eine Übertragung der Zuständigkeit zur Regelung wesentlicher Fragen verletzt somit Delegationsgrenzen.

Allerdings bestimmen sowohl Art. 8.44.2 als auch Art. 8.44.3, dass der Ausschuss diese Regelungen „im Einvernehmen mit den Vertragsparteien" nach Erfüllung ihrer jeweils internen Vorschriften und Verfahren erlässt. Der Ausschuss trifft diese Entscheidung nicht autonom; zumindest genügt das Einvernehmen der im Ausschuss anwesenden Parteivertreter Kanadas und der EU nicht für die verbindliche Beschlussfassung über den Verhaltenskodex und die Transparenzregeln. Der Verweis auf das Einvernehmen mit den Vertragsparteien muss daher dahin ausgelegt werden, dass der Ausschussbeschluss nur im Einvernehmen mit allen Vertragsparteien bindend wird. Der Beschluss des Ausschusses steht somit unter Zustimmungsvorbehalt der Parteien, und diese Zustimmung kann nur

---

109 Kritisch zu Abrundungsklauseln, die „nicht umgrenzte Befugnisse zur Lückenfüllung zusprechen", auch *N. Appel* (Fn. 36), S. 307.

110 Auch Art 8.44 CETA regelt autonome Entscheidungsbefugnisse. Zwar erwähnen Art. 8.44.2 und 8.44. b) CETA „das Einvernehmen mit den Parteien", damit ist aber nur die einvernehmliche Beschussfassung im CETA Ausschuss über Dienstleistungen und Investitionen geregelt. Das wird in der englischen Fassung deutlich („on agreement of the Parties"). Außerdem wäre sonst der zusätzliche Hinweis auf die internen Verfahren überflüssig, würde diese Formulierung bereits ein Ratifikationserfordernis statuieren.

nach den verfassungsrechtlichen Verfahrensregeln eingeholt werden. Für die EU greift dann das normale Vertragsschlussverfahren nach Art. 218 AEUV ein, das für Handelsabkommen einen Zustimmungsvorbehalt des Parlamentes statuiert (Art. 218 Abs. 6 lit. a) v) i.V.m. Art. 207 Abs. 2 AEUV). Die Beteiligung des Europäischen Parlamentes sichert die demokratische Legitimation der Regelung der wesentlichen Fragen. Eine Beschlussfassung nach Art. 8.44.2 und .3 CETA kann somit nicht zur autonomen Entscheidung an die CETA Ausschüsse übertragen werden.

d) Änderungen am CETA

Den CETA Ausschüssen ist ferner in einigen Vorschriften die Änderung des CETA übertragen, sei es durch Ergänzungen, durch Begriffsbestimmungen oder Veränderungen in einzelnen Kapiteln, Protokollen oder Anhängen.

aa) Erweiterungen des Begriffs des Geistigen Eigentums

Art. 8.1 gewährt dem Gemischten CETA-Ausschuss die Möglichkeit, den Begriff des Geistigen Eigentums durch Anfügung weiterer Kategorien auszuweiten. Dadurch würde das CETA textlich verändert. Änderungen von völkerrechtlichen Übereinkünften der EU können grundsätzlich in den vereinfachten Verfahren nach Art. 218 Abs. 7 und Art. 218 Abs. 9 AEUV erfolgen. Wiederum stellt sich die Frage nach den Grenzen hierfür. Sofern textliche Änderungen eines Abkommens keine neuen völkerrechtlichen Verpflichtungen der EU begründen, sondern nur bereits eingetretene völkerrechtliche Veränderungen im Abkommenstext nachvollziehen, begegnet das unter Legitimitätsaspekten keinen Bedenken. Dies trifft für Art. 8.1 CETA zu. Denn die Regeln in Kapitel 8 des CETA beziehen sich für die Rechte und Pflichten aus Geistigem Eigentum auf das TRIPS. Eine Ausweitung des Geistigen Eigentums um Kategorien, die im TRIPS nicht geregelt sind, würde daher leer laufen. Die rein deklaratorische Aufnahme in das CETA einer neuen Kategorie Geistiger Eigentumsrechte nach einer TRIPS-Änderung begründet keine neuen völkerrechtlichen Pflichten, sondern ermöglicht nur den Einbezug der Pflichten, die Kanada, die EU und ihre Mitgliedstaaten aufgrund ihrer WTO-Mitgliedschaft ohnehin schon übernommen haben, in den CETA Verweisungskontext. Die Ausweitung des CETA-Begriffs des Geistigen Eigentums würde damit nur den Gleichlauf zwischen WTO-Recht und den CETA-Regelungen sicherstellen.

bb) Festlegung der gerechten und billigen Behandlung

Anders gelagert ist die Möglichkeit des Gemischten CETA-Ausschusses auf Vorschlag des Dienstleistungsausschusses gemäß Art. 8.10.3 CETA über den Inhalt der Verpflichtung zur gerechten und billigen Behandlung von Investoren zu beschließen. Denn auf diese Weise kann die Bedeutung des Schutzstandards für die Investoren verändert werden, was mögliche Erfolgsaussichten von Investorenklagen beeinflusst und damit auch für eventuelle Haftungsverpflichtungen der Vertragsparteien relevant ist. Da die Entscheidungszuständigkeit des Ausschusses nicht auf eine bloße Konkretisierung des Standards der fairen und gerechten Behandlung, etwa im Rahmen der in Art. 8.10.2 festgelegten einzelnen Definitionen, beschränkt ist, sondern sich allgemein auf eine inhaltliche Bestimmung des Standards bezieht, die auch weitere Definitionen anfügen kann, ist dem Ausschuss damit eine Bestimmungshoheit über den Begriff der gerechten und billigen Behandlung gegeben. Andererseits muss der Ausschuss in dem Rahmen des Begriffs der fairen und gerechten Behandlung bleiben; er kann keine allgemeinen Änderungen des Schutzstandards vornehmen. Er hat insofern eine bloße Konkretisierungshoheit, die aber inhaltlich nicht näher festgelegt ist. Es bestehen daher nur dann keine legitimatorischen Schwierigkeiten, wenn der Ausschuss seine Zuständigkeit nur dazu nützt, den Begriff einengend festzulegen, um Fehlentwicklungen in der Auslegungstätigkeit der Investitionsgerichte zu korrigieren.[111] Eine so begrenzte Auslegungszuständigkeit ist legitimatorisch abgesichert durch die allgemeine Zustimmung des EP zum CETA und die konkretisierende Beschlussfassung im Rat zur Vorbereitung des Ausschussbeschlusses nach Art. 218 Abs. 9 AEUV.

cc) Verbindliche Auslegungen

Der Gemischte CETA-Ausschuss hat die allgemeine Zuständigkeit, das CETA verbindlich auszulegen, Art. 8.31.3 i.V.m. Art. 8.44.3 a) CETA. Diese Zuständigkeit ist nicht gegenständlich eingeschränkt; sie gilt nicht nur für Kapitel 8 des CETA. Sie eröffnet sich bei „ernsthaften Bedenken in Bezug auf Auslegungsfragen, die sich auf Investitionen auswirken können". Die Bindungswirkung für das Investitionsgericht ist ausdrücklich vermerkt. Dass es bei Art. 8.31.3 funktional um verbindliche Auslegungen durch die Parteien geht, erhellt Anhang 8-D.[112]

Nach Art. 26.1.5 e) CETA nimmt der Gemischte CETA-Ausschuss Auslegungen vor, die – wie bei Art. 8.31.3 – für das Investitionsschutzgericht und auch die zwischenstaatliche Streitbeilegung (Kapitel 29 CETA) bindend sind. Im Unterschied zu Art. 8.31.3 fordert Art. 26.1.5 e) nicht das Vorliegen ernsthafter Bedenken bei Auslegungsfragen; auch die Voraussetzung einer vorherigen Empfeh-

---

111 In diese Richtung will der Entwurf einer Joint Interpretative Declaration zum CETA, die zwischen EU und Kanada festgelegt wird, die Auslegungszuständigkeit eingrenzen und näher bestimmen.

112 Dort heißt es u.a. „... können die Vertragsparteien im erforderlichen Umfang verbindliche Auslegungen herausgeben, damit sichergestellt ist, dass der Investitionsschutz im Rahmen dieses Abkommens gemäß den Bestimmungen von Art. 8.31 Absatz 3 richtig ausgelegt wird."

lung durch einen Sonderausschuss (bei Art. 8.31.3 wird eine Empfehlung durch den Sonderausschuss für Dienstleistungen und Investitionen vorausgesetzt; das ist insofern wichtig, als der Ausschuss gemäß Art. 8.44.3 a) dabei im Einvernehmen mit den Parteien nach Erfüllung der internen Anforderungen handelt) fehlt. Gegenständlich ist die Auslegungszuständigkeit nicht begrenzt.

Verbindliche Auslegungen führen oft zu einer gewissen inhaltlichen Änderung eines Vertrags.[113] Sie bedeuten für die Anwendung eines Vertrages nichts anderes als die Hinzufügung einer weiteren Klausel an den Vertragstext. Verbindliche Auslegungen haben zwar den Maßstäben nach Art. 31 WVRK zu folgen; sie stellen daher keine Vertragsänderung dar. Jedoch dürfen die Vertragsparteien sich durch authentische Auslegung von den Auslegungsregeln der WVRK entfernen. Art. 31 Abs. 4 WVRK ist insofern ein klares Indiz dafür, dass eine begriffliche Einigung der Parteien zu beachten ist, auch wenn sie zu einer Vertragsänderung führt. Als Herren des Vertrags dürfen die Parteien den Vertrag nicht nur auslegen, sondern auch ändern.[114] Im Völkerrecht ist es normalerweise den Parteien überantwortet, authentische Auslegungen zu verabschieden. Daher verschiebt sich bei der verbindlichen Auslegung die Grenze zur Vertragsänderung. Verbindliche Auslegungen können die Grenzen einer regulären Wortlautauslegung nach Systematik und Ziel gemäß Art. 31 Abs. 1 WVRK somit überschreiten. Das dürfte auch für verbindliche Auslegungen durch Vertragsgremien gelten, wenn in ihnen die Parteien präsent sind.[115] Im CETA wird diese Zuständigkeit auf ein Gremium übertragen, in dem nicht alle Parteien vertreten sind. Allerdings besteht der Gemischte CETA-Ausschuss neben dem Vertreter Kanadas aus einem Vertreter der EU, so dass insoweit unionsrechtlicher Einfluss gesichert ist. Der Umstand, dass nicht zwingend ein Vertreter der Mitgliedstaaten beteiligt ist, mag für die demokratische Legitimation nach national-verfassungsrechtlichen Regelungen relevant sein, ist aus Sicht des Unionsrechts aber unerheblich. Außerdem sind EU und Kanada die wesentlichen Parteien; die Mitgliedstaaten sind nur aufgrund der Zuständigkeitsgrenzen der EU einbezogen. Daher ist davon auszugehen, dass der Ausschuss verbindliche Auslegungen annehmen darf, die nicht strikt an die Grenzen der Auslegung nach Art. 31 WVRK gebunden sind.

---

113 Vgl. *S. Sur*, L'Interprétation en Droit International Public, 1974, S. 200.

114 Zur Geltung der Auslegungsregeln der WVRK für völkerrechtliche Gremien oder nationale Stellen, aber nicht für die Vertragsparteien vgl. *W. Heintschel von Heinegg*, in: Ipsen (Hrsg.), Völkerrecht, 6. Aufl. 2014, § 12, Rn. 11; *R. Gardiner,* The Vienna Convention Rules on Treaty Interpretation, in: Hollis (Hrsg.), The Oxford Guide to Treaties, 2012, S. 484 f.

115 Kritisch zur Auslegungszuständigkeit von Vertragsorganen *O. Dörr/K. Schmalenbach*, Vienna Convention on the Law of Treaties, 2012, Art. 31, Rn. 20, S. 532, unter Berufung auf eine Feststellung des StIGH, wonach es ein etablierter Grundsatz sei, dass nur die Partei den Vertrag verbindlich auslegen kann, die ihn auch ändern kann.

Damit kommt dem Ausschuss die Möglichkeit zu, durch Beschluss für das Investitionsgericht oder für die Streitbeilegung verbindliche und damit auch für die EU relevante, weil in Streitverfahren gegen die EU und ihre Mitgliedstaaten einschlägige Klarstellungen und auch gewisse Änderungen am CETA vorzunehmen. Dem Ausschuss kommt damit ein nicht unerheblicher Spielraum zu.

Insgesamt ist die Zuständigkeit zu verbindlichen Auslegungen anders als die Zuständigkeit nach Art. 8.10.3 CETA zur Konkretisierung des Begriffs der gerechten und billigen Behandlung nicht auf ein bestimmtes terminologisches Konzept festgelegt. Die Zuständigkeit des Ausschusses geht über eine bloße Konkretisierung hinaus.

Soweit dem Ausschuss nur die bloße Konkretisierung von hinreichend bestimmten Begrifflichkeiten des CETA übertragen wird, sind die Grenzen der Delegation nicht verletzt. Allerdings erlaubt die Figur der verbindlichen Auslegung durchaus Auslegungen, die sich über das ursprünglich von den Parteien Gemeinte hinwegsetzen. Dadurch kann einem Begriff ein neuer Inhalt zukommen, der die bestehenden Regeln des CETA weiterentwickelt, ohne Gegenstand parlamentarischer Zustimmung zu sein. Manche Begrifflichkeiten im CETA sind einer sehr weiten Auslegung zugänglich. Die Zuständigkeit für verbindliche Auslegungen nach Art. 8.31.3 i.V.m. Art. 8.44.3 a) CETA begegnet im Hinblick auf die Grenzen der Hoheitsübertragung auf Vertragsgremien somit nur dann keinen durchgreifenden Einwänden, wenn die Grenze zur Vertragsänderung nicht durch eine dynamische Auslegungspraxis überschritten wird.[116] Die Einhaltung dieser Grenze ist indes nicht gesichert. Hinzuzufügen ist hier, dass außerdem darauf zu achten ist, dass eine dynamische Auslegung nicht die Vertragsschlusszuständigkeiten der Mitgliedstaaten berührt, und dass keine Teile des CETA geändert werden, die unter die nationale Zuständigkeit fallen, wenn im Gemischten CETA Ausschuss keine nationalen Vertreter mitwirken.

dd) Veränderungen des CETA

In mehreren Bestimmungen des CETA ist dem Gemischten CETA-Ausschuss eine textliche Veränderung einiger Kapitel oder Anhänge des CETA anvertraut: Art. 2.4.4 CETA ermöglicht einen schnelleren Zollabbau, und somit eine Ersetzung der Zollsätze nach Anhang 2-A, mit Zustimmung der Vertragsparteien. Art. 23.11.5 CETA i.V.m. Art. 30.2 Änderungen ermöglicht Änderungen an Kapitel 23 über Handel und Arbeit.

Nach Art. 30.2 CETA kann der Gemischte CETA-Ausschuss auch bestimmte Anhänge und Protokolle des CETA ändern. In Bezug auf letzteres ist ausdrück-

[116] Vgl. *N. Appel* (Fn. 36), S. 307 f., die Zuständigkeiten zu verbindlichen Auslegungen nur zulässt, wenn die „Interpretation nicht überraschend [sind] und sich in den vorgeformten Bahnen des Abkommens halten".

lich vorgesehen, dass der Beschluss von den Vertragsparteien im Einklang mit ihren zum Inkrafttreten der Änderung erforderlichen internen Anforderungen und Verfahren gebilligt werden kann. Ein Verweis auf nationale Verfahren findet sich auch in Art. 2.4.4 CETA („sofern beide Vertragsparteien dem im Einklang mit ihren geltenden Rechtsverfahren zugestimmt haben"). Jedenfalls bei Nutzung des normalen Vertragsschlussverfahrens bestehen keine Bedenken hinsichtlich einer Ausschusszuständigkeit zur Änderung von Anhängen und Protokollen nach Art. 30.2.2 CETA, da der Beschluss nur bindend wird nach erfolgter Ratifikation, und somit nach Zustimmung auch des EP.[117] Das normale Vertragsschlussverfahren ist aufgrund der unbestimmten Weite der möglichen Änderungen am CETA geboten, wenn mehr als nur unwesentliche Korrekturen oder Präzisierungen des CETA erfolgen. Dafür, dass die Formulierung in Art. 30.2.2 Satz 1 auf das normale Vertragsschlussverfahren verweist, spricht die identische Formulierung in Art. 30.2.1, der die Änderung des CETA durch die Parteien selbst regelt und deren Inkrafttreten mit der gleichen Formulierung an den Austausch der Ratifikationsnoten knüpft.

Für die Änderung der Zollsätze nach Art. 2.4.4 CETA ist aufgrund ihres eher technischen Charakters eine Annahme im vereinfachten Verfahren nach Art. 218 Abs. 7 AEUV hinreichend. Denn Zollsätze werden gemäß Art. 31 AEUV nicht im Gesetzgebungsverfahren, sondern vom Rat alleine geändert. Nach dieser primärrechtlichen Wertung ist die Regelung der Zollsätze keine Frage für den Gesetzgeber; sie erfolgt durch anderweitige Rechtsetzung ohne Mitwirkung des EP. Konsequenterweise ist daher nichts dagegen einzuwenden, dass eine Änderung von mit einem Drittstaat vereinbarten Zollsätzen durch ein Vertragsgremium erfolgt, dessen Beschlussfassung der Rat für die EU nach Art. 218 Abs. 9 AEUV alleine vorbereitet.

Der Gemischte CETA-Ausschuss kann nach Art. 20.22.1 CETA durch Änderung des Anhang 20-A neue geschützte geographischer Herkunftsangaben aufnehmen oder nach Wegfall des Schutzes oder der Nutzung streichen. Die Voraussetzungen für eine Streichung sind in Art. 20.22.1 aufgeführt, während hinsichtlich der Aufnahme geschützter Herkunftsbezeichnungen Art. 20.22.2 und .3 CETA hinreichend bestimmte Regelungen dafür formuliert, wann dies

---

[117] Daher begegnet auch die Zuständigkeit eines Sonderausschusses zu Änderungen im Anhang zu Kapitel 5 nach Art. 5.14.2 d) CETA keinen Einwänden, da für die Verbindlichkeit des Beschlusses ausdrücklich die Genehmigung durch die Parteien nach ihren Verfahren erforderlich ist. Gleiches gilt für die gegenseitigen Anerkennungsabkommen aufgrund Beschlusses des MRA-Ausschusses nach Art. 11.3.6 CETA. Diese beiden Regeln bringen einen Ratifikationsvorbehalt zum Ausdruck. Bei Art. 30.2.2 CETA ist die Auslegung der Verweisung auf interne Verfahren als klassischen Ratifikationsvorbehalt und damit ein Ausschluss der Anwendung der vereinfachten Verfahren nach Art. 218 Abs. 7 oder 9 nicht sicher; so will BVerfG, Urteil v. 13.10.2016, 2 BvR 1368/16, NJW 2016, S. 3583, Rn. 64 „in der Regel Art. 218 Abs. 9 AEUV" anwenden. Dazu bereits oben Fn. 35.

nicht erfolgt. Die Änderungszuständigkeit des Ausschusses ist insoweit an klaren Kriterien orientiert und beachtet daher die Bestimmtheitsanforderungen an die Übertragung von Hoheitsgewalt. Die Ermächtigung der Kommission zu diesen Änderungen im vereinfachten Verfahren gemäß Art. 218 Abs. 7 AEUV im Beschluss über die vorläufige Anwendung des CETA[118] begegnet somit keinen Einwänden.

e) Ergebnis

Die Prüfung der Beschlussfassungszuständigkeiten der CETA Ausschüsse anhand der unionalen Anforderungen an die Übertragung von Hoheitsgewalt hat gezeigt, dass einige Zuständigkeiten mit den EU-verfassungsrechtlichen Grenzen für die Übertragung nicht vereinbar sind. So verletzt Art. 21.7.5 CETA das Verbot, grundlegende Aspekte auf einen Ausschuss zu übertragen. Die Festlegung von Regeln zu wichtigen, grundrechtsrelevanten Fragen am Parlament vorbei ist nicht legitim, weil es dann für die Umsetzung ohne vorherige inhaltlich determinierende Mitwirkung gebunden wäre.

Die Setzung von Verfahrensregelungen, die Art. 8.28.7 CETA dem Gemischte CETA-Ausschuss im Hinblick auf administrative und organisatorische Aspekte der Arbeitsweise des Berufungsgerichts erlaubt, gewährt dem Ausschuss einen nicht eingegrenzten Gestaltungsspielraum im Hinblick auf für notwendig erachtete weitere Verfahrensregeln. Die Kompetenz ist nicht hinreichend bestimmt. In gleicher Weise darf auch eine Beschlussfassung nach Art. 8.44.2 und .3 b) CETA über einen Verhaltenskodex für die Richter und über Streitbeilegungs- und Transparenzregeln nicht übertragen werden.

Die Befugnisse der CETA Ausschüsse zu Änderungen des CETA haben sehr unterschiedliches Gewicht. Soweit die verbindliche Festschreibung der Bedeutung von Normen im CETA Ausdruck einer Konkretisierung ist und die Ermächtigung nur einen eingeschränkten Gestaltungsspielraum eröffnet, weil sich die Konkretisierung im Rahmen der begrifflichen Konzepte des CETA halten muss, begegnet das keinen Bedenken. Das gilt für Art. 8.1 (Ausweitung der Kategorien des Geistigen Eigentums). Differenzierter ist Art. 8.10.3 CETA (Bestimmung der gerechten und billigen Behandlung) zu sehen; hier sind nur dann die Grenzen der Übertragung von Hoheitsgewalt eingehalten, wenn die Ausschusszuständigkeit nur dazu genützt wird, den Begriff einengend festzulegen, etwa zur Korrektur denkbarer Fehlentwicklungen der Auslegungen durch die Investitionsgerichtsbarkeit.[119]

---

118 Beschluss 2017/38 des Rates, ABl. EU 2017 L 11/1080, Art. 2.

119 In diese Richtung will das Gemeinsame Auslegungsinstrument zum CETA zwischen Kanada und EU die Auslegungszuständigkeit eingrenzen und näher bestimmen. Vgl. ABl. EU 2017 L 11/3.

Die allgemeine Zuständigkeit des Gemischten CETA-Ausschusses zu verbindlicher Auslegung gemäß Art. 8.31.3 i.V.m. Art. 8.44.3 a) und Art. 26.1.5 e) CETA stellt nicht sicher, dass die Grenze zur Vertragsänderung beachtet wird. Manche Normen des CETA eröffnen große Auslegungsspielräume, deren verbindliche Festlegung nicht ohne weiteres übertragen werden kann.

Bei Beschlüssen nach Art. 30.2.2 CETA ist auf die Tragweite der Änderungen in den Anhängen und Protokollen zu achten; gegebenenfalls löst das die Notwendigkeit einer Annahme im normalen Vertragsschlussverfahren unter Zustimmung des EP aus. Bei Art. 30.2.2 Satz 1 ist die Verweisung auf die internen Verfahren daher bei inhaltlicher Änderung der Anhänge und Protokolle zum CETA als Verweis auf das allgemeine Vertragsschlussverfahren der EU zu verstehen.

In der Summe ergibt sich, dass die EU bei der Übertragung der Beschlussfassungszuständigkeiten auf die CETA-Ausschüsse nach Art. 8.28.7, Art. 8.29, Art. 8.44.2 und 3 b), Art. 21.7.5, Art. 26.1.5 (bezüglich institutioneller Änderungen)[120] und auch für verbindliche Auslegung nach Art. 26.1.5 e) CETA ihre verfassungsrechtlichen Grenzen für eine solche Übertragung verletzt, unter Umständen auch bei Art. 8.10.3 CETA hinsichtlich der Bestimmung der gerechten und billigen Behandlung. Da CETA seit dem 21.9.2017 – allerdings nicht vollumfänglich – vorläufig angewendet wird, realisiert sich eine Verletzung der unionsrechtlichen Grenzen nur soweit diese Zuständigkeiten in der vorläufigen Anwendung aktuell werden: Die im Investitionsschutzkapitel (Kapitel 8 des CETA) vorgesehenen Zuständigkeiten in Art. 8.10 ff wurden von der vorläufigen Anwendung ausgeschlossen[121], nicht aber die Zuständigkeiten nach Art. 21.7.5 und Art. 26.1.5.

4. Unionsverfassungsrechtliche Lösungsmöglichkeiten: Zur Stärkung der demokratischen Legitimation der Vertragsgremien durch Ausbau der Stellung des Europäischen Parlaments

Konsequenz der Verletzung von Delegationsgrenzen ist, dass solche Entscheidungen der CETA-Ausschüsse nicht unter Anwendung des vereinfachten Verfahrens nach Art. 218 Abs. 9 AEUV getroffen werden können. Diese Entscheidungen der Vertragsgremien können die EU nur binden, wenn die EU diese Entscheidungen unter Anwendung des allgemeinen Vertragsschussverfahrens eigens ratifiziert; damit wäre ihre rechtliche Wirkung von einer parlamentarischen Zustimmung in jedem Einzelfall abhängig. Die Vertragsgremien hätten dann keine Hoheitsgewalt zur bindenden Entscheidung übertragen erhalten.

---

120 Dazu bereits oben 2. b).

121 Vgl. Art. 1 des Ratsbeschluss 2017/38 vom 28.10.2016 (sic!), ABl.EU 2017 L 11/1080, und die Mitteilung über die vorläufige Anwendung des CETA, ABl.EU 2017 L 238/9.

Eine alternative Lösungsmöglichkeit zur Behebung der verfassungsrechtlichen Probleme bietet sich an, wenn der Rechtsverstoß (nur) in der fehlenden Bestimmtheit der Ermächtigungsnormen im CETA besteht. Solche Mängel durch Nachbesserung am CETA Text zu beseitigen, erfordert eine Vertragsänderung. Daher erscheint ein anderer Lösungsweg vorzugswürdig, der die demokratische Legitimation der Ausschusstätigkeit durch Einbezug des Europäischen Parlaments stärkt. Ein Ausbau der Stellung des Europäischen Parlamentes durch seine Einbeziehung bei den Entscheidungen der Vertragsgremien in einer Weise, die seinen effektiven Einfluss auf den Inhalt der Entscheidungen sichert, würde die fehlende Bestimmtheit der Ermächtigungen ausgleichen. Damit würde zugleich eine parlamentarische Kontrolle über die Tätigkeit der Vertragsgremien auf EU Seite ermöglicht. Die Etablierung von Mitwirkungs- und Kontrollrechten zugunsten des EP ist auf zwei Ebenen denkbar. Zum einen auf völkerrechtlicher Ebene, zum anderen auf unionaler Ebene. Mechanismen beider Ebenen könnten auch kombiniert werden. Auf völkerrechtlicher Ebene könnte dies durch eine Mitwirkung des EP bzw. von Vertretern des EP in den CETA Ausschüssen erfolgen, etwa durch Teilhabe an der EU-Delegation in den CETA Ausschüssen, oder durch Einräumung eines Beobachterstatus insoweit Ausschuss. Solche Mechanismen sind aus dem Rahmenabkommen über die Beziehungen zwischen dem Europäischen Parlament und der Kommission bekannt.[122] Danach können Vertreter des EP als Teil der EU Delegation bei internationalen Konferenzen oder in Sitzungen von Gremien multilateraler Übereinkommen beobachtend teilnehmen, die Beschlüsse fassen, die die Zustimmung des Parlaments erfordern, oder deren Umsetzung Rechtsakte verlangen, die im ordentlichen Gesetzgebungsverfahren beschlossen werden müssen.[123] Diese Regelung könnte auf die Vertragsgremien bilateraler Handelsabkommen erstreckt werden. Dadurch würde das EP auch direkten Informationszugang über die Beschlussfassungsthemen in Vertragsgremien erhalten, was die Effektivität seiner Kontrolle erhöhen würde. Auf innerunionaler Ebene wäre die Stellung des EP dadurch zu stärken, dass das EP in die Beschlussfassung des Rates nach Art. 218 Abs. 9 AEUV einbezogen wird. So könnte man dem EP erlauben, nach einer Information über bevorstehende Beschlüsse in den Vertragsgremien gemäß Art. 218 Abs. 10 AEUV Resolutionen mit Empfehlungen zu fassen, die die Kommission bei ihren Vorschlägen für Ratsbeschlüsse nach Art. 218 Abs. 9 AEUV zu berücksichtigen hat, ggf. verbunden mit der Verpflichtung zur Begründung eines Abweichens. Ein solcher Mechanismus besteht bislang nur im Hinblick auf Empfehlungen des EP zu Verhandlung und Abschluss eines Abkommens.[124] Sehr viel effektiver wäre es aber, ein konstituti-

122 ABl.EU 2010 L 304/47.

123 Ebda Tz. 25 f.

124 Regel 108 (4) der Geschäftsordnung des EP; Tz. 23 des Rahmenabkommens und Ziffer 4 seines Anhang III. Gegenwärtig sieht Ziffer 9 des Anhang III des Rahmenabkom-

ves Mitwirkungsrecht des EP bei der Ratsentscheidung nach Art. 218 Abs. 9 einzuführen. Falls Vertragsgremien regelsetzend tätig werden, insbesondere wenn diese Regeln für ihre Umsetzung eine Änderung von EU-Gesetzen erfordern, sollte dem EP ein Zustimmungsrecht gewährt werden. Damit würde ein Gleichlauf zwischen der Stärkung des EP in der innerunionalen Rechtsetzung, in dem Abschluss (Art. 218 Abs. 6 AEUV) und bei der Umsetzung von Handelsabkommen (vgl. Art. 207 Abs. 3 AEUV) mit seiner Rolle bei der unionalen Vorbereitung der Beschlussfassung von Vertragsgremien nach Art. 218 Abs. 9 AEUV hergestellt. Denn der Ausbau der Rechte des EP in Art. 207 und Art. 218 AEUV und im ordentlichen Gesetzgebungsverfahren fand in der Regelung des vereinfachten Verfahrens in Art. 218 Abs. 9 AEUV keinen Niederschlag. Hier blieb es weiterhin bei der bloßen Beschlussfassung durch den Rat.[125] Diese Nachbesserung des Primärrechts ließe sich am besten durch den Erlass einer allgemeinen Rahmenverordnung für die Umsetzung von Freihandelsabkommen gemäß Art. 207 Abs. 2 AEUV erreichen, die ein Zustimmungsrecht des EP für Ratsbeschlüsse nach Art. 218 Abs. 9 AEUV festlegt. Alternativ könnte es zwar grundsätzlich auch genügen, wenn ein entsprechendes Erfordernis der Zustimmung des EP in dem abschließenden Ratsbeschluss über den Abschluss des CETA nach Art. 218 Abs. 6 AEUV Eingang fände, indes würde damit nicht die Problematik geklärt, dass die Vertragsgremien teilweise bereits während des vorläufigen Anwendung tätig werden. Auch eine dahingehende Regelung in einem Rahmenabkommen zwischen EP und Rat wäre denkbar.

5. Anforderungen an die Weiterübertragung von Hoheitsrechten durch die EU aus dem Grundgesetz

Der unionsrechtliche Grundsatz der begrenzten Einzelermächtigung ist verfassungsrechtlich unterlegt durch die Anforderung, dass die Union nur die Hoheitsrechte innehat (und damit nur diese auf völkerrechtliche Vertragsgremien weitergeben kann), die ihr von Bundestag und Bundesrat gemäß Art. 23 GG durch Gesetz übertragen wurden. Art. 23 GG ist die einschlägige Verfassungsregel und Maßstabsnorm für die Mitwirkung der Bundesrepublik an der Europäischen Integration nicht nur bei Begründung oder Änderung von Primärrecht, sondern auch für die Weiterübertragung von Hoheitsgewalt auf völkerrechtliche Vertragsgremien durch die EU im Rahmen ihrer völkerrechtlichen Abkommen.

---

mens nur die volle Information des EP in Bezug auf Änderungen des Abkommens nach Art. 218 Abs. 7 vor. Art. 109 der Geschäftsordnung des EP ermöglicht bei Information über einen Beschlussvorschlag im Rat nach Art. 218 Abs. 9 AEUV nur eine Resolution, doch ist das nicht mit einer Berücksichtigungs- oder gar einer Rechenschaftspflicht verbunden.

125 Vgl. auch die Kritik von *A. Alemanno*, The Regulatory Cooperation Chapter of the Transatlantic Trade and Investment Partnership: Institutional Structures and Democratic Consequences, Journal of International Economic Law 2015, S. 625, 636 f.

Art. 23 regelt auch die Mitwirkung der Bundesrepublik an diesen Abkommen (die dann als gemischte Abkommen abgeschlossen wurden) und an der dabei erfolgenden Etablierung solcher neuer Hoheitsträger. Art. 23 GG entfaltet insoweit eine Doppelrelevanz.[126]

a) Anforderungen an die demokratische Ausgestaltung der EU-Hoheitsgewalt

Art. 23 GG enthält in seiner Struktursicherungsklausel in Abs. 1 Anforderungen an die Gestalt der EU; die EU muss u.a. demokratischen und rechtsstaatlichen Grundsätzen entsprechen, und die Grenzen des Art. 79 Abs. 3 GG sind zu beachten. Daher kann der Integrationsgesetzgeber keine Hoheitsrechte auf die EU übertragen, deren Anwendung die Verfassungsidentität berühren würde.[127] Sowohl der Schutz der Verfassungsidentität als auch die Struktursicherungsklausel des Art. 23 gebieten eine demokratische Legitimation der EU-Hoheitsakte und verbieten eine Selbstentäußerung des Europäischen Parlaments, auch wenn die daraus fließenden Anforderungen an die demokratische Struktur der EU nicht identisch zu denen unter dem Grundgesetz sind.[128] Art. 23 GG formuliert damit neben den (u.a.) demokratischen Bedingungen für die deutsche Mitwirkung an der EU und für die demokratische Legitimationsvermittlung durch den deutschen Integrationsgesetzgeber auch demokratische Anforderungen an die Ausgestaltung der Union.[129] Die EU muss im Hinblick auf ihre Hoheitszuständigkeiten, Organe und Entscheidungsverfahren über ein hinreichend demokratisches Legitimationsniveau verfügen, auch im Hinblick auf den „Grad der Verselbständigung von Entscheidungsverfahren".[130] Der EU können Hoheitsrechte nicht so weitgehend übertragen werden, dass dem Deutschen Bundestag keine eigenen Befugnisse von substantiellem Gewicht mehr verbleiben.[131] Das schränkt – im Interesse der Wahrung der nationalen Souveränität – nicht nur den Umfang der übertragbaren Hoheitsgewalt ein (die generelle Kompetenz-Kompetenz kann nicht übertragen werden), sondern verbietet auch eine unbestimmte Hoheitsübertragung und stellt Anforderungen an die Entscheidungsverfahren der autonomen

---

126 Dazu näher *W. Weiß* (Fn. 30), S. 151, 209 ff.; s. auch *M. Nettesheim*, Umfassende Freihandelsabkommen und Grundgesetz, 2017, S. 100 ff. Gegen eine Anwendung von Art. 23 GG *B. Grzeszick* (Fn. 41), S. 1759 ff., 1761. Zu seinen Argumenten bereits oben Fn. 41 und 76.

127 BVerfGE 113, 273, 296; 123, 267, 348; 134, 366, 384; BVerfG, NJW 2016, S. 2473, Rn. 137 - OMT.

128 BVerfGE 123, 267, 368 – Lissabon.

129 BVerfGE 123, 267, 356, Rn. 244 – Lissabon.

130 BVerfGE 123, 267, 364 – Lissabon.

131 BVerfGE 89, 155, 182; 123, 267, 330, 356; 2 BVerfG, NJW 2016, S. 2473, Rn. 138 - OMT.

EU-Gewalt[132] und gegebenenfalls, so ist im Hinblick auf Weiterübertragung zu ergänzen, auch an die Entscheidungsverfahren durch die EU eingesetzter autonomer Entscheidungsgremien.

Die Bestimmtheitsanforderungen verbieten Blankettermächtigungen;[133] die gesetzliche Übertragung von Hoheitsrechten nach Art. 23 Abs. 1 S. 2 GG fordert eine – der Form des Gesetzes als Übertragungsakt auch gemäße – inhaltliche Bestimmtheit der Übertragung.[134] Die Bestimmtheitsanforderung an die Übertragung dient ihrer demokratischen Legitimation und sichert die unionale Bindung an den Grundsatz begrenzter Einzelermächtigung.[135] Die Wahrung der begrenzten Einzelermächtigung erfordert in der Sicht des BVerfG in bestimmten Fällen eine Sicherung, die „verfahrensrechtlich über das in den Verträgen vorgesehene Maß hinaus"[136] geht. Als solche Fälle wurden zum einen die Ausübung wenig bestimmter EU-Zuständigkeiten, zum anderen die Zuständigkeiten der EU zur autonomen Veränderung des Primärrechts (Aktivierung von vereinfachten Änderungsmöglichkeiten der EU-Verträge; Brückenklauseln, die keine erneute Ratifikation erfordern) angesehen. Die Nutzung dieser Zuständigkeiten bedarf daher eines vorherigen Bundestagsbeschlusses oder gar eines Gesetzes nach Art. 23 Abs. 1 GG.[137] Die Ausübung wenig bestimmter EU-Zuständigkeiten durch die EU erfordert die Begleitung durch den Bundestag, damit der Bundestag im Rahmen seiner Integrationsverantwortung darüber wachen kann, ob das Integrationsprogramm des Zustimmungsgesetzes durch EU-Akte überschritten oder in einer Weise entfaltet wird, die die Grenzen der Integrationsermächtigung durch die parlamentarische Zustimmung nach Art. 23 Abs. 1 i.V.m. Art. 79 Abs. 3 GG verletzt.[138] Hinsichtlich der Brückenklauseln ist für das BVerfG problematisch, dass sie eine Änderung der deutschen Mitwirkung im Rat ermöglichen durch einen Wechsel zu Mehrheitsabstimmungen, weil sich dadurch die Verselbständigung der Entscheidungsverfahren in der EU erhöht. Es ist deshalb nicht mehr sicher vorhersehbar, ob die aus deutscher Sicht gebotene Zurechenbarkeit jedes

---

132 Vgl. BVerfGE 123, 267, 356, Rn. 244 – Lissabon.

133 BVerfGE 123, 267, 351 – Lissabon.

134 BVerfGE 123, 267, 351, Rn. 236 – Lissabon. Die Anforderungen an die Bestimmtheit der Übertragung dürfen nicht zu hoch angesetzt werden, weil die Errichtung einer Integrationsgemeinschaft eine Dynamik ihrer politischen und damit auch rechtlichen Entwicklung impliziert. Daher genügt es, wenn zumindest das Integrationsprogramm erkennbar und hinreichend bestimmt ist.

135 Vgl. BVerfGE 123, 267, 350, 352 – Lissabon.

136 BVerfGE 123, 267, 370 – Lissabon.

137 BVerfGE 123, 267, 355 f., 384 ff. – Lissabon. Jede Veränderung der textlichen Gestalt des Primärrechts bedarf des Gesetzes nach Art. 23 Abs. 1 S. 2 GG, s. BVerfGE 123, 267, 355, Rn. 243.

138 Vgl. BVerfG, NJW 2016, S. 2473, Rn. 139 – OMT.

Hoheitsaktes der EU an die Zustimmung des Bundestags zum Primärrecht und damit das demokratische Legitimationsniveau der EU-Hoheitsgewalt in jedem Einzelfall gesichert war.[139] Beide Argumentationsstränge zugunsten verstärkter parlamentarischer Begleitung von Hoheitsübertragung, nämlich der der fehlenden Bestimmtheit und der der Verschiebung von Organzuständigkeiten, greifen auch bei der Einsetzung beschlussfassender, autonom entscheidender Vertragsgremien ein. Denn die Hoheitsübertragung auf Vertragsorgane erfolgt auf der Grundlage der – wie aufgezeigt – im Hinblick auf die Art der übertragbaren Hoheitsgewalt und ihre Grenzen wenig bestimmten primärrechtliche Regelung in Art. 218 Abs. 9 AEUV.[140] Ferner werden die Beschlüsse der Vertragsgremien für die EU in einem vereinfachten Verfahren verbindlich (bloße Ratsbeschlussfassung nach Art. 218 Abs. 7, 9 AEUV, s. oben), und nicht mehr wie sonst bei völkerrechtlichen Pflichten in der Handelspolitik in einem Verfahren, das der Zustimmung des EP bedarf.

Die Vorgaben des Art. 23 GG bestätigen damit die Berechtigung und Notwendigkeit der oben unter 2. erkannten unionalen Anforderungen an die demokratische Legitimation von Hoheitsrechtsübertragung in Form des Bestimmtheitsgebots und der Notwendigkeit ergänzender parlamentarischer Begleitung der Betätigung von Gremien, auf die Hoheitsgewalt übertragen wurde, zumal wenn das mit der Veränderung von Entscheidungsverfahren einhergeht. Es ist somit nicht nur unionsrechtlich, sondern auch grundgesetzlich geboten, dass die Errichtung von Vertragsorganen mit erheblichen Zuständigkeiten dadurch ordnungsgemäß demokratisch legitimiert ist, dass keine unspezifischen Zuständigkeiten übertragen werden und dass ihre Ausübung einer parlamentarischen Kontrolle unterliegt.

b) Parlamentarische Kontrolle durch das Europäische Parlament oder durch den Bundestag?

Die demokratische Legitimation der Hoheitsübertragung auf die EU gebietet nach der Lesart des BVerfG, dass der Bundestag „im Mittelpunkt eines verflochtenen demokratischen Systems" steht.[141] Damit erhält aus grundgesetzlicher Sicht die demokratische Legitimation von Hoheitsübertragung der EU auf völkerrechtliche Gremien gerade durch die in Art. 23 Abs. 1 GG geregelten oder daraus

---

139 BVerfGE 123, 267, 390 – Lissabon.

140 Im Lichte des Bestimmtheitsgebots für Hoheitsübertragung lässt sich durchaus anzweifeln, ob Art. 218 Abs. 9 AEUV überhaupt eine geeignete Grundlage für die Hoheitsübertragung auf völkerrechtliche Gremien ist, weil er eine überaus weit gefasste Hoheitsweitergabe ermöglicht, nahe an einer unzulässigen Blankettermächtigung. Allerdings lässt sich die Unbestimmtheit des Art. 218 Abs. 9 AEUV durch aus dem Unionsrecht zu gewinnende Delegationsgrenzen einfangen, s. oben 2.

141 BVerfGE 123, 267, 371 - Lissabon.

abgeleiteten Mechanismen der Legitimation über den Bundestag und Bundesrat auch für die demokratische Legitimation unionaler Hoheitsausübung zentrale Bedeutung. In diesem Sinne hat das BVerfG anerkannt, dass auch supranationale Legitimationsstränge – also allen voran durch das EP – zur Legitimation von EU-Hoheitsakten beitragen und diese stützen, dass dies aber nichts an der Notwendigkeit einer Legitimation durch hinreichend bestimmte Ermächtigung des Bundestags als Integrationsgesetzgeber ändert.[142]

Dieses Beharren des BVerfG auf die Legitimation unionaler Hoheitsakte durch national-parlamentarische Mechanismen ist höchst angreifbar, weil dem EP damit allenfalls ein stützender, ergänzender Legitimationsbeitrag eingeräumt wird.[143] Der zentrale Ausgangsgedanke der Argumentation des BVerfG, dass die vollumfassend abgeleitete[144] und – wie bei allen internationalen Organisationen, so aufgrund der Verfassungswertung in Art. 23 GG auch für die EU – niemals originäre Hoheitsgewalt der EU für die deutsche Verfassungsordnung erst durch die Rückführbarkeit des gesamten Integrationsgeschehens auf Zustimmungsakte des Bundestags wirksam ist, ist gleichwohl in dieser Grundsätzlichkeit richtig. Die demokratische Legitimation unionaler Hoheitsausübung entsteht aus Sicht des GG durch das Zustimmungsgesetz des Bundestags zu den primärrechtlichen Verträgen.[145] Doch schließt das nicht aus, den Legitimationsbeitrag durch das EP stärker zu gewichten, als es das BVerfG tut, und ihm mehr als nur eine bloß stützende Bedeutung zuzuerkennen.

Gerade die vorliegend behandelte Hoheitsausübung durch Vertragsgremien infolge unionaler Hoheits(weiter)übertragung könnte dazu Anlass geben, für die Legitimation der Ausübung dieser Zuständigkeiten durch die Vertragsgremien nicht vorrangig auf die nationalen Legitimationsmechanismen (einer Rückführbarkeit auf eine Bundestagsbilligung) abzustellen, sondern auch die Legitimation solcher Hoheitsausübung durch die Mitwirkung des EP einzubeziehen und – da die EU ja ihrerseits eine eigene demokratische Legitimation hat – ihr eine erstere teilweise ersetzende Funktion zuzuerkennen. Damit wäre zu unterscheiden: Während für die Legitimation einer Verankerung der EU-Zuständigkeit zur Weitergabe von Hoheitsrechten an Vertragsgremien im AEUV es alleine auf die

142 BVerfG, NJW 2016, S 2473, Rn. 131 - OMT-Entscheidung.

143 s. nur *M. Ruffert*, An den Grenzen des Integrationsverfassungsrechts: Das Urteil des Bundesverfassungsgerichts zum Vertrag von Lissabon, DVBl. 2009, S. 1197, 1199. Vgl. die in grundsätzlicher Hinsicht vorzugswürdige Betrachtung des Verhältnisses von Unions- und nationalem Recht als einer pluralistischen statt einer hierarchischen Ordnung, die eine die jeweiligen Legitimationsbeiträge stärker verbindende Sicht präferiert, dazu *W. Weiß*, § 5 Unionsrecht und nationales Recht, in: Niedobitek (Fn. 8), Rn. 6 ff.

144 BVerfGE 123, 267, 349, Rn 231 spricht für die EU von einer abgeleiteten Grundordnung.

145 Deutlich BVerfG, NJW 2016, S. 2473, Rn. 120 – OMT.

nationale Zustimmung des Bundestags und Bundesrats hierzu ankommt, und der deutsche Gesetzgeber aus verfassungsrechtlichen Gründen nach den Anforderungen des Art. 23 GG auch bei der Einrichtung solcher Vertragsgremien und ihrer Zuständigkeitsfestlegung durch Abschluss eines EU-Abkommens mitwirken muss, kann die demokratisch geforderte Kontrolle der konkreten Entscheidungstätigkeit der Vertragsgremien in Ausübung ihrer Zuständigkeiten nach dem EU-Abkommen jedenfalls dann alleine dem EP überlassen bleiben, wenn dessen Kontrollrechte geeignet sind, die verfassungsrechtlichen Anforderungen an die demokratische Legitimation der EU Hoheitsgewalt gerecht zu werden und sich die Vertragsgremien alleine im Rahmen der EU-Zuständigkeiten bewegen.

Dann würde es für die Erfüllung verfassungsrechtlicher Anforderungen aus Art. 23 GG genügen, dass die Bundestagszustimmung zum EU-Primärrecht eine allgemein gehaltene Zuständigkeit zur Weiterübertragung von Hoheitsrechten durch die EU umfasste und dass der Bundestag bei dem Abschluss eines EU-Abkommens wie CETA mitwirkt, das in erheblichem, über bloße Einzelfallfragen hinausreichenden Umfang Hoheitsrechte auf der Grundlage dieser allgemein gehaltenen EU-Zuständigkeit überträgt.[146] Hinsichtlich der für die demokratische Legitimation erforderlichen Bestimmbarkeit der Zuständigkeiten der Vertragsgremien könnte auf die genuin unionale Legitimation infolge konkretisierender bzw. kontrollierender Mitwirkung des EP hieran (wie oben unter 4. entwickelt) abgestellt und die Frage nach der hinreichenden Legitimation unter Bewertung der insoweit bestehenden Strukturen geklärt werden.

Demnach wären dann die oben unter 4. vorgeschlagenen rein unionsverfassungsrechtlichen Lösungsmöglichkeiten durch stärkere Einbindung des EP in die (Vorbereitung der) Beschlussfassung der Vertragsgremien auch national-verfassungsrechtlich relevant und grundsätzlich hinreichend in dem Sinne, dass eine gegebenenfalls zusätzliche Mitwirkung und Kontrolle des Bundestags bei bindenden Beschlüssen der Vertragsorgane jedenfalls dann unterbleiben könnte, wenn die Vertragsorgane allein im Zuständigkeitsbereich der EU handeln.

---

146 Zur Begründung einer aus Art. 23 GG gebotenen Bundestagsbeteiligung an dem Abschluss und der vorläufigen Anwendung eines umfangreiche Hoheitsrechte übertragenden Abkommens durch die EU auch soweit die EU sich im Rahmen ihrer alleinigen Kompetenzen bewegt, siehe *W. Weiß*, in: Kadelbach (Fn. 30), S. 151, 204 ff. Demgegenüber will *M. Nettesheim* (Fn. 126), S. 139 ff, 142 Art. 23 GG nur in Stellung bringen, soweit die Zuständigkeiten der Vertragsgremien über die der EU bereits übertragenen Zuständigkeiten hinausgehen und den Zuständigkeitsbereich der Mitgliedstaaten berühren. Das trägt der mangelnden Bestimmtheit der Reichweite der Kompetenz der EU für Weiterübertragungen von Hoheitsgewalt auf Vertragsgremien nicht hinreichend Rechnung, auch nicht den demokratischen Legitimationsanforderungen an die Wahrnehmung von EU-Zuständigkeiten insoweit.

c) Alternativ: parlamentarische Zustimmung des Bundestags für bedeutsame Zuständigkeiten der Vertragsgremien erforderlich

Folgt man dem hier vorgeschlagenen Ansatz nicht, sondern stellt für die Legitimation umfangreicher, bedeutsamer Zuständigkeiten von Vertragsgremien weiterhin maßgeblich – zur Vermeidung einer Verletzung der Verfassungsidentität – auf Rückbindungsmechanismen an den Bundestag auch für die Ausübung dieser Zuständigkeiten ab, dann genügt die Zustimmung des Bundestags zum CETA für die Legitimation der Hoheitsübertragung auf CETA-Ausschüsse nicht für eine hinreichende demokratische Zurechnung, da die autonomen und erheblichen Beschlussfassungszuständigkeiten der CETA-Ausschüsse nicht bereits inhaltlich hinreichend vorgezeichnet sind. Angesichts der Spielräume der CETA-Vertragsgremien kann der konkrete Inhalt der Beschlüsse der Vertragsgremien nicht auf die Zustimmung zum CETA zurückgeführt werden. Die hinreichende Legitimation erheblicher Ausschusszuständigkeiten erfordert dann zusätzliche Wege einer Bundestagsmitwirkung, soll eine Verfassungsidentitätsverletzung ausgeschlossen werden können. Solche zusätzlichen, die hinreichende demokratische Legitimation absichernden Wege wären zum einen gegeben, wenn die Bindungswirkung weitreichender Beschlüsse der CETA-Ausschüsse für die Vertragsparteien von einer Ratifikation oder einer anders gearteten Zustimmung durch Deutschland abhinge. Dies ist jedoch im CETA nur sehr ausnahmsweise vorgesehen.[147] Wie aufgezeigt, sind die Beschlüsse der Vertragsgremien mit ihrer Annahme bindend. Anders wäre es nur dann, wenn man den Verweis auf die internen Verfahren der Parteien in CETA entgegen der üblichen Vertragspraxis (dazu oben II.1. b)) dahin auslegen würde, dass stets eine Ratifikation durch die Parteien erforderlich ist.

Alternativ könnte es genügen, wenn die Beschlüsse von CETA Ausschüssen durch ein Veto Deutschlands im Rat bei seiner Beschlussfassung über die Festlegung des unionalen Standpunkts gemäß Art. 218 Abs. 9 AEUV oder zur Ermächtigung der Kommission zur Annahme von Änderungen nach Art. 218 Abs. 7 AEUV mittelbar verhindert werden könnten, so dass der Inhalt einer Ausschussentscheidung nach CETA auch unmittelbar dem deutschen Vertreter im Rat zugerechnet werden kann, der seinerseits dem Deutschen Bundestag verantwortlich ist. Doch beschließt der Rat darüber mit qualifizierter Mehrheit, Art. 218 Abs. 8 AEUV.[148] Wegen der Möglichkeit, dass der deutsche Ratsvertreter überstimmt

---

147 So in Art. 2.4.4, Art. 5.14.2 d), Art. 11.3.6 und Art. 23.11.5 CETA.

148 Dass eine Einstimmigkeit nach Art. 218 Abs. 8 UAbs. 2 AEUV auch für Art. 218 Abs. 9 gelten könnte, ist abzulehnen, da das vereinfachte Verfahren nach Art. 218 Abs. 9 dort eine eigene Verfahrensregelung enthält. Diese Ausnahme dürfte ohnehin kaum je einschlägig sein. Dass die Einstimmigkeitsregel nach Art. 218 Abs. 8 UAbs. 2 auch bei Art. 218 Abs. 9 AEUV Anwendung finden könnte, könnte man hingegen EuGH, Rs. C-81/13 (Vereinigtes Königreich/Rat), ECLI:EU:C:2014:2449, Rn. 66 entnehmen; dagegen spricht indes der dortige Verweis auf den Schlussantrag von GA *Kokott* v. 17.07.2014,

wird, sichert die Mitwirkung Deutschlands im Rat nicht die sachlich-inhaltliche Rückführbarkeit eines vom CETA-Ausschuss ohne eingrenzende Vorgaben angenommenen, in seinen Wirkungen erheblichen Beschlusses auf den Bundestag. Die Mechanismen parlamentarischer Verantwortlichkeit der Bundesregierung gegenüber dem Bundestag und die zugehörigen Parlamentsbeteiligungswege nach EUZBBG gehen ins Leere.

Um dies zu vermeiden, müsste zur Stärkung der Rückbindung an den Bundestag für die Ratsbeschlussfassung nach Art. 218 Abs. 9 AEUV ein Einstimmigkeitserfordernis verankert werden, obschon das Primärrecht eine Abstimmung mit qualifizierter Mehrheit vorgibt. Ob man durch eine sekundärrechtliche Regelung davon abweichen kann, ist zweifelhaft. Dagegen spricht auch das Verhältnis von besonderem zu allgemeinem Verfahren. Denn die Voraussetzungen für den Einsatz des vereinfachten Verfahrens nicht vorliegen, findet unionsrechtlich das normale Vertragsschlussverfahren Anwendung. Das entspricht der Logik des Verhältnisses von vereinfachtem, also speziellem zu allgemeinem Verfahren zum Abschluss völkerrechtlicher Verpflichtungen der EU. Gleichwohl hat das BVerfG in seinem Urteil vom 13. 10. 2016 zu den einstweiligen Rechtsschutzanträgen gegen die deutsche Beteiligung an der Ratsbeschlussfassung über die vorläufige Anwendung des CETA zur Sicherstellung der hinreichenden demokratischen Legitimation des CETA-Ausschusssystems der Bundesregierung Abhilfemaßnahmen für die Zeit der vorläufigen Anwendung aufgegeben und dafür – als eine Möglichkeit – den Weg der Einstimmigkeit im Rat vorgeschlagen: Die hinreichende Rückbindung soll durch Einstimmigkeit im Rat bei der Vorbereitung der Beschlussfassung des Gemischten CETA-Ausschusses (warum das nicht auch für die anderen Ausschüsse des CETA gelten soll, bleibt unklar) gesichert werden.[149] Es verweist dazu auf angebliche Staatenpraxis in der EU und fügt als Beleg Art. 3 Abs. 4 eines Ratsbeschlusses zur Unterzeichnung und vorläufigen Anwendung des Protokolls zur Änderung des Luftverkehrsabkommens mit den USA, eines gemischten Abkommens, an.[150] Allerdings betrifft dieser Art. 3 Abs. 4 nur einen speziellen Fall, nämlich die Beschlussfassung eines Vertragsgremiums in Ange-

ECLI:EU:C:2014:2114, Rn. 97, die selbst ausdrücklich nur von Mehrheitsabstimmung nach Art. 16 Abs. 3 EUV ausgeht und die Einstimmigkeit nur für den Abschluss von Assoziierungsabkommen oder strukturelle Änderungen gelten lassen will, was ohnehin aus Art. 218 Abs. 9 AEUV ausgenommen ist. Die weitere Einstimmigkeitsregel in Art. 207 Abs. 4 UAbs. 2 und 3 AEUV gilt nur für Aushandlung und Abschluss und damit nicht für die Annahme des Standpunkts nach Art. 218 Abs. 9 AEUV.

149 s. BVerfG, Urteil v. 13. 10. 2016, 2 BvR 1368/16 u.a., NJW 2016, S. 3583, Rn. 71.

150 Beschluss des Rates und der im Rat vereinigten Vertreter der Regierungen der Mitgliedstaaten der EU v. 24. Juni 2010 über die Unterzeichnung und vorläufige Anwendung des Protokolls zur Änderung des Luftverkehrsabkommens zwischen den Vereinigten Staaten von Amerika einerseits und der Europäischen Gemeinschaft und ihren Mitgliedstaaten andererseits, ABl.EU 2010 L 223/1.

legenheiten im Zuständigkeitsbereich der Mitgliedstaaten.[151] Für die Beschlussfassung im Rahmen der EU-Zuständigkeiten – und dies ist für die vorläufige Anwendung relevant – bleibt es gemäß Art. 3 Abs. 3 dieses Beschlusses bei der qualifizierten Mehrheit.[152] Das oben angesprochene Problem einer Rechtfertigung der Abweichung von der im AEUV regelmäßig vorgesehenen qualifizierten Mehrheit wird damit nicht gelöst. Daher kann es für die Legitimation auch nicht genügen, wenn der Rat im Rahmen einer – in ihren rechtlichen Wirkungen unsicheren Ratsprotokollerklärung – die einvernehmliche Festlegung des Unionsstandpunkts nach Art. 218 Abs. 9 AEUV zusagt, zumal diese Zusicherung nur für Fragen in nationaler Zuständigkeit gilt.[153]

Die Rechtssicherheit gebietet daher, andere Wege für die im Hinblick auf demokratische Legitimationsanforderungen notwendigen weiteren Sicherungen der demokratischen Rückbindung der Ausschusstätigkeit an eine Zustimmung des Bundestags zu beschreiten. Daher erfordern Beschlüsse der Vertragsgremien, die in Ausübung bedeutsamer, aber im CETA wenig bestimmter Regelungsbefugnisse ergehen oder die wesentliche Entscheidungen treffen, in jedem Einzelfall die Zustimmung des Bundestags, soll ihre Bindungswirkung mit dem Grundgesetz vereinbar sein. Konkret geht es um die Ausschusszuständigkeiten nach Art. 8.10.3, Art. 8.28.7, Art. 8.29, Art. 8.44.2 und 3 b), Art. 21.7.5, Art. 26.1.5 a), e), g), h) CETA (s. bereits oben) 3. c). Die näheren Mechanismen müssten in einer Begleitgesetzgebung zur deutschen Ratifikation des CETA konkret festgelegt werden.[154]

Insgesamt gilt somit, dass aufgrund demokratischer Anforderungen die im CETA vorgesehenen erheblichen Befugnisse der Vertragsgremien nicht ohne

---

151 Art. 3 Abs. 4 lautet: „In Bezug auf Beschlüsse in Angelegenheiten, die in die Zuständigkeit der Mitgliedstaaten fallen, wird der von der Union und ihren Mitgliedstaaten im Gemeinsamen Ausschuss zu vertretende Standpunkt auf Vorschlag der Kommission oder eines Mitgliedstaats vom Rat einstimmig festgelegt, es sei denn, ein Mitgliedstaat hat das Generalsekretariat des Rates binnen eines Monats nach Festlegung dieses Standpunkts davon in Kenntnis gesetzt, dass er — insbesondere aufgrund eines Parlamentsvorbehalts — dem vom Gemeinsamen Ausschuss zu verabschiedenden Beschluss nur nach Einwilligung seiner Gesetzgebungsorgane zustimmen kann."

152 Art. 3 Abs. 3: „In Bezug auf Beschlüsse in Angelegenheiten, die in die Zuständigkeit der Union fallen, wird der von der Union und ihren Mitgliedstaaten im Gemeinsamen Ausschuss zu vertretende Standpunkt auf Vorschlag der Kommission vom Rat mit qualifizierter Mehrheit festgelegt, sofern in den im Vertrag niedergelegten anwendbaren Abstimmungsverfahren nichts anderes vorgesehen ist."

153 Erklärung 19, s. ABl.EU 2017 L 11/15. A.A. wohl das BVerfG, Beschluss v. 7.12.2016, 2 BvR 14444/16 u.a., Rn. 30.

154 Vorschläge dazu bei *M. Nettesheim* (Fn. 126), S. 143 f, dessen Liste von insoweit relevanten, verfassungsrechtliche Bedenken auslösenden CETA-Regelungen ebda. auf S. 141 f nicht deckungsgleich zu den hier entwickelten Ergebnissen ist.

weitere Sicherungen der demokratischen Rückbindung Gegenstand einer Zustimmung des Deutschen Bundestags werden können. Der Bundestag kann daher dem CETA insgesamt nicht zustimmen, solange nicht – sei es durch Begleitgesetzgebung auf unionaler Ebene, die eine Einbindung des Europäischen Parlaments verankert, sei es durch Begleitgesetzgebung auf nationaler Ebene, die ein Zustimmungsrecht des Bundestags festlegt – die demokratische Rückbindung der erheblichen, in ihrer Legitimation problematischen Zuständigkeiten der CETA-Ausschüsse an die Parlamente rechtlich bindend sichergestellt ist.

IV. Fazit

Die umfassenden Freihandelsabkommen des neuen Typs begründen gewisse Gefahren für die rechtsstaatlichen und demokratischen Standards nicht nur nach der Verfassungsordnung der Bundesrepublik, sondern auch nach der der Union. Umfangreiche, erhebliche Entscheidungsbefugnisse autonomer Vertragsgremien lösen legitimatorische Anfragen aus. Denn nach der bisherigen Regelungsstruktur sind diese Vertragsgremien nicht hinreichend demokratisch eingebunden. Es bestehen keine zureichenden demokratischen Kontroll- und Legitimationsstrukturen, die es verantwortlich und zulässig erscheinen ließen, ihnen Regelungsbefugnisse und die Entscheidung über wesentliche Fragen anzuvertrauen, ohne weitere parlamentarische Mitwirkungs- und Kontrollbefugnisse zu etablieren.[155] Dreh- und Angelpunkt ist letztlich die Frage, unter welchen Bedingungen die Übertragung von Hoheitsgewalt, insbesondere die Delegation von Regelsetzungsbefugnissen, aus den Händen des Europäischen Parlamentes hin zu internationalen Vertragsgremien statthaft ist. Die zum Ausgleich erforderlichen zusätzlichen parlamentarischen Befugnisse können auf unionaler Ebene, auf nationaler Ebene oder auch auf beiden etabliert werden. Sie erfordern einen effektiven inhaltlichen Einfluss auf die Entscheidungstätigkeit der Vertragsgremien bei der Ausübung bedeutsamer Zuständigkeiten. Auf europäischer Ebene erscheint als effektivstes Instrument ein Zustimmungsrecht des Europäischen Parlaments bei der Beschlussfassung des Rates in den vereinfachten Verfahren nach Art. 218 Abs. 7 und 9, das durch den Erlass einer allgemeinen Rahmenverordnung für die Umsetzung von Freihandelsabkommen auf der Grundlage von Art. 207 Abs. 2 AEUV, zumindest aber im Ratsbeschluss zum Abschluss und ggf. schon vorher zur vorläufigen Anwendung verankert wird. Unter dem Grundgesetz bedarf es bei erheblichen Entscheidungsbefugnissen einer Zustimmung des Bundestags; dieses Erfordernis ist in einer Begleitgesetzgebung oder im Zustimmungsgesetz nach Art. 23 GG zu CETA zu regeln.

---

155 Zu den konkreten CETA Regelungen, die insoweit Probleme bereiten, s. oben III. 3. e).

Da diese Bedenken auch im Hinblick auf rein unionsrechtliche Legitimationsanforderungen und daraus resultierenden Grenzen für die Weiterübertragung von Hoheitsrechten bestehen, können sie auch nicht durch den Abschluss als EU-Only Abkommen beseitigt werden, zumal national-verfassungsrechtliche Anforderungen an die Gestalt der Europäischen Integration auch im Bereich ausschließlicher EU-Zuständigkeiten greifen. Die Anforderungen des Art. 23 GG differenzieren nicht nach der Kompetenzart.

Mithin darf der Bundestag und hätte auch der Rat und das Europäische Parlament dem CETA nicht ohne weitere Begleitgesetzgebung zustimmen dürfen.

V. Kurzfassung

Die Verbreitung von Freihandelsabkommen nimmt beständig zu. Die EU ist in den letzten Jahren ein entscheidender Treiber hierfür, zumal seit dem unter Präsident Trump deutlich veränderten Rollenverständnis seitens der USA auf der Weltbühne. Seit dem Abkommen mit Südkorea schließt die EU zunehmend komplexere Freihandelsabkommen ab (Abkommen der sog. vierten Generation), die verstärkt Vertragsgremien mit bedeutsamen, über rein exekutive Funktionen hinausgehenden Entscheidungszuständigkeiten einsetzen und auch Investitionsschiedsgerichtsbarkeit verankern. Die darin liegende Übertragung von Hoheitszuständigkeiten wird als Gefährdung unserer demokratischen und rechtsstaatlichen Ordnung angesehen. Vorliegender Beitrag geht dieser Kritik nach und zeigt ihre Berechtigung unter demokratischen Legitimationsaspekten vor allem im Hinblick auf die Vertragsgremien auf. Dabei wird auch deutlich, dass selbst ein künftiger Abschluss solcher Abkommen als alleinige EU-Abkommen statt wie bisher als gemischte Abkommen und die damit einhergehende Beschränkung auf die alleinigen EU-Zuständigkeiten die verfassungsrechtlichen Legitimationsanforderungen nicht ändert. Denn Anknüpfungspunkt für diese Legitimationsanforderungen ist unionsrechtlich wie auch grundgesetzlich nicht die Frage nach der Kompetenzverteilung, sondern nach der gebotenen demokratischen Rückbindung der Hoheitsausübung durch die Vertragsgremien.

Gefahren für Rechtsstaat und Demokratie in Europa

Jens Gnisa

Das Recht steht unter Druck, nicht nur im Ausland, sondern auch im Inland. Das ist eigentlich ein überraschender Befund. Denn zum einen ist unser Recht Ergebnis einer sehr langen kulturellen Entwicklung, die uns in Westeuropa nun annähernd 70 Jahre Frieden und Freiheit gebracht hat. Zum anderen gibt es zum Recht in einer immer bunter werdenden Gesellschaft aber auch gar keine Alternative. Wir müssen also alles dran setzen, es zu schützen.

I. Entwicklungen im Ausland

1. Türkei

Mehr als nur Besorgnis erregend ist die Entwicklung in der Türkei. Hier ist der Putsch vom 15./16. Juli 2016 von der Regierung zum Anlass genommen worden, rechtsstaatliche Strukturen zu beseitigen. Das Ergebnis ist dramatisch. Richter, die Angeklagte freisprechen, werden im Sitzungssaal verhaftet. Verteidigergespräche werden mit gehört und als Beweismittel im Prozess verwandt. Dabei ist die Argumentation denkbar einfach: Hinter dem Putschversuch steckte die Gülenbewegung. Diese ist also eine terroristische Vereinigung. Jeder der mit der Gülenbewegung in Verbindung gebracht wird ist also ein Terrorhelfer. Wie schnell man so mit der Strafjustiz in Konflikt geraten kann wird etwa an dem Fall Peter Steudtner deutlich, dem die Vorbereitung eines Umsturzes zur Last gelegt wurde, aber auch an der Europäischen Richtervereinigung. Dieser wird ebenfalls Terrorhilfe angelastet, weil sie einen Fond für notleidende Familienangehörige in Haft befindlicher Richter und Staatsanwälte aufgelegt hat. Rückblickend müssen wir Europäer allerdings einräumen, dass wir die rechtsstaatlichen Entwicklungen in der Türkei vor dem Putsch als zu günstig eingeschätzt hatten. Die formale Herstellung rechtsstaatlicher Strukturen ist das eine – den notwendigen kulturellen Hintergrund zu schaffen, damit rechtsstaatliche Strukturen auch wirken können, ist aber etwas ganz anderes. Einen derartigen Hintergrund gab es für den Rechtsstaat aber auch für die Demokratie offensichtlich nicht in hinreichend stabiler Form. Allerdings handelt es sich bei den Problemen in der Türkei um eine Entwicklung, die mit den rechtsstaatlichen Problemen von anderen europäischen Staaten nicht vergleichbar sind.

2. Spanien

Auch der derzeitige Konflikt um Katalonien ist letztendlich zu einem Rechtskonflikt geworden. Es geht um einen Streit zwischen Staatsorganen – nämlich der Zentralregierung und der katalanischen Regionalregierung. Diese Entwicklung beinhaltet eine besondere Gefahr für Europa, da es in vielen europäischen Regionen zu vergleichbaren Entwicklungen kommen könnte. In der Sache geht es um die Autonomie von Volksgruppen. Gerade wegen dieser Gefahr eines Flächenbrandes ist die Haltung der EU, sich auf die Seite der Zentralregierung zu stellen, vorhersehbar gewesen. Die EU muss sich allerdings vorwerfen lassen, in der Vergangenheit falsche Signale gesetzt zu haben. Wenn etwa unter dem Stichwort „Europa der Regionen“ ein politisches Konzept entwickelt worden ist, unter dem es zu mehr regionaler Eigenständigkeit kommen soll, kann das auch als Rückenwind für separatistische Bewegungen missverstanden werden und wenn eine Europäische Staatsbürgerschaft eingeführt wird, fragen sich die Katalanen nicht ganz zu Unrecht, warum diese verloren gehen soll, wenn die Region aus Spanien austritt, aber in der EU verbleiben will. Die Gefahr eines Flächenbrandes sehe ich bei Weitem nicht als gedämmt an.

3. Osteuropa, insbesondere Polen

Eine dritte Entwicklung zeichnet sich in Osteuropa, insbesondere Polen und Ungarn, ab. Anders als die westeuropäischen Staaten verfügen die Staaten Osteuropas über keine historische rechtsstaatliche und demokratische Tradition. Nationalistische Töne fallen deshalb sehr viel schneller auf fruchtbaren Boden und es gibt ein starkes Misstrauen gegenüber Institutionen, insbesondere die Justiz. Eine Mehrzahl der Bürger vertraut der Justiz in Polen nicht und sieht sie noch immer unter dem Einfluss von Seilschaften aus der kommunistischen Zeit. Die Justizgesetze in Polen höhlen deshalb die Rechtsstaatlichkeit zwar stark aus, finden aber den Beifall einer Mehrheit der Bevölkerung. Protest gibt es zwar, er hat es aber schwer, sich bei den Mehrheitsverhältnissen durchzusetzen. Auch die Schwäche Europas wird hier offenbar. Zwar sind Vertragsverletzungsverfahren eingeleitet worden. Diese sind aber bisher weitgehend wirkungslos verblieben.

4. Westeuropa

Auch in Westeuropa kommt das Rechtssystem unter Druck. Populistische Strömungen breiten sich aus und suchen sich schnell rechtliche Institutionen als Gegner, die für Fehlentwicklungen haftbar gemacht werden. Man kann aber sicher nicht von einer durchgehend rechtsfeindlichen Gesinnung dieser politischen Strömungen sprechen. Sie sind auch nicht Ausdruck einer Krise des Rechts. Vielmehr müssen wir nach meiner persönlichen Einschätzung eher von einer

Vertrauenskrise in die Elite der jeweiligen Länder ausgehen. Juristen werden als Teil dieser Elite wahrgenommen. Nach Einschätzung vieler Anhänger dieser Bewegungen verschließt sich diese Elite den Problemen wie der Flüchtlingskrise; sie halte an alten Lösungen unbeirrt fest und verweigere sich der Diskussion. In diesem Klima wird der am Wahlabend 2017 von der Kanzlerin gesprochene Satz „ich wüsste nicht was ich hätte anders machen sollten", als Beweis für eine Debattenverweigerung und der absoluten Negierung bestehender Probleme wahrgenommen. Der Protest dagegen wird sich einstweilen weiter an der Wahlurne entladen.

II. Probleme des deutschen Rechtssystems

Kommen wir zu den spezifischen Problemen des deutschen Rechtssystems, dann sind ganz offensichtlich zwei Bereiche hervorgetreten, die erkennbar vernachlässigt worden zu sein scheinen, die allerdings für den Zusammenhalt einer Gesellschaft von besonderer Bedeutung sind, nämlich Sicherheit einerseits und Gerechtigkeit andererseits.

1. Gerechtigkeit

Keine Gesellschaft kann dauerhaft existieren, in der es nicht gerecht zugeht. Gerechtigkeit ist dabei keine abstrakte Größe, die sich im Laufe einer kulturellen Entwicklung herausgebildet hat. Vielmehr ist das Streben nach Gerechtigkeit sogar evolutionsbiologisch verankert. Die Wissenschaftler Sarah Brosnan und Frans de Waal trainierten Kapuzineraffen in einem im Jahr 2003 veröffentlichten Experiment darauf, Spielsteine gegen Gurken zu tauschen. Für einen Stein gab es ein kleines Gurkenstückchen. Kapuzineraffen mögen jedoch viel lieber Weintrauben. Erhielt nun ein Affe eine Weintraube für einen Spielstein, der andere aber weiterhin eine Gurke, so reagierte der benachteiligte Affe mit Unlust. Wurde die Weintraube gar ohne Spielstein verschenkt, kam es zu einem Wutausbruch des zurückgesetzten Affen. Er versuchte aus seinem Käfig zu gelangen und an die Weintrauben zu kommen, warf Gurken und Spielsteine auf den Pfleger als ihm das nicht gelang. Offensichtlich empfand er eine Benachteiligung und reagierte empört. Aus seiner Sicht wurde er ungerecht behandelt. Menschenaffen beziehen sogar nahe Angehörige in dieses System ein und reagieren auch auf Zurücksetzungen solcher Tiere in gleicher Weise negativ. Die Wissenschaftler haben daraus die Schlussfolgerung gezogen, dass höher sozialisierte Lebewesen ein Streben nach Gerechtigkeit entwickelt haben, um den Zusammenhalt der Gruppe zu festigen. Hemmungsloser Egoismus würde ihn gefährden. Natürlich kann sich erst recht der Mensch nicht von diesen lange zurückliegenden entwicklunsggeschichtlichen Bedingungen lösen. Das Streben nach Gerechtigkeit ist ihm besonders immanent und muss in einer Rechtsordnung als vorrangiges Prinzip verwirklicht werden.

2. Sicherheit

Entwicklungsgeschichtlich noch älter ist das Streben nach Sicherheit. Damit verbunden wird auch der aktuell wieder politisch entdeckte Begriff der Heimat. Eibl-Eibesfeld hat beispielsweise bereits in den 80er Jahren in seinem Buch „Wider die Misstrauensgesellschaft" folgendes ausgeführt: „Heimat ist die positive Bindung an Menschen und Lokalitäten, welche wiederum Voraussetzung für freundliches Auftreten ist. Angst löst Meidung und Abwehr aus." Eibl-Eibesfeld sprach deshalb sogar von einem „Trieb auf Sicherheit".

3. Erschütterungen im Vertrauen auf Sicherheit und Gerechtigkeit

Genau hier in den zentralen Bereichen Sicherheit und Gerechtigkeit hat unser politisches und rechtliches System erhebliche Schwächen, nicht etwa bei den menschlichen Grundbedürfnissen, oder Frieden und Freiheit. Alle strittigen politischen Themen der letzten Monate lassen sich den Bereichen Sicherheit und Gerechtigkeit zuordnen. Es ist deshalb nicht übertrieben, von einer sich abzeichnenden Vertrauenskrise zu sprechen. Ich darf auf folgende Beispiele verweisen:

- Flüchtlingskrise,
- Sicherung der Außengrenzen,
- Abschiebungen,
- Mangelnder Schutz vor Terrorangriffen und Kriminalität, die als steigend empfunden wird,
- Managergehälter,
- Steuer-Schlupflöcher,
- Dieselskandal,
- Griechenlandkrise/Ankauf von staatlichen Papieren durch die EZB.

Die Sicherheitskrise wirkt sich auch unmittelbar auf die Bürger in ihrem konkreten Leben aus. Nach aktuellen Umfragen – etwa Roland-Rechtsreport (2017 zur Terrorlage, 2015 Rechtliche Sorgen, 2014 Chancengleichheit) – schätzen die Bürger die Terrorgefahr nicht nur als hoch ein. Vielmehr beeinflusst die Sorge vor einem Anschlag auch die Lebenslagen: 65 % haben Angst (2006: 39 %), Opfer eines Anschlags zu werden. 10 % fühlen sich akut bedroht. 45 % sind verunsichert, wenn sie an Orten sind, an denen sich viele Menschen aufhalten. 60 % von denen, die sich akut bedroht fühlen, versuchen gefährliche Orte zu meiden. Dies sind immerhin 27 % der Gesamtbevölkerung.

Es geht aber nicht nur um die Politik. Auch die Justiz selbst, und damit sicher die zentrale Institution des Staates, um Gerechtigkeit herzustellen, wird von den Bürgern durchaus kritisch gesehen. Dabei darf man sich nicht vom Roland-Rechtsreport 2015 blenden lassen, in dem eine hohe Zufriedenheit mit den Gerichten erfasst wird. Immerhin liegt demnach zwar der Zustimmungswert für die Gerichte bei 65 %. Ganz anders sehen aber die Antworten zu wichtigen Detailfragen aus, die sich langfristig belastend auf den noch hohen Zustimmungswert auswirken werden. So ist einer der Hauptkritikpunkte an der Justiz wiederum eine mangelnde Gleichbehandlung. 65 % glauben, dass sich vor Gericht nicht der durchsetzt, der sich im Recht befindet, sondern der, der den besseren Anwalt hat und 59 % glauben, dass das Strafmaß vom zuständigen Gericht abhängt – das ist im Grunde genommen ein Willkürvorwurf. In der Diskussion werden auch Einzelentscheidungen der Justiz zunehmend kritisch hinterfragt. Folgende Beispiele darf ich erwähnen:

- Die Entscheidung des AG Sigmaringen (25. 10. 2017) einen Flüchtling aus Afghanistan zurückholen zu lassen.
- Scheinbar zu milde Urteile etwa in Bezug auf Autoraser.
- Im Arbeitsrecht der Fall „Emmily“, bei dem es um eine Kündigung wegen des Diebstahls eines Pfandbons ging.
- Entscheidungen scheinbar zugunsten der „Großen“ etwa Hoeness, Ecclestone usw.
- und den Dieselskandal bei dem der Bürger nicht versteht, warum ein Käufer in den USA ohne weiteres 5.000,- Dollar bekommt, aber in Deutschland ggfs. mit leeren Händen dasteht.

4. Wahrgenommene Rechtsbrüche der Politik

Besonders fatal ist es, wenn den Repräsentanten des Staates selbst Gesetzesverletzungen vorgeworfen werden, ohne dass dem energisch widersprochen werden kann. Dies untergräbt das Vertrauen der Bürger in die Unverbrüchlichtkeit des Rechts in besonderer Weise. Als Beispiel sind die Grenzöffnung zu nennen, die bis heute juristisch strittig diskutiert wird oder aber die Entscheidung der EZB, letztendlich über den Ankauf von Staatspapieren sich eben doch in Richtung einer Transferunion zu entwickeln. Mehrfach hat die Kanzlerin in der Tat gegen die vom Bundesverfassungsgericht entwickelte sogenannte Wesentlichkeitstheorie verstoßen, nach der die Regierung vor einer Entscheidung zu einer wesentlichen Frage den deutschen Bundestag zu konsultieren hat. Dies hat sie etwa bei der Entscheidung zur Grenzöffnung unterlassen. Interessant ist der mir gegenüber geäußerte Einwand eines Journalisten, das sei doch ein bloßes formalistisches Argument, da der Bundestag sich stets anschließend mit den Entscheidungen befasst und diese gebilligt habe. Diese Argumentation kann ich nicht im Ansatz nachvollziehen. Es geht hier nicht um Formalien, sondern um für den Staat wesentliche Entscheidungen, die der zuständigen Institution – hier dem Bundestag – rechtzeitig vorzulegen sind. Die Repräsentanten verlieren so ihre Vorbildfunktion.

5. Komplexität der Gesellschaft und des Rechtssystems

Recht und Demokratie stehen auch deshalb vor besonderen Anforderungen, weil die Welt immer komplizierter wird; nehmen wir etwa die Effekte der Globalisierung, Europa oder eine immer stärkere Diversifizierung. Natürlich müssen auch diese Effekte in einem Rechtsstaat rechtlich durchdrungen und demokratischen Entscheidungsprozessen zugänglich gemacht werden. Gleichwohl sind sie aber für den Bürger immer weniger durchschaubar. Man kann sie eben nicht mehr für sich selbst sicher beurteilen. Vielmehr bilden sich Spezialmaterien heraus, die selbst für Fachleute kaum noch zu beherrschen sind. Dadurch wird Vertrauen zwischen der gesellschaftlichen Elite – hierzu sind die Fachleute sicher zu zählen – und den Bürgern noch einmal wichtiger. Die Elite darf sich aber einer Debatte nicht verweigern, muss zumindest die wesentlichen Grundlagen für den Bürger durchschaubar halten. Ich beobachte aber, dass die Elite die Debatte nicht mit dem notwendigen Ernst führt, sie teilweise für störend oder überflüssig empfindet. Höhepunkt dieser Einstellung ist für mich die Äußerung eines Kollegen, der unter dem Beifall Vieler auf dem Richter- und Staatsanwaltstag 2017 in Weimar gesagt hat, es habe keinen Sinn gerichtliche Entscheidungen dem Bürger vermitteln zu wollen – er verstehe sie sowieso nicht. Der Bürger spürt dies und legt dies als Debattenverweigerung aus. Unsere Gesellschaft und ihre Elite driften auseinander, das gefährdet den Zusammenhalt und auch hier wieder das Vertrauen in das Recht.

6. Schwächung des Rechtssystems durch parallele Bewertungsmaßstäbe

In einem Rechtsstaat kann der Staat verbindliche Vorgaben für die Bürger nur über das Recht anordnen. Das Recht ist der zentrale Grundpfeiler auf dem alles ruht. Es gilt der Grundsatz der Herrschaft des Rechts. Da ist es überraschend, dass wir immer mehr parallele Bewertungsmaßstäbe entwickeln, die ebenfalls für verbindlich erklärt werden. In unserer Gesellschaft können wir eine zunehmende Moralisierung beobachten, auch eine Emotionalisierung. Die rationale Entscheidung wird nicht mehr akzeptiert, wenn sie gegen das Bauchgefühl steht. Damit verengt die Moral genau die Freiheiten, die das Recht bewusst den Bürger lässt. Nehmen wir etwa die Managergehälter, die ich in der Tat auch für zu hoch halte. Aber wenn der Staat daran etwas ändern will, sollte er die Gesetze ändern und nicht den Bürgern, die rechtliche Ansprüche haben, diese auf Grund von moralischen Argumenten abschneiden. Wenn Bürger etwas gegen das Tragen von Pelzen haben, kann man seinen Bundestagsabgeordneten ansprechen, damit der Gesetzgeber aktiv wird. Aber es geht doch nicht an, dass etwa eine Organisation wie PETA – zumal unter Verwendung einer polizeiähnlichen Uniform – Bürger in der Fußgängerzone anspricht und Geschäfte kontrolliert. Hier ließen sich weitere zahlreiche Beispiele finden. So wird die Moral zu einem verbindlichen Bewertungsmaßstab aufgewertet und die Anordnungen des Rechts damit untergraben.

Sicher müssen sich auch Richter in ihren Entscheidungen hinterfragen lassen. Ich habe aber auch das Gefühl, dass immer mehr Bürger hier einfach emotionalisiert ihrem Bauchgefühl folgen. Als Richterbundsvorsitzender bekomme ich auch Zuschriften wie: In meinem Fall wurde falsch entschieden, bitte tun sie etwas. Selbstkritisch muss ich einräumen, dass sich viele Richter zu schnell auf ihre Unabhängigkeit zurückgezogen und so Kritik vorzeitig abgewiesen haben. Hier können auch wir Dinge besser machen – etwa durch eine verständlichere mündliche Urteilsbegründung.

III. Lösungsansätze

Wie könnten nun Lösungsansätze aussehen? Lassen Sie mich dazu ein paar Schlagworte skizzieren, die wir dann vertieft diskutieren können:

1. Europa vereinfachen

Europa ist für den Bürger oft in seinen Abläufen unverständlich. Tatsache ist, dass Europa aber auch zu einer erheblichen Komplizierung des Rechts beiträgt, die nicht immer notwendig ist. Die gilt etwa für das Verhältnis von EuGH/EGMR/BVerfG. Alle 3 Gerichte haben mit den Grundrechten des Grundgesetzes, der europäischen Menschenrechtskonvention und der EU-Grundrechtecharta ganz ähnliche rechtliche Bedingungen zu beachten, kommen aber immer wieder zu völlig anderen Ergebnisse, ohne dass diese sich auflösen können. Hier muss es zu einer praktikablen Abgrenzung kommen. Der Brexit könnte – bei allem Bedauern über das Ausscheiden Großbritanniens – auch eine Chance für Europa bieten. Denn das europäische Recht komplizierte sich durch die Überlagerung des anglo-amerikanischen und des kontinentaleuropäischen Rechtskreises. Hier werden wir nun dem kontinentaleuropäischen System konsequenter folgen können. Dringend geboten ist es aber auch, das Subsidiaritätsprinzip wieder zu stärken. Europa hat sich tendenziell für zu viele Dinge zuständig erklärt. Schließlich müssen auch die Rechte des europäischen Parlaments ausgebaut werden.

2. Ansätze auf der Ebene des Grundgesetzes

Unser politisches System leidet unter erheblichen Verschleißerscheinungen. Berlin wirkt zermürbt. Programme die die Menschen mitnehmen, gar begeistern können, sind nicht in Sicht. Auch bekannte Politikpersönlichkeiten wachsen kaum noch nach. Wir müssen Überlegungen beginnen, ob nicht ein Schlüssel für Veränderungen im Grundgesetz gefunden werden kann. Zu nennen sind etwa eine zeitliche Begrenzung der Amtszeiten oder mehr direkte Demokratie.

3. Konsequente Rechtsanwendung – keine Graubereiche entstehen lassen

Im Recht haben wir Graubereiche entstehen lassen. Es fehlt oft die notwendige Konsequenz in der Durchsetzung des Rechts. Schauen wir etwa als Beispiel auf den Strafbereich in dem ja noch immer das Legalitätsprinzip besteht. Trotzdem werden heute mehr Strafverfahren nach dem Opportunitätsprinzip eingestellt als angeklagt oder per Strafbefehl abgeschlossen werden. Das passt nicht. Auch im Ausländerrecht ist ein großes Vollzugsdefizit festzustellen, da sich viele Ausländer in Deutschland illegal aufhalten, nicht aber konsequent abgeschoben werden.

4. Recht als ultima ratio

Recht darf aber auch nicht überfordert werden. Eine solche Überforderung tritt dann ein, wenn der Gesetzgeber vorschnell zu rechtlichen Instrumenten greift ohne auf gesellschaftliche Ausgleichsmechanismen zu vertrauen. Bei jedem Missstand finden sich schnell Politiker, die eine zügige Rechtsänderung verlangen, ob Doping im Sport, Sportwettenbetrug oder die Behinderung von Rettungskräften. Das mag im Einzelfall durchaus sinnvoll sein. Das Netz des Rechts wird so aber immer enger und damit auch immer schwerer umzusetzen. Der Staat sollte strikt beachten, dass Recht – vor allem das Strafrecht – ultima ratio ist. Zügig sollte das Strafgesetzbuch und seine Nebengesetze durchforstet auf überflüssige Strafgesetze geprüft werden.

5. Bürgernahes, gerechtes Zivilrecht

Gegenüber dem Strafrecht steht das Zivilrecht oft im Schatten und findet zu wenig Beachtung. Trotzdem müssen wir jetzt auch das Zivilrecht auf Gerechtigkeitslücken überprüfen. Diese sehe ich zum Beispiel darin, dass im Zivilprozess – um diesen effektiver zu gestalten – tendenziell zu wenig mündlich verhandelt wird. Eine mündliche Verhandlung hat einfach für den Bürger eine befriedigendere Wirkung als eine blanke schriftliche Entscheidung die er vielleicht nicht einmal versteht. Eine Rechtslücke hat auch der Dieselskandal verdeutlicht. Um

Waffengleichheit zwischen Konzernen und Verbrauchern herzustellen brauchen wir die Musterfeststellungsklage.

6. Politisch unabhängige Justiz

Wir sollten uns endlich dran machen, zwei Geburtsfehler der deutschen Justiz zu beheben. Zum einen ist die Justiz nicht selbstverwaltet. Vielmehr sind wir in der Spitze über den Justizminister Teil der Exekutive. Dies ist nicht mehr zeitgemäß und widerspricht rechtsstaatlichen Grundsätzen. Darüber hinaus besteht auch die Möglichkeit über das Justizministerium und damit aus dem politischen Bereich Anweisungen an Staatsanwälte zu treffen (externes Weisungsrecht). Dies bringt die Justiz immer wieder in den Schein, dass Entscheidungen nicht in sachlichen, rechtlichen Erwägungen gründen, sondern auf politischer Einflussnahme beruhen würden.

7. Ausstattung

Natürlich benötigt eine schlagkräftige Justiz auch angemessene Haushaltsmittel. Daran fehlt es. Eine Untersuchung des DAV aus diesem Jahr hat beispielsweise zu Tage gebracht, dass die Justiz an den Landeshaushalten nur einen Anteil zwischen 2,5 und 4,5 % hat. Das ist viel zu wenig um eine attraktive und zeitgemäße Ausstattung mit Personal und Sachmitteln erreichen zu können. Vielleicht ist jetzt endlich die Zeit gekommen, dass die Politik bereit ist daran etwas zu ändern. Erste Ansätze dazu gibt es bereits.

Mehr „direkte“ Demokratie! Aber was und wofür?

Werner J. Patzelt

I. Verbesserung repräsentativer Demokratie: Warum eigentlich?

Es ist gut, dass Demokratie inzwischen allenthalben als wertvoll und erstrebenswert gilt. Einmal funktionierend, legt Demokratie aber leicht die Frage nahe, ob es vom Guten nicht ein wenig mehr sein dürfe. Hat man also *repräsentative* Demokratie, zu verstehen als gleichsam „indirekte“ Demokratie, dann bestünde – so ein weit verbreitetes Gefühl – der nächste Schritt darin, zur noch besseren Form der Demokratie überzugehen, nämlich zur „direkten“ Demokratie. Dafür fallen einem dann schnell mancherlei Instrumente ein: Direktwahl nicht nur von Abgeordneten, sondern auch möglichst vieler Amtsträger (zumindest der Bürgermeister, Landräte, Ministerpräsidenten und des Staatsoberhaupts);[1] Gesetzgebung nicht nur durch Parlamente, sondern auch durchs Volk; Volksabstimmungen auch über Sachfragen; und schließlich umfangreiche Möglichkeiten bürgerlicher Mitwirkung an Politik wie Zukunftswerkstätten und Planungszellen (dazu v.a. Dienel 2002).

Von einer – glücklicherweise nur selten vertretenen – „stark direktdemokratischen“ Position her sollen durch solche Instrumente dann Volksvertretungen im Grunde überflüssig werden, damit das Volk nicht mehr mediatisiert[2] werde

---

1 Es ist höchst nachteilig für die deutsche Debatte um „direkte Demokratie“, dass unter diesem Begriff meist zusammengezogen wird, was funktionslogisch strikt zu trennen ist: die Frage, ob Bundespräsident, Ministerpräsidenten oder auch der Bundeskanzler – so wie inzwischen die Bürgermeister und Landräte – *direkt vom Volk gewählt* werden sollten, und die Frage, ob – und um welche – plebiszitären Instrumente man *unsere repräsentative Demokratie ergänzen* sollte. Im ersten Fall geht es nämlich darum, ob wir ein parlamentarisches oder präsidentielles Regierungssystem (bzw. eine Hybridform von beiden) haben sollten, in zweiten Fall um das viel weniger weit reichende Thema von Verbesserungsmöglichkeiten *innerhalb* unseres seit vielen Jahrzehnten bestehenden Systemtyps.

2 „Mediatisierung“ sollte, obwohl in der Kommunikationswissenschaft nicht selten gleichbedeutend gebraucht, nicht mit „Medialisierung“ gleichgesetzt werden. Der erstgenannte Begriff bezeichnet ursprünglich, was mit dem Ende des alten deutschen Reiches den bis dahin reichsunmittelbaren, allein dem Kaiser unterstellten Reichstädten, Reichsgrafen usw. widerfuhr: Sie wurden den nunmehr völlig souverän gewordenen großen Lan-

und die Demokratie fortan „vollendet“ sei. In einer viel häufiger vertretenen „gemäßigt direktdemokratischen“ Position soll repräsentative Demokratie hingegen nicht ersetzt, sondern durch plebiszitäre Instrumente einfach *verbessert* werden. Um die Realisierbarkeit eines solchen viel plausibleren Wunsches zu klären, gilt es erst einmal jene Probleme repräsentativer Demokratie zu erkennen, die durch plebiszitäre Systemverbesserungen behoben werden könnten. Anschließend lässt sich prüfen, welches besondere plebiszitäre Instrument zur Behebung welchen Problems auch geeignet sein mag.

Natürlich haben alle entsprechenden Überlegungen von einem sachangemessenen Verständnis repräsentativer Demokratie ausgehen. Zu diesem gehört natürlich empirisches und zeitgeschichtliches Wissen um die Vorzüge repräsentativer Demokratie. Es wird ja nicht rein zufällig sein, dass mit demokratisch gewählten Parlamenten ausgestattete Regime weltweit die stabilsten, am wenigsten von Rückfällen in Diktatur bedrohten und obendrein die wirtschaftlich wie gesellschaftsintegrierend erfolgreichsten politischen Systeme sind. Auch sind sie, trotz aller Politikverdrossenheit, jene politischen Ordnungen, die sich noch am meisten auf freiwilligen Gesetzesgehorsam sowie auf grundsätzliche Akzeptanz seitens ihrer Bürger verlassen können. Und unter ihnen scheinen wiederum die parlamentarischen Regierungssysteme, die *keine* Direktwahl des Staats- oder Regierungschefs kennen, in sämtlichen dieser Merkmale den präsidentiellen und zumal semipräsidentiellen Regierungssystemen *mit* Direktwahl des Staats- und Regierungschefs überlegen zu sein (siehe etwa Linz 1994). Ausnahme ist allein das präsidentielle Regierungssystem der USA, wo diese Form der konstitutionellen „republikanischen Monarchie“ im späten 18. Jh. erfunden und erstmals praktiziert wurde. Doch mit dem völlig zutreffenden Hinweis auf die historische Bewährung und erprobte Überlegenheit repräsentativer Demokratie ist ja noch nicht gesagt, dieser Regimetyp funktioniere ohne *jedes* strukturelle Problem. Ebenso wenig zwingt die Einsicht in den Wert repräsentativer Demokratie zur Vermutung, kein einziges plebiszitäres Instrument könne bei der Lösung immerhin einiger Probleme repräsentativer Demokratie helfen.

---

desherren unterstellt, die ihrerseits den Deutschen Bund bildeten. Zwischen dem Bund insgesamt und ihnen (lat. ‚in medio‘, d. h. in der Mitte) standen nun etwa die Könige von Preußen und Sachsen, von denen die bis dahin reichsunmittelbaren Stände somit „mediatisiert“ wurden. Eben dies bewirken – in demokratietheoretischer Perspektive – auch Volksvertreter, die ihre eigenen Entscheidungen zwischen die Willensbekundungen des Volkes und den etwa in Gesetzesbeschlüssen fassbaren Staatswillen setzen.

II. Bruchstellen zwischen Repräsentation und Demokratie

Ein historisch aufgeklärtes Verständnis repräsentativer Demokratie kommt um die Feststellung nicht herum, dass Repräsentation und Demokratie zunächst einmal nichts miteinander zu tun haben. Sieht man von den – räumlich und zeitlich Episode bleibenden und obendrein ganz repräsentationsfeindlichen – griechischen Stadtstaaten ab, geht nämlich Repräsentation der Demokratie voraus und funktionierte jahrhundertelang auch ganz ohne Demokratie. Ein intuitives Grundverständnis dessen wirkt überall nach, wo sich gerade um der Demokratie willen Unbehagen an Repräsentation äußert und man deshalb nach einer Fortentwicklung der „bloß“ repräsentativen Demokratie hin zur „eigentlichen“, nämlich nicht nur durch Repräsentanten vermittelten und somit „direkten“ Demokratie verlangt.

Typisch für die europäische Geschichte ist zumal die *ständische* Repräsentation. Bei ihr wirkten die rechtlich wie faktisch realen Machtträger eines Gebiets mit ineinander greifenden Herrschaftsbefugnissen zusammen, wobei teils Territorien (etwa das Herzogtum X), teils Korporationen (wie die Universität Y oder die Bürgerschaft der Stadt Z) vertreten sein konnten. Die europäischen Versammlungen von Land- und Reichsständen, aus denen später – am deutlichsten im Fall der englischen „Houses of Parliament“ – die modernen Parlamente hervorgehen sollten, waren die Stätte solcher Repräsentation.[3] *Liberale* Repräsentation stellte deren institutionelle Form in den Dienst einer tiefgreifend veränderten Leitidee: Repräsentanten – sofern sie nicht einfach sich selbst „vertraten“ wie ein Fürst auf einem Reichstag – sollten nicht länger bindende („imperative“) Mandate der sie entsendenden Stände haben, sondern mit einem „freien“ Mandat ausgestattet sein, um nämlich durch die genau dann mögliche *Mannschaftsbildung* in der Vertretungskörperschaft Gegenmacht zur Exekutivgewalt aufbauen zu können.[4] Damit solche Mannschaftsbildung nicht eigensüchtigen Zwecken diene, sollten sich Abgeordnete außerdem nicht länger als Vertreter allein der sie Entsendenden, sondern der ganzen Bürgerschaft und des gesamten Gemeinwesens verstehen. Das wurde später „virtuelle Repräsentation“ genannt.

Die *demokratische* Repräsentation, seit der amerikanischen und der Französischen Revolution auf Siegeszug, fügte dem noch die freie, da geheime, und nach

---

[3] Moderne Ableger einer – freilich vom Politisch-Ständischen ins Berufsständische gewandelten – ständischen Repräsentation sind jene Wirtschafts- und Sozialräte, die manchen internationalen Organisationen, doch etwa auch dem französischen politischen System und dem supranationalen System der EU beigegeben sind. Im bundesdeutschen Parlamentarismus lebte derlei jahrzehntelang im 1998 durch Volksentscheid abgeschafften Bayerischen Senat fort.

[4] Solche parlamentarische Club- und *Fraktions*bildung ist die erste von zwei Wurzeln moderner Parteien; siehe *Steffani* 1981.

etlichen Jahrzehnten auch noch die gleiche, allgemeine und unmittelbare Wahl der Repräsentanten hinzu. *Periodische* Wahlen in nicht zu großen Abständen institutionalisierten dann außerdem *temporale Gewaltenteilung* über den sogenannten „Wiederwahlmechanismus" (dazu Patzelt 2013: 296 f.): Wer sein Amt erringen oder verlängert bekommen will, kann während seiner Amtszeit nicht zu weit oder zu lange von dem abweichen, was seine Wähler zu akzeptieren bereit sind. Periodische Wahlen aber ließen den bereits als „Parlamentsclubs" entstandenen parlamentarischen Parteien noch eine zweite, im Lauf der Zeit immer wichtiger werdende Wurzel zuwachsen: Sie führten nämlich zur Entstehung von Parteien in ihrer Rolle als *Wahlvereine*. Sobald dann noch Kandidaten und Abgeordnete verstanden hatten, dass sie ihr Mandat vor allem, ja allein mit Unterstützung eines solchen „Wahlvereins" (wieder-)erlangen konnten, begannen sie sich an die Spitze jener Parteiorganisationen zu setzen, die für ihre (Wieder-)Wahl ausschlaggebend waren. Auf diese Weise entstand gemeinsam mit demokratischer Repräsentation der von starken, ihrerseits durch Abgeordnete geführten Parteien getragene Staat.

Ein gemeinsamer Nenner aller Repräsentationssysteme besteht nun darin, dass sie unvermeidlich zur Veranstaltung von *Eliteangehörigen* geraten. Allenfalls der Zugang zur „politischen Klasse"[5] wird unter den Bedingungen einer Demokratie sozial geöffnet. Zugleich geht seit den griechischen Stadtstaaten mit der Vorstellung von Demokratie auch noch die Idee einher, es wäre wünschenswert, die Trennung zwischen Regierten und Regierenden, zwischen dem Volk und seinen Vertretern aufzuheben. Deshalb entsteht zusammen mit demokratischer Repräsentation oft auch ein demokratietheoretisches Ärgernis: Sobald man auf Repräsentation setzt, lässt sich nicht mehr der höchst attraktiv in der Fluchtlinie demokratischen Denkens liegende Gedanke verwirklichen, die für alle Arbeitsteilung grundlegende Trennung zwischen „Prinzipalen" und „Agenten" solle aufgehoben sein.[6]

Natürlich hat es wenig Sinn, demokratische Repräsentation einzuführen, wenn man nicht darauf vertrauen will, dass hauptamtliche Politiker sich kontinuierlicher, tiefer und unter größerem Leistungsdruck mit zu lösenden Problemen

---

[5] Unter den – rein analytischen, in keiner Weise bewertenden oder gar diffamierenden – Begriff der „politischen Klasse" fallen jene Personen, die in einem Gemeinwesen nicht nur für, sondern großenteils auch von der Politik leben und diesbezüglich gemeinsame Professionsinteressen entwickeln.

[6] Die Prinzipal-Agent-Theorie, nicht selten auch Delegations- oder Agenturtheorie genannt, ist in der Neuen Institutionenökonomik entstanden und hat in den letzten Jahren das repräsentationstheoretische Denken stark geprägt. Ihr geht es um die Beziehungen zwischen faktischen oder fiktiven Auftraggebern („Prinzipalen") und deren – unterschiedlicher Aufgaben wegen eingestellten – Beauftragten („Agenten"). Blickt man auf Politik, so geht es bei der Delegationstheorie um das Verhältnis zwischen dem Volk und seinen Politikern. Hierzu siehe etwa *Gilardi/Braun* 2002.

befassen würden als Bürger, die derlei fallweise unternehmen. Ebenso wenig ergibt die Verbindung von Repräsentation mit Demokratie Sinn, wenn man nicht umgekehrt auch auf die Urteilsfähigkeit der Repräsentierten zu setzen bereit ist. Dann freilich lässt sich das oben umrissene demokratietheoretische Grundärgernis gerade nicht mehr mit dem Appell aus der Welt schaffen, man möge es mit der Demokratie einfach nicht zu weit treiben: Allenfalls für die Wahl von Repräsentanten reiche die Klugheit von Bürgern, nicht aber für Sachentscheidungen. Folglich wird man mit jenem Grundärgernis einfach leben müssen und von ihm Mal um Mal daran erinnert werden, dass Repräsentation und Demokratie durchaus nicht zwei Seiten derselben Medaille, sondern ganz unterschiedliche Ausgestaltungsprinzipien eines politischen Systems sind, die zwar sehr gut, aber nicht fugenlos miteinander verbunden werden können.

Eben an jene „Fugen“ erinnert nun immer wieder die Gegenüberstellung von „indirekter“ und „direkter“ Demokratie, desgleichen die Attraktivität von Appellen dahingehend, die „indirekte Demokratie“ solle doch so weit wie möglich mit „direktdemokratischen Elementen“ angereichert werden. Doch selbst wenn man eine „stark direktdemokratische“ Position gerade nicht teilt, sondern von einer „gemäßigt direktdemokratischen“ Position aus den Eigenwert demokratischer Repräsentation nicht bestreitet, ja sogar betont, lassen sich mindestens zwei Folgeprobleme der Verbindung von Repräsentation mit Demokratie nicht übersehen.

Erstens führt das mit Demokratie einhergehende Aufkommen von periodischen Wahlen notwendigerweise zur Entstehung von Wahlvereinen oder ihren funktionalen Äquivalenten, unter bestimmten Umständen auch von organisationsstarken Parteien. Dann aber kann nicht mehr, und schon gar nicht im gemäß seiner Funktionslogik *mannschaftsbildenden parlamentarischen* Regierungssystem (dazu etwa Schüttemeyer 2007), die ihm auf dem europäischen Kontinent geschichtlich vorgängige – und einer „indirekten Demokratie“ so sehr zupass kommende – liberale Fiktion aufrechterhalten werden, jeder Abgeordnete sei ein „Vertreter des ganzen Volkes“.[7] Tatsächlich wurde unter freiheitlichen Bedingungen noch jeder Kandidat von einem – oft sogar beträchtlichen – Teil der Bürgerschaft als ihr Vertreter *abgelehnt*. Dies vor Augen, verschiebt man die Überlegungen oft ins hier Nebensächliche und beklagt eine zu große „Parteiorientierung“ der Parlamentarier, obwohl doch die Wähler selbst ganz wesentlich nach ihrer – freilich mehr oder weniger flottierenden – Parteiorientierung entscheiden. Tatsächlich rührt das ganze Problem nur vom Missverständnis her, dass es überhaupt auf nichts anderes als die Vertretung gleich des ganzen Volkes hinauslaufen solle, wenn man in Wirklichkeit doch die Bürger eines Wahlkreises oder die Wähler einer Partei vertritt.

---

[7] So aber beschreiben das Abgeordnetenmandat nicht wenige Verfassungen; siehe etwa Art. 38 Abs. 1 GG: „Die Abgeordneten ... sind Vertreter des ganzen Volkes, an Aufträge und Weisungen nicht gebunden und nur ihrem Gewissen unterworfen“.

Um doch noch eine „Vertretung des ganzen Volkes" denkbar zu machen, behilft man sich nicht selten mit einer statistischen Vorstellung: Eine demokratische Vertretungskörperschaft müsse ein „repräsentativer Querschnitt" der Bevölkerung sein. Am sichersten garantiert das freilich nicht ein Quotenverfahren bei der Kandidatennominierung, sondern ein *Losverfahren* anstelle einer Wahl, wie es denn auch – allerdings recht unzulänglich – die jeder Repräsentation abholden Athener bei der Besetzung ihrer Ratsversammlung und ihrer Volksgerichte praktizierten.[8] Will man Amtsinhaber auslosen, darf man aber gerade nicht auf eine besondere, sich vom Bevölkerungsdurchschnitt abhebende politische Begabung der Volksvertreter hoffen, und entzieht damit dem Repräsentativsystem eine wichtige Rechtfertigung. Wahlen wiederum, die sehr wohl Selektionsdruck hin auf besondere politische Begabung schaffen können, erzeugen gerade keinen „repräsentativen Querschnitt" aus der Bevölkerung. Nicht jeder ist nämlich gleich willig, sich auf eine politische Laufbahn einzulassen; nicht jeder ist gleich tüchtig, sie zu bestehen; und nicht jeder kann so viel Sozial- und Finanzkapital mobilisieren, wie zum Wahlsieg erforderlich wäre.

Gewiss auch kann sich kein größeres Volk an gemeinsamer Stätte zur Willensbildung und Entscheidungsfindung versammeln. Also muss – falls man Demokratie will – ein wie immer verzerrter „Querschnitt des Volkes" an die Stelle des „eigentlich" zu versammelnden ganzen Volkes treten, der dann das durchaus *nicht* gegenwärtige Volk in gewisser Weise eben doch *fiktiv* gegenwärtig macht. Versteht man – was freilich unnötig ist und in systemkonstruktive Unstimmigkeiten führt – demokratische Repräsentation genau dahingehend,[9] so wird man keine guten Gründe zur Abwehr folgender Anschlussforderung finden: Wo immer institutionelle Erfindungen und technische Möglichkeiten derlei Repräsentation als bloßen „Notbehelf" überflüssig machen können, sollten sie auch umfänglich genutzt werden. Dieses „stichprobenartige" Verständnis von politischer Repräsentation[10] liegt dem Alltagsdenken vieler Bürger zugrunde, prägt einen Großteil populärer Kritik an der Zusammensetzung von Parlamenten und bringt ganz in-

---

8 Gerade um der Demokratie willen setzten sie also lieber auf den Zufall oder auf den Willen der Götter als auf Wahlen, für Erfolg bei welchen immer schon Vernetzung, Ansehen und letztlich Wirtschaftsmacht wesentlich sind. Siehe dazu – mit weiteren Verweisen – *Buchstein* 2012.

9 Man kann demokratische Repräsentation aber alternativ – und viel besser – wie unten beschrieben verstehen: Der „Wiederwahlmechanismus" macht Repräsentanten einfach besonders responsiv.

10 Der vernünftige Kern dieser Repräsentationsvorstellung besteht darin, dass die Kommunikations- und Interaktionsnetze der Repräsentanten tatsächlich in die ganze Gesellschaft hineinreichen sollten, damit von überall her Responsivität eingefordert und überall hin kommunikative politische Führung ausgeübt werden kann. Am besten gelingt derlei, wenn die Repräsentanten wirklich aus den verschiedensten Bereichen und Schichten der Gesellschaft stammen oder wenigstens überall hin Kontakte aufgebaut haben.

tuitiv – nämlich zum Zweck der Einrichtung einer „direkteren“ Demokratie – die „Korrekturmöglichkeiten“ plebiszitärer Instrumente vor Augen.

Zweitens muss jene politische Stimmungslage und Präferenzverteilung, die am Wahltag über die fortan bestehenden parlamentarischen Stärkeverhältnisse entschied, doch nicht andauern. Tatsächlich pflegen demokratisch ins Amt gekommene Regierungen schon bald nach Amtsantritt an öffentlicher Unterstützung einzubüßen. Dann ist ein Parlament, nach Stimmungs- und Meinungsumschwüngen in der Bevölkerung, durchaus nicht mehr „repräsentativ“ im stichprobenartigen Sinn. Kommt es in dieser Lage zu parlamentarischen Entscheidungen gegen demoskopisch feststellbare Mehrheiten im Volk, so wird nicht selten bezweifelt, dass solche Entscheidungen „demokratische Legitimität“ besäßen.[11] Erst recht gilt das, wenn man bei der Parlamentsmehrheit ein systematisches „Anregieren gegen das Volk“ oder das Aufreißen einer „Repräsentationslücke“ zu erkennen glaubt (dazu etwa Patzelt 2006 und 2017 sowie Jun 2011).

Drei Lösungsmöglichkeiten für dieses Problem bieten sich dann an. Erstens kann man ein Recht auf *Abberufung von Abgeordneten* seitens ihrer Wähler bzw. Nominierungsgremien einführen. Zweitens kann man – über ein Selbstauflösungsrecht von Parlamenten hinaus – an die Ansetzung von *Neuwahlen aufgrund einer Volksabstimmung* denken. Drittens kann man auf Möglichkeiten des Volkes sinnen, seinen Vertretern die eigenen *Themen, Argumente und Präferenzen* Mal um Mal aufzuzwingen, falls es sich von seinen Politikern unzulänglich repräsentiert fühlt. Eben das ist der „Sitz“ von Volksanträgen und Vorlageninitiativen, von Volksgesetzgebung und fakultativen Gesetzesreferenden in einer repräsentativen Demokratie.

III. Wie genau können plebiszitäre Instrumente[12] die repräsentative Demokratie verbessern?

1. Grundsätzliches

Dem verbreiteten und ganz zutreffenden Eindruck, dass sich Repräsentation und Demokratie nicht ohne weiteres vertragen, steht zu Recht der kaum min-

[11] Theoretisch-systematische wäre hier von den stets problematischen Vertrauensbeziehungen zwischen „Prinzipalen“ und deren „Agenten“ zu handeln, wie sie die Delegations- bzw. Agenturtheorie in den Mittelpunkt ihrer Analysen rückt; siehe *Gilardi/Braun* 2002.

[12] Umsichtigem Nachdenken wird es dienen, wenn man die übliche Rede von plebiszitären „Elementen“ hinterfragt. Die hat recht Unverbindliches an sich, weil sie doch nur besagt, es gäbe im Warenlager der Demokratie noch weitere „Elemente“ als nur die „repräsentativen“, die man besser nicht verstauben lasse. Ganz anders hingegen richtet die Rede von „plebiszitären Instrumenten“ die Aufmerksamkeit aus. Ein Instrument dient nämlich dazu, eine Aufgabe zu erledigen oder ein Problem zu beheben. Es anzuwenden, wo nicht

der verbreitete und ebenfalls ganz zutreffende Eindruck gegenüber, dass gerade die *Verbindung* von Repräsentation und Demokratie besonders leistungsfähige Regierungssysteme schafft. Solche Synergieeffekte von Repräsentation und Demokratie scheinen ihrerseits mit Pluralismus und mit der Wertschätzung von Konflikten zu tun zu haben. Pluralismus wird nämlich nirgends deutlicher als in Wahlkämpfen, und in friedlichen Bahnen gehaltener Konflikt wird nirgendwo sichtbarer als im parlamentarischen Gegenüber von Regierungsmehrheit und Opposition. Der Mehrwert von pluralistischen Konflikten, auszutragen unter den Bedingungen des Wiederwahlmechanismus, besteht wiederum im durch sie erzeugten Druck hin auf politisches Lernen: Wer wegen der von ihm vertretenen Positionen eine Wahl nach der anderen verliert, wird entweder bald keine politisch wichtige Rolle mehr spielen oder eben *contre cœur* zur Anpassung gezwungen – wie in den späten 1950er Jahren die SPD zu „Godesberg", nach 2003 die CDU zur „Sozialdemokratisierung" und seit 2017 alle in Deutschland etablierten Parteien zum Ernstnehmen der Wählerschaft und Anliegen der AfD. Lernfähige Abgeordnete, Parteien, Regierungen und Regime werden aber bessere Chancen haben, grobe Politikfehler zu vermeiden, und sie werden sich deshalb leichter damit tun, in einem Gemeinwesen freiwilligen Gesetzesgehorsam und innengeleitete Leistungsbereitschaft auf Dauer zu stellen. Anders als Repräsentation und Demokratie sind somit Lernfähigkeit und Legitimationsfähigkeit wirklich zwei Seiten derselben Medaille.

Nun ermöglicht es allerdings *status quo*-sichernde Macht, vielerlei „eigentlich" bestehenden Lerndruck zu mildern, ja abzuweisen.[13] Wer also den zentralen Mehrwert demokratischer Repräsentation darin erkennt, dass sie zu pluralistischen Konflikten führt, die ihrerseits die Lernfähigkeit von Politik steigern, der wird auch sicherstellen wollen, dass Repräsentanten unter Lerndruck bleiben und sich diesem nicht durch solche Macht entziehen können, die ihnen qua Amt oder faktischer Rolle nun einmal zuwächst. Kritische Medienberichterstattung, demoskopische Umfragen und freie Wahlen sind jetzt schon sehr wirksame Mittel dafür. Weitere Mittel, ein politisches System über seine Amtsträger lernwillig zu

---

nötig, ist deshalb unverständig; und ein Instrument einzusetzen, dessen Nebenwirkungen mehr Schaden stiften, als das ganze Instrument nutzt, ist auch nur wenig vernünftig. Wer also von „plebiszitären Instrumenten" spricht, erlegt sich die Pflicht zur gründlichen Klärung jener Konstruktionsprobleme einer repräsentativen Demokratie auf, die zur plebiszitären Bewältigung anstehen, und verpflichtet sich zur Heranziehung funktionslogischen sowie historischen Wissens um die Risiken und Nebenwirkungen jeweils empfohlener Instrumente. Hingegen gibt die Rede von „plebiszitären Elementen" nur unverbindliche Verschönerungshinweise und insinuiert, ein politisches System könne gleichsam additiv zum Besseren entwickelt werden. Mehr und mehr zusammengebundene Federn ergeben aber immer noch keinen flugfähigen Vogel.

[13] *Deutsch* 1969: 171 formulierte dies einst dahingehend, dass Machtbesitz das Privileg verleihe, nicht lernen zu müssen.

machen, können Vorwahlen sein, mit denen bereits auf die Kandidatenaufstellung wirksam Einfluss genommen wird (dazu Patzelt 2018). Ein zusätzliches und obendrein punktgenau einsetzbares Mittel zur Steigerung der Lern- und Legitimationsfähigkeit repräsentativer Demokratie sind plebiszitäre Instrumente. Wo sie wirkungsvoll ansetzen könnten, erschließt der folgende Gedankengang.

Repräsentation ist eine Form politischer *Arbeitsteilung*, innerhalb welcher Repräsentanten die Herstellung und Durchsetzung allgemein verbindlicher Regeln und Entscheidungen als *Dienstleistung* für eine Gesellschaft erledigen.[14] Wer die Sache so sieht, wird auf einer gewissen Qualitätssicherung beim Zugang zu öffentlichen Ämtern bestehen und erwarten, was Ernst Fraenkel einst in eine berühmt gewordene Formel gefasst hat: Bei Repräsentation gehe es um die „Veredelung des empirisch vorfindbaren Volkswillens“ hin zu jenem „hypothetischen Volkswillen“, den eine Bürgerschaft dann hätte, wenn sie sich ebenso zeitaufwendig, andauernd und gründlich über gesellschaftliche Gestaltungsaufgaben informieren könnte, wie sie das als „Prinzipal“ von der politischen Klasse als ihren „Agenten“ erwartet (siehe Fraenkel 1979).

Damit ist die zentrale Bringschuld von Repräsentanten formuliert. Also droht einem Repräsentativsystem der Wegfall seiner Geschäftsgrundlage, wenn die politische Klasse binnenbezüglich wird und eher intern ihr eigenes Bestes als jenes Gemeinwohl sucht, das *nur* im offenen pluralistischen Streit auch mit der Bürgerschaft zu klären ist. Sofern außerdem die politischen Rekrutierungsmuster einer Gesellschaft vor allem solche Personen in die politische Klasse gelangen lassen, die sich zwar gut auf binnenbezügliche Politikspiele und wiederwahlsichernden Medienumgang verstehen, viel weniger aber auf die sachlichen Dimensionen der ihrer Sorgsamkeit anvertrauten wirtschaftlichen, fiskalischen, technischen, sozialen, kulturellen und demographischen Zusammenhänge, ist die Grundlage demokratischer Repräsentation von vornherein ausgedünnt. Auf das zweite Problem kann man mit Veränderungen der Rekrutierungs- und Selektionsbedingungen reagieren, etwa durch Einführung von Vorwahlen. Zur Behebung des erstgenannten Problems gibt es plebiszitäre Instrumente. Deren systemkompatible Einsatzmöglichkeiten erkennt man beim Blick auf die die drei konstitutiven Merkmale einer Repräsentationsbeziehung.[15]

---

14 Damit ist natürlich eine notwendige, keinesfalls eine hinreichende Bedingung formuliert: Repräsentation ist *eine* Form eines politischen Dienstleistungsverhältnisses; doch *nicht jedes* politische Dienstleistungsverhältnis ist Repräsentation.

15 Dazu v.a. *Pitkin* 1967, 209 f. Die nachstehenden Ausführungen zeigen im Übrigen, wie gut man daran tut, Repräsentation nicht als Individual-, sondern als Systemeigenschaft aufzufassen: „Repräsentativ“ ist allenfalls eine Vertretungskörperschaft, nicht aber ein einzelner Parlamentarier.

2. Die drei Elemente einer Repräsentationsbeziehung und der Nutzen plebiszitärer Instrumente

Am *ersten* Eck des „Repräsentationsdreiecks" steht: *Die Repräsentanten handeln im Interesse der Repräsentierten und dabei responsiv.* Responsivität meint die Reaktionswilligkeit, Reaktionsbereitschaft, Reaktionsfähigkeit, Sensibilität und Anregbarkeit einer Person oder eines (sozialen) Systems, etwa einer Partei oder eines Parlaments. Angelpunkt von Repräsentation sind also stets die Interessen der Repräsentierten; und eine zentrale Aufgabe von Repräsentanten besteht darin, um diese Interessen genau zu wissen und sie ernstzunehmen. Dabei gehört es zur *wesentlichen* Leistung von Repräsentanten, in *eigener* Verantwortung auch latente Interessen der Repräsentierten hinter deren manifesten Interessen aufzuspüren, subjektive Interessen von objektiven, Partikularinteressen von Allgemeininteressen zu unterscheiden sowie einen klugen Kurs zwischen der Verwirklichung kurzfristiger, mittelfristiger und langfristiger Interessen zu steuern. Doch keineswegs dürfen die Repräsentanten entlang der Überzeugung handeln, sie wüssten *von sich aus* oder aufgrund eines „langen Planungsvorlaufs" schon über das alles Bescheid und bräuchten auf weitere Meinungs- und Willensbekundungen der Repräsentierten deshalb nicht mehr zu achten.

Wenig überzeugend ist beim Blick auf Responsivität als Angelpunkt von Repräsentation der Standpunkt, wenn eine Entscheidung einmal parlamentarisch korrekt getroffen wäre, dann müsse sie der Rechtsstaatlichkeit wegen eben auch vollzogen werden. Selbst in diesem Fall bleibt nämlich zu erläutern, ob derlei wirklich im Interesse der Bevölkerung liegt, und ist zu begründen, warum man eine Rechtslage eigentlich nicht so verändern dürfe, dass sie sich anschließend mit wichtigen Interessen der Repräsentierten deckt. Das gilt gerade dann, wenn die Bürgerschaft einen Entscheidungsprozess sozusagen verschlafen hat und sich nun zwar spät, doch immerhin artikuliert. Das Volk hat doch gerade in einem Repräsentativsystem viel geringere Aufmerksamkeits- und Artikulationsschulden als seine politische Klasse und deshalb jedes Recht, als „Prinzipal" selbst dann noch gehört zu werden, wenn seine „Agenten" zum nächsten Punkt auf der Agenda übergehen wollen. Allerdings meint Responsivität nur, dass die Repräsentanten sich auf die Interessenbekundungen der Repräsentierten *ernsthaft und argumentierend einlassen*; keineswegs wird verlangt, dass sie jenen Interessenbekundungen allein schon deshalb nachgeben, weil derlei von vielen Repräsentierten gewünscht wird.

Vielmehr muss für die *Durchsetzung* gewünschten Nachgebens der Repräsentanten seitens der Repräsentierten schon einige Mühe verlangt werden, damit nicht wirkungsvolle Willensbekundungen einiger weniger in die fallweise Herrschaft einer Minderheit über die Mehrheit münden. Die Artikulation von Opposition gegen rechtskräftige Beschlüsse der Repräsentanten muss außerdem ein erreichbares, klar definiertes Ziel haben und darf nicht aufs Hineinwirken ins politisch Diffuse beschränkt sein. Ein solches Ziel ist offenbar der in der Praxis gelingende *Einsatz eines plebiszitären Instruments zur Korrektur einer bereits getroffenen Entscheidung.* Sind solche Instrumente erst einmal politisch-praktisch – und nicht bloß rein rechtlich – verfügbar, so werden sie aller Erfahrung nach erhebliche *Vorauswirkung* entfalten: Weiß man nämlich um ihren sicher drohenden Einsatz, so halten sie die politische Klasse von vornherein zu größerer als andernfalls zu erwartender Responsivität an. Das entlastet dann auch Wahlen von jener Funktionalisierung als Plebisziten über zentrale Wahlkampfthemen, die ihnen solange widerfährt, wie Wahlen für die Repräsentierten das Generalinstrument zur Erzwingung von Responsivität sind.

Am zweiten Eck des „Repräsentationsdreiecks" findet sich: Repräsentanten und Repräsentierte vermögen unabhängig voneinander zu handeln, so dass es jederzeit zu Konflikten zwischen ihnen kommen kann. Was hieraus entsteht, nennt man das „repräsentationskonstitutive Konfliktpotential". Natürlich läge keine Repräsentationsbeziehung vor, sondern eine reine Herrschaftsbeziehung, wenn die politische Selbstartikulation einer Gesellschaft institutionell lahmgelegt wäre und die Repräsentanten unter Verweis auf – von ihnen vorgeblich erkannte – Interessen der Repräsentierten einfach das tun oder lassen können, was nur sie selbst für richtig halten. Daran identifiziert man typischerweise autoritäre oder totalitäre Herrschaft. Selbst in repräsentativen Demokratien schlägt aber das Pendel zu einer macht- und nicht zustimmungsgestützten Herrschaftsbeziehung dann aus, wenn sich die politische Klasse daran gewöhnen kann, unter Verweis auf Verfahren, die ihrer Prärogative vorbehalten oder inzwischen abgeschlossen sind, die Durchsetzung ihrer Entscheidungen gerade dann für faktisch oder rechtsstaatlich „alternativlos" zu erklären, wenn ein ins Gewicht fallender Teil der Repräsentierten nun einmal eine Alternative zur getroffenen Entscheidung wünscht (dazu Patzelt 2017).

Um einer solchen Entwicklung zu wehren, müssen die Repräsentierten ohnehin *zwischen* den Wahlen über sämtliche Rechte pluralistischer Konfliktaustragung verfügen, nämlich von der Kommunikationsfreiheit über die Versammlungs- und Koalitionsfreiheit bis zum Demonstrationsrecht. *Diese Möglichkeiten lassen sich aber auch um plebiszitäre Instrumente wie Volksantrag, Vorlageninitiative, Volksgesetzgebung und fakultatives Gesetzesreferendum ergänzen.* Mit alledem kann man die Repräsentanten dann sogar punktgenau zur erwünschten Responsivität anhalten, indem man nämlich einen pluralistischen Konflikt bis hin zu dessen Entscheidung durch Volksabstimmung anfacht und zugleich dafür sorgt, dass die Volksvertreter durch anhaltende Passivität das Risiko einer eigenen Niederlage nur steigern würden. Taktisch höchst wichtige Vorauswirkungen bzw. „Antizipationsschleifen" entstehen zumal dann, wenn am Ende des Konflikts – anders als in *rein* repräsentativen Demokratien – nicht nur eine Entscheidung oder Nichtentscheidung des *Parlaments* stehen kann, sondern auch eine den parlamentarischen Mehrheitswillen womöglich überlagernde Entscheidung der *Bürgerschaft.* Aus der Faustregel, dass Repräsentation nur dann verlässlich entstehen kann, wenn das gesellschaftliche und politische Konflikt*potential* institutionell und auf Dauer *maximiert* ist, lässt sich somit ableiten, dass *in der Hand der Repräsentierten* liegende plebiszitäre Instrumente gerade eine *Repräsentations*beziehung viel dichter machen, als sie es im Durchschnitt *ohne* diese Instrumente wäre.

Freilich bestünde eine Repräsentationsbeziehung auch dann nicht, wenn die Repräsentanten angesichts gesellschaftlicher Selbstartikulation einfach klein beigeben müssten und nur nachzuvollziehen hätten, was – wie im Fall von „imperativen Mandaten" – *von anderen* für sie (vor-)entschieden wurde. Im Grunde könnte man dann auf Repräsentation ganz verzichten und – gestützt auf die freilich sehr manipulationsträchtigen und den Kriterien demokratischer Transparenz schwerlich entsprechenden Möglichkeiten des Internet – zu einem System reiner Volksgesetzgebung oder zu einer völlig auf Volksabstimmungen aufgebauten „direkten" Demokratie übergehen. Wünscht man hingegen als wesentliche Dienstleistung der Repräsentanten beizubehalten, dass sie den empirisch vorfindbaren Volkswillen „veredeln" und gerade die komplexen bzw. riskanten politischen Entscheidungen *als erste* vorbereiten und treffen, dann ergibt sich hieraus: Die Repräsentanten müssen das Recht haben, sich auch *gegen* – sogar heftig bekundete – Wünsche der Repräsentierten zu stellen, falls sie nämlich zur Ansicht gelangen, mittel- oder langfristig wahrten ihre *eigenen* Urteile und Gestaltungsabsichten die Interessen der Repräsentierten oder das Gemeinwohl viel besser. Eben dafür benötigen sie aber ein *freies* Mandat, das ihnen auch nicht ohne eine erhebliche politische Anstrengung ihrer Prinzipale entzogen werden kann. Die Freiheit des Mandats darf allerdings nicht so weit gehen, dass die Repräsentanten um keinerlei *Folgen* für die Nutzung dieser Freiheit fürchten müssten. Vielmehr wirkt sich das „freie" Mandat nur dann für die *Repräsentierten* nützlich aus, wenn die Repräsentanten grundsätzlich riskieren, für die Nutzung ihres Entscheidungsspielraums anschließend politisch bestraft zu werden, etwa durch Niederlage bei einer Volksabstimmung, die sich gegen eine Parlamentsentscheidung richtet, oder durch Amtsverlust nach Wahlen, falls nämlich Abgeordnete die Repräsentierten gerade nicht davon überzeugen können, im Konfliktfall zwar gegen ihre Wünsche, letztlich aber in ihrem Interesse gehandelt zu haben.[16]

---

[16] Damit ist offenbar das zentrale Anliegen des „imperativen" Mandats erreicht: Repräsentanten sollen die selbstbekundeten Interessen der Repräsentierten niemals ignorieren können. Und somit ist die Leitidee des „imperativen Mandats" auch dialektisch aufgehoben, nämlich innerhalb eines durch den „Wiederwahlmechanismus" mit demokratischer Willensbildung rückgekoppelten, vielleicht auch noch durch – vom Volk in die Hand genommene – plebiszitäre Instrumente vorauswirkend angeleiteten und eben da-

Allerdings entfiele die *besondere Dienstleistung* von eigenverantwortlich agierenden Abgeordneten auch dann, wenn Repräsentanten die Verantwortung für eigenes Entscheiden ganz nach eigenem Ermessen *im Weg eines Referendums an das Volk delegieren* könnten. Dazu verhülfe ihnen das Recht, durch Parlamentsbeschluss, auf dem Umweg über die parlamentsgetragene Regierung oder mittels eines politisch funktionalisierten Staatsoberhaupts einfach dem Volk solche Entscheidungen vorzulegen, für die man selbst die politische Verantwortung scheut. Will man also *Repräsentation*, dann muss man auch und gerade bei einer Verbindung von Demokratie und Repräsentation den Repräsentanten die Möglichkeit nehmen, politischen Konflikten durch ihrerseits initiierte Referenden auszuweichen. Diese Einsicht kann man auf die Formel bringen: *Plebiszitäre Instrumente in der Hand von Repräsentanten sind schlecht, weil sie Verantwortung für Entscheidungen von oben nach unten delegieren und letztlich zum Versickern bringen; hingegen sind plebiszitäre Instrumente in der Hand der Repräsentierten gut, weil sie die Repräsentanten zur politisch sanktionierbaren Parteinahme in repräsentationskonstitutiven Konflikten zwingen.*

Das dritte Eck des „Repräsentationsdreiecks“ trägt gerade deshalb die Aufschrift: Es gelingt den Repräsentanten, das repräsentationskonstitutive Konfliktpotential im Großen und Ganzen befriedet zu halten. Hier lautet die Faustregel: Repräsentation liegt vor, wenn – bei Bestehen eines maximalen Konfliktpotentials – zwischen Repräsentanten und Repräsentierten häufige Konflikte nicht allzu heftig, heftige Konflikte aber nicht allzu häufig sind. Zu diesem Zustand führt zweierlei. Einesteils ist das die praktizierte und glaubhaft gemachte Responsivität der Repräsentanten, andernteils jene problemlösende politische Führung, die wirksames Entscheidungshandeln gekonnt mit dessen Darstellung und Rechtfertigung verbindet. Tatsächlich haben es nicht die Repräsentanten allein in der Hand, ob das für Repräsentation konstitutive Konfliktpotential wirklich befriedet ist; sie können bloß dafür sorgen, dass weder ihre Handlungen noch ihre öffentlichen Aussagen sonderliche Ansatzpunkte für durchschlagsfähige Kritik bieten. Eben das aber setzt die Repräsentanten unter jenen Leistungsdruck, der dem politischen System insgesamt zugute kommt.

Mitglieder der politischen Klasse werden nämlich dann in Schwierigkeiten geraten, wenn vom Volk beachtete Probleme von ihnen liegengelassen oder unzureichend angegangen werden. Also werden sie sich anstrengen, und zwar zumal dann, wenn bei mangelhafter Responsivität der Einsatz plebiszitärer Instrumente droht. Und Repräsentanten werden wirklich in Bedrängnis geraten, wenn sie der Bevölkerung im Konfliktfall schlicht mit dem Hinweis kommen, jahrelang sei doch in partizipationsoffenen und rechtsstaatlich einwandfreien Verfahren auf

---

durch praktisch eingegrenzten „freien Mandats“. Vom Begreifen dieser Dialektik hängt ab, welche plebiszitären Instrumente man für einer repräsentativen Demokratie dienlich, welche anderen aber als ihr schädlich ansieht.

die jetzt eben umzusetzende Entscheidung hingearbeitet worden. Gerade dann lässt sich nämlich das repräsentationskonstitutive Konfliktpotential *nicht* anhand einer „Legitimation durch Verfahren“ (Luhmann 2001) befrieden, sondern allein mittels „Legitimation durch Kommunikation“ (Oberreuter 1984). Die letztere wird allerdings im Konfliktfall *nicht* in ihrer Ausprägung als politische Werbung akzeptiert, sondern nur als redlicher Austausch über Fakten, Perspektiven und Prioritäten. Nötig ist derlei erst recht, wenn ein auffallend großer, gebildeter und moderne Kommunikationstechnik nutzender Teil der Bevölkerung ein politisches Einzelvorhaben verhindern, durchaus aber nicht die freiheitliche demokratische Grundordnung antasten will. Dann steigern zusätzlich verfügbare plebiszitäre Instrumente die zu bewältigenden Kommunikationsherausforderungen gewiss.

Gerade einer gebildeten und partizipationswilligen Bürgerschaft die von ihr eingeforderte Kommunikation seitens der politischen Klasse zu verweigern, hat umso weniger Sinn, als es in einer repräsentativen Demokratie doch wesentlich auch darauf ankommt, dass sich die Bevölkerung repräsentiert *empfindet.* Weil aber die Vorstellungen über die Wirklichkeit und die Wirklichkeit selbst recht verschieden sein können,[17] reicht es zur Sicherung demokratischer Legitimität nicht aus, dass Repräsentation in der beschriebenen Weise *besteht.* Vielmehr muss das Bestehen und Funktionieren demokratischer Repräsentation den Repräsentierten schon auch *demonstriert* und zum Gegenstand populären *Vertrauens* gemacht werden. Das aber gelingt – über einen guten Stand politischer Bildung hinaus sowie im konkreten Einzelfall – nur durch Kommunikation zur Sache, fallübergreifend auch durch Maßnahmen der symbolischen Selbstdarstellung von Repräsentationsinstitutionen und Repräsentanten, sowie – in hitzigen Konflikten – obendrein durch wirklich nutzbare plebiszitäre Instrumente. Diese stellen nämlich einesteils am Ende eines Konflikts sicher, *dass* die Repräsentanten den Wünschen der Repräsentierten folgen; und andernteils führen sie – nach Gewöhnung an ihre routinemäßige Verwendung – den Repräsentierten vor Augen, dass Repräsentanten unter demokratischen Bedingungen gar nicht anders *können,* als sie im oben umrissenen Sinn zu repräsentieren. Ist aber das erst einmal verstanden, dann verfängt es immer weniger, repräsentative Demokratie gegen „direkte“ Demokratie auszuspielen.

Wider manches Erwarten können plebiszitäre Instrumente also wenigstens im Prinzip – und bei vernünftiger Ausgestaltung dann auch in der Praxis – sehr hilfreich sein, um hinter der äußeren Form von Repräsentation diese selbst lebendig zu halten. Natürlich steigen die Ansprüche an die Repräsentanten, wenn die Repräsentierten punktuell durch Volksanträge und Vorlageninitiativen Responsivität *erzwingen* können, und wenn sich das repräsentationskonstitutive Konfliktpotential durch Volksgesetzgebung und fakultative Gesetzesreferenden *ausreizen*

---

[17] Zum hier einschlägigen „Thomas-Theorem“ siehe *Patzelt* 2013: 43.

lässt. Solchen größeren Herausforderungen dürften Politiker mit Schönwetterkarrieren ebenso wenig gerecht werden können wie jene, deren Virtuosität sich auf die innerparteiliche Absicherung beschränkt, und zwar ohne von ebenso großer Fähigkeit beim Umgang mit teils aufgebrachten Bürgern, teils abgebrühten und finanzstarken Protestexperten ergänzt zu werden. Solch veränderter Selektionsdruck dürfte der Zusammensetzung unserer politischen Klasse aber dahingehend gut tun, dass sie sich besser als bislang auch bei innenpolitisch erschwerten Führungsaufgaben bewähren müsste. Gewöhnt sich dann auch noch die Bürgerschaft durch wiederholte Nutzung plebiszitärer Instrumente daran, dass diese nicht Spielzeuge zum Abreagieren von Politikerverdrossenheit sind, sondern mit ihnen folgenreiche Entscheidungen getroffen werden, dann mag vielleicht auch politische Bildung sich hin zu einem Niveau und in einer Breite entwickeln, wie sie einem demokratischen Gemeinweisen gut tun. Nur brauchen diese Früchte Zeit zum Wachsen und günstige Umstände zum Reifen.

IV. Sinnvolle plebiszitäre Instrumente

1. Volksantrag

Durch *Volksanträge*, mit denen dem Parlament binnen vorgegebener Frist die Vorlage eines Gesetzentwurfs oder von Eckpunkten eines Handlungsprogramms zur Lösung eines Problems auferlegt wird, kann das Volk die politische Klasse dazu zwingen, sich auch mit solchen Problemen zu befassen, die sie – quer über die großen Lager – bislang nicht aufgreifen will. Dieses Instrument lässt sich auch leicht auf der kommunalen Ebene anwenden. Für dieses mildeste aller plebiszitären Instrumente sollte man das geringste sinnvolle Antragsquorum ansetzen. Das könnten sogar weniger als jene fünf Prozent der Wahlberechtigten sein, die ja ihrerseits auch ausreichten, um eine Protestpartei mit ihrem zentralen Anliegen ins Parlament zu wählen. Bislang aber muss man tatsächlich darauf warten, dass eine Protestpartei ein von der politischen Klasse dilatorisch behandeltes Problem – etwa der Zuwanderungs- und Integrationspolitik – aufgreift, und bis anschließend – um die offenbar ein wichtiges Anliegen der Bürgerschaft vertretende Protestpartei wieder kleinzubekommen – die etablierten Parteien sich zu eben jenen Politikkorrekturen bequemen, die sie vorher verweigert haben.[18] Ge-

---

[18] Das erste spektakuläre bundesdeutsche Beispiel für das hier zu lösende Problem ist das Zusammenspiel zwischen dem Aufstieg der Republikaner und der durch politische Entscheidung herbeigeführten Verringerung des Asylbewerberzuzugs nach Deutschland. Schon in den 1980er Jahre waren viele Deutsche mit der damals noch äußerst liberalen Regelung der Asylgewährung unzufrieden und brachten das, zumal auf kommunaler Ebene, immer wieder zum Ausdruck. Auf der Bundesebene aber scheuten Union und SPD gesetzgeberische Initiativen zur Eingrenzung des Zuzugs von Asylbewerbern. Nach dem Ende des Ost/West-Konflikts stiegen dann die Asylbewerberzahlen rasch auf gut 400.000

rade dieses niederschwellige plebiszitäre Instrument scheinen wir also besonders gut brauchen zu können. Einem Prozess der Volksgesetzgebung hat es voraus, dass die Initiatoren sich nicht selbst die Mühe eines Gesetzgebungsvorschlags machen müssen, sondern dass diese Aufgabe – ganz gemäß den Leitgedanken repräsentativer Demokratie – bei den gewählten Abgeordneten und der von ihnen getragenen Regierung verbleibt. Die politische Klasse kann sich aber der Erfüllung dieser Aufgabe nicht mehr so leicht entziehen wie bislang, zumal dann nicht, wenn obendrein die nachstehend beschriebenen plebiszitären Instrumente eingeführt werden.

2. Volksgesetzgebung

Die *Volksgesetzgebung* gibt es inzwischen in allen Bundesländern, noch nicht aber auf Bundesebene. Im Bereich des Satzungsrechts könnte sie auch auf kommunaler Ebene eingeführt werden.[19] Sie entfaltet sich am besten in folgenden drei Schritten: Durch Volksinitiative wird die Verabschiedung eines von den Initiatoren vorgelegten Gesetzentwurfs durch das Parlament begehrt; dem kann das Parlament willfahren; und tut es das nicht, so kommt es zu einem Volksentscheid, bei welchem dem durch Volksinitiative vorgeschlagenen Gesetz auch ein Gesetzentwurf der Parlamentsmehrheit zur Seite gestellt werden kann, nicht aber muss. Faktisch handelt es sich hier um eine Steigerung der Möglichkeiten des Volksan-

im Jahr 1992. Die 1983 neugegründete Partei der Republikaner hatte zuvor schon den Asylbewerberzuzug zu einem ihrer prominenten Themen gemacht und war gerade auch mit ihm bei den Europa- und Landtagswahlen zwischen 1989 und 1992 sehr erfolgreich. So von rechts unter Druck gesetzt, ging die CDU-geführte Bundesregierung endlich das Problem an und wurde von der SPD, die Teile ihrer Stammwählerschaft sich von ihr auch wegen des ungelösten Asylbewerberproblems entfremden sah, bei der dafür nötigen Grundgesetzänderung von 1993 unterstützt. Kurze Zeit später schmolz dann wieder das Wählerpotential der Republikaner. Das zweite spektakuläre Beispiel ist jener Aufstieg der AfD im Zusammenhang mit der Massenzuwanderung von Geflüchteten 2015/16, dem seit dem Winter 2014/15 bereits in Gestalt der Dresdner PEGIDA-Dimensionen ein politisches „Vorbeben" vorausgegangen war. Vermutlich hätte, mit dem Risiko eines Volksantrags oder gar mit diesem selbst konfrontiert, die politische Klasse bereits in den 1980er Jahren das Asylbewerberproblem und schon seit dem Frühjahr 2015 das neuerliche Flüchtlingsproblem angegangen. Dann wäre unserem Land das Aufkommen einer rechtspopulistischen Partei wohl erspart geblieben, eine aktive Zuwanderungs- und Integrationspolitik schon eher auf die Agenda gekommen, und hätte unsere Gesellschaft heute weniger Polarisierungs- und Integrationsprobleme.

[19] *Decker* 2016 hält sie inzwischen für einen „Irrweg", nachdem er Jahre zuvor noch auf Landesebene präsidentielle Regierungssysteme einführen wollte, um diese mit plebiszitären Instrumenten kompatibler zu machen. Mir scheint, dass umso weniger von plebiszitären Instrumenten enttäuscht wird, wer sie für nicht mehr nimmt als kleinere Stellschrauben, mit denen man nicht nur repräsentative Demokratie überhaupt, sondern gerade auch parlamentarische Regierungssysteme verbessern kann.

trags sowie um eine klare, vom Volk ausgehende Richtungsvorgabe für die politische Klasse. Sobald häufiger verwendet, dürfte dieses Instrument erhebliche Vorauswirkungen entfalten und die politische Klasse responsiver machen, als sie es ohne das Volk als „alternativen Gesetzgeber“ ist.[20] Das Antragsquorum könnte bei etwa fünf Prozent der Wahl- bzw. Abstimmungsberechtigten angesetzt werden und somit gar niedriger als derzeit in den meisten deutschen Bundesländern, wo obendrein allzu hohe Beteiligungs- oder Zustimmungsquoren die Wirksamkeit von Volksgesetzgebung stark verringern. Für deren Abschaffung spricht im Übrigen auch, dass die Volksgesetzgebung an sich schon ein gegenüber dem parlamentarischen Gesetzgebungsverfahren erschwertes Gesetzgebungsverfahren ist. Hier gilt es nämlich fallweise erst einmal die Hürde des Antragsquorums zu überwinden, während ein Parlament jederzeit die Gesetzesinitiative ergreifen kann.

3. Das fakultative (gesetzesaufhebende) Referendum

Vor allem in der Schweiz, nicht aber – abgesehen von Rheinland-Pfalz und Hamburg – in Deutschland, ist das plebiszitäre Instrument des *fakultativen Gesetzesreferendums* bekannt. Man kann zu ihm greifen, wenn das Parlament ein Gesetz beschlossen hat, ein nennenswerter Teil der Bürgerschaft dieses Gesetz aber zu korrigieren oder abzuschaffen wünscht. Bislang gibt es in Deutschland nur zwei Lösungen dieses Problems. Erstens kann die parlamentarische Opposition vor dem Verfassungsgericht ein abstraktes Normenkontrollverfahren anstrengen, womit politische Gestaltungswünsche aber Richtern angetragen werden und obendrein leicht der Eindruck entsteht, immer wieder versuche ausgerechnet der Gesetzgeber die Verfassung zu brechen. Zweitens kann die parlamentarische Opposition ankündigen, ein wider ihren Willen beschlossenes Gesetz zum Gegenstand des nächsten Wahlkampfs zu machen, um es nach eigenem Wahlsieg dann wieder abzuschaffen. Das freilich verschiebt die Problemlösung bis über das Ende der Wahlperiode hinaus. Viel einfacher ließe sich eine zeitnahe Problemlösung mit einem fakultativen Gesetzesreferendum auf folgende Weise erzielen.

Das Parlament beschließt ein Gesetz. In verfassungsmäßig vorgesehener Frist, vielleicht von hundert Tagen,[21] kann dann eine Referendumsinitiative versuchen,

---

20 In der deutschen Verfassungspraxis leidet dieses Instrument freilich an zwei Problemen, die es weitgehend um seinen Nutzen bringen. Erstens wurden in einigen Bundesländern so hohe Antrags- und Beteiligungsquoren eingeführt, dass die Chancen auf eine erfolgreiche Nutzung dieses plebiszitären Instruments abschreckend gering sind. Zweitens entzieht der Ausschluss von finanzwirksamen Vorlagen wichtige Themen der Bearbeitung mit dem Instrument der Volksgesetzgebung. Derzeit noch sehr unzulänglich ausgestaltet, wirkt das Instrument der Volksgesetzgebung heute so, als sei es zur Verbesserung repräsentativer Demokratie wenig brauchbar. Nichts hindert aber daran, es zu verbessern.

21 Für dringliche Gesetze lassen sich Ausnahmeregelungen vorsehen.

ausreichend viele Unterschriften für die Forderung zu sammeln, über dieses Gesetz solle eine Volksabstimmung mit der einfachen Frage stattfinden, ob dieses Gesetz in Kraft treten solle oder nicht. Die Anzahl der verlangten Unterschriften legt man am besten als Prozentsatz der Wahlberechtigten fest und setzt diesen ziemlich hoch an, damit dieses plebiszitäre Instrument nur dann zur Anwendung kommt, wenn es um ein die Bevölkerung wirklich bewegendes Thema geht. Hinweise auf ein plausibles Antragsquorum gibt die Überlegung, dass man mit 5 Prozent der Stimmen – bei nicht selten nur wenig mehr als 50 Prozent Wahlbeteiligung – auch eine Ein-Themen-Protestpartei ins Parlament schicken kann. Wird das verfassungsmäßig festgelegte Antragsquorum erreicht, so findet die Volksabstimmung mit der einfachen, bereits im Parlament bei der dritten Lesung gestellten Frage statt, ob das fragliche Gesetz angenommen oder abgelehnt werde. Im Übrigen wäre es ratsam, für dieses Referendum kein Beteiligungsquorum vorzusehen, damit nicht Wahlkampf gegen überhaupt die Beteiligung an der Volksabstimmung gemacht werden kann, sondern tatsächlich das Für und Wider des Gesetzes diskutiert werden muss.

Dieses plebiszitäre Instrument passt bestens zur repräsentativen Demokratie. Das erste Wort hat nämlich das Parlament, während das letzte Wort beim Volk liegt. Auch ist dieses Instrument nicht vom üblichen Einwand betroffen, die Bevölkerung sei mit Aufgaben der Gesetzgebung überfordert: Die mögliche Volksabstimmung bezieht sich ja stets auf ein vom Parlament schon beschlossenes Gesetz, und die beim parlamentarischen Gesetzgebungsverfahren verwendeten Pro- und Contra-Argumente lassen sich für die Bürgerschaft in einem „Abstimmungsheft“ zusammenstellen. Wer selbst das für überfordernd hält, müsste wohl auch erwägen, die Wahlen abzuschaffen.

Die unmittelbare Auswirkung einer Verfügbarkeit dieses plebiszitären Instruments auf die politische Klasse geht dahin, dass sie Gesetze nun nicht nur „verfassungsgerichtsfest“ machen muss, also so auszugestalten hat, dass ein Gesetz ein abstraktes Normenkontrollverfahren möglichst unverändert übersteht. Sondern nun muss ein Gesetz auch noch „referendumssicher“ sein, d.h. ein möglichst geringes Risiko in sich tragen, dass ein nennenswerter Teil der Bevölkerung seine Aufhebung verlangt, dass sodann die Hürde des Antragsquorums übersprungen wird und am Ende auch noch eine „Volksabstimmung gegen das Gesetz“ gelingt. Und einmal anwendungsfähig institutionalisiert, hält gerade das fakultative Referendum die Repräsentanten zu erheblicher Responsivität sowie – bei den Kampagnen um die Erreichung des Antragsquorum und später der Abstimmungsmehrheit – zu viel größeren kommunikativen Führungsleistungen an, als sie andernfalls zu erwarten wären. Gerade das dient repräsentativer Demokratie.

Zügige Reformpolitik wird durch fakultative Gesetzesreferenden zwar nicht gefördert. Doch derlei ist – wie etwa der Aufgeklärte Absolutismus zeigt – ohnehin eher die Domäne wohlmeinender Autokraten. Also ist es unangebracht, schnelles Befinden über weitreichende Reformen ausgerechnet von Demokratien zu verlangen. Außerdem werden sich gerade schmerzliche Reformen dann leichter durchsetzen lassen, wenn sich *nachweislich* keine Mehrheit gegen sie findet. Diesem Nachweis dient aber nichts besser als ein fakultatives (Verhinderungs-) Referendum, das zunächst von einer öffentlichkeitsträchtigen Minderheit auf den Weg gebracht wird und anschließend bei der – sonst zum Schweigen verurteilten, beim Referendum aber mit vernehmbarer Stimme ausgestatteten – Mehrheit keine Zustimmung findet.

4. Eher ein Gedankenspiel: Vorlageninitiativen

Sollten die Repräsentierten nicht auch noch – und zumal oberhalb der kommunalen Ebene – das Recht haben, über ihre fallweise Mitwirkung an der Gesetzgebung hinaus *Einzelfragen zu entscheiden*? Das kann man bejahen, sofern sichergestellt ist, dass dieses plebiszitäre Instrument strikt „von unten nach oben“ wirkt und keinesfalls die politische Klasse ein Mittel bekommt, eigene Entscheidungsverantwortung „von oben nach unten“ abzuwälzen, also auf die Abstimmenden. Die Regel lautet somit wie beim fakultativen Gesetzesreferendum: Das erste Wort müssen die Repräsentanten haben, das letzte Wort aber die Repräsentierten. Und besitzt das Volk auch noch das Instrument des Volksantrags, so kann es obendrein seinen Vertretern jenes erste Wort auch *abverlangen*.

Dieser Regel folgend, könnte das Verfahren einer *„Vorlageninitiative“* so ablaufen: Erst einmal hat das Parlament bzw. die parlamentsgetragene Regierung – gegebenenfalls durch Volksantrag dazu aufgefordert – einen Vorschlag zur Lösung eines Problems zu unterbreiten, beispielsweise über die Eckpunkte einer Schulreform oder über den Beitritt eines Landes zur EU; sodann kann das Volk begehren, dass ihm diese Entscheidung zur Billigung vorgelegt wird; und wird das – vielleicht aus den schon genannten Gründen bei fünf Prozent der Wahl- bzw. Abstimmungsberechtigten anzusetzende – Antragsquorum erreicht, so findet eine Volksabstimmung statt. Deren zunächst einmal *verbindliches* Ergebnis kann nötigenfalls wieder korrigiert werden: entweder durch eine erneute, auf Abänderung ausgehende Vorlageninitiative, oder durch den verändernden Beschluss eines – gegebenenfalls nach Selbstauflösung – neu gewählten Parlaments.

In Verbindung mit einem vorgängigen Volksantrag könnte die Bürgerschaft auf diese Weise jede weichenstellende Entscheidung an sich zu ziehen, und zwar ganz ohne die Repräsentanten je aus ihrer Erstverantwortung zu entlassen. Natürlich kann dieses Instrument auch leicht von politischen Parteien mit ihrer großen Mobilisierungsfähigkeit genutzt werden und erlaubte dann der Opposition wirksame Korrekturversuche der Regierungspolitik, und zwar ganz ohne das rechtlich sehr nebenwirkungsreiche Instrument des abstrakten Normenkontrollverfahrens. Das wiederum reduzierte die den Verfassungsgerichten im Lauf der Zeit zugewachsene genuin politische Macht, die ja notwendigerweise aus abstrakten Normenkontrollverfahren zu zentralen parteipolitischen Streitfragen fließt, auf das rechtsstaatlich wirklich Gebotene.

5. Obligatorische Referenden

Obendrein könnten *obligatorische Referenden* zu vorab verfassungsmäßig festgelegten Entscheidungsmaterien die politische Klasse zu mehr Responsivität und insgesamt zu besseren Führungsleistungen anhalten. Zum einen dürften Verfassungsreferenden sinnvoll sein. Sie senkten nämlich das Risiko, dass Verfassungstexte immer detaillierter und zeitbezogener werden. Gerade dazu führt nämlich das Streben der politischen Klasse, den politischen Gegner bei schwierigen Entscheidungen unterstützungssichernd „einzubinden". Zu diesem Zweck sichert man einzelnen Oppositionsfraktionen zu, gewünschte Maßnahmen nicht ohne Verfassungsänderung zu ergreifen. Wegen der dadurch drastisch erhöhten Mehrheitsanforderung wird der bei einfacher Abstimmungsmehrheit leicht zu besiegende politische Gegner nun zum legitimen „Veto-Spieler". Ihm kommt man dann – gerade gegen Widerstand in den eigenen Reihen – soweit entgegen, dass ein gemeinsam getragener Kompromiss erreicht wird; und für diesen erwartet man dann auch von der solchermaßen einbezogenen Opposition verlässliche Unterstützung angesichts öffentlicher Kritik. Das ist ein vorzüglicher Weg, um zu legitimitätssichernden Entscheidungen zu gelangen. Doch der Bürgerschaft bleibt angesichts solcher Tauschgeschäfte innerhalb der politischen Klasse nur die Zuschauerrolle. Wenn hingegen jede Verfassungsänderung anschließend einem obligatorischen Referendum unterzogen werden muss, dann setzt das solchen Insidergeschäften recht enge Grenzen öffentlicher Plausibilität.

Zum anderen kann man überhaupt einen Katalog von Themen formulieren und verfassungsmäßig verankern, die einem Staatsvolk so wichtig sind, dass es vor dem Zustandekommen einer entsprechenden Regierungsmaßnahme oder dem Beschluss eines einschlägigen Gesetzes unbedingt nach seinem Urteil gefragt werden möchte und in diesem Fall der Parlamentspräsident – nicht aber der Regierungs- oder Staatschef! – *ohne eigenen Ermessensspielraum* ein Referendum ansetzen muss. Im deutschen Fall könnten die Übertragung nationaler Souveränitätsrechte auf die EU oder die Aufnahme weiterer Staaten in die EU zu Gegenständen solcher obligatorischer Referenden gemacht werden, weil sie zweifellos die Lage und Zukunft des eigenen Landes und Volks nachhaltig betreffen. Wenn mit der nur *einmaligen* und ermessensfreien Ansetzung eines solchen Referendums die Möglichkeit dann auch ausgeschöpft wäre, eine entsprechende Frage „von oben nach unten" dem Volk vorzulegen, ist zugleich ausgeschlossen, dass man das Volk einfach solange abstimmen lässt, bis sich das politisch gewünschte Ergebnis einstellt. Stattdessen sollte obendrein vorgesehen werden, dass anschließend nur über eine Vorlageninitiative das Ergebnis einer obligatorischen Volksabstimmung wieder abgeändert werden kann.

Weil es bei obligatorischen Referenden keine Antragsquoren gibt, wird mancher hier „zum Ausgleich“ an ein besonders hohes Beteiligungsquorum denken. Doch der demokratietheoretisch wesentliche und gegen hohe Beteiligungsquoren sprechende Wirkungszusammenhang besteht auch bei obligatorischen Referenden: Sobald es ein Beteiligungsquorum gibt, kann man „gegen die Abstimmungsbeteiligung Wahlkampf machen“, ist also nicht gehalten, sich wirklich auf den Entscheidungsgegenstand einzulassen. Solches Ausweichen vor der tatsächlichen Entscheidungsfrage gilt es aber gerade der Demokratie willen zu unterbinden. Im Übrigen wirkten hohe Beteiligungsquoren bei obligatorischen Referenden ganz einfach zugunsten des *status quo,* was mit Blick auf immer wieder nötigen Reformbedarf wenig wünschenswert erscheint. Will man aus solchen Gründen auf ein Beteiligungsquorum verzichten, mag man dennoch ein Zustimmungsquorum für sinnvoll halten. Es leuchtet ja die Durchführung eines obligatorischen Referendums mit Bindewirkung dann nicht ein, wenn nur ein verschwindender Prozentsatz der wahlberechtigten Bevölkerung der auf breite Akzeptanz zu stellenden Regelung zustimmt. Weil obligatorische Referenden sinnvollerweise ohnehin nur bei wichtigen Themen in Anwendung kommen, könnte man deshalb an ein Zustimmungsquorum von fünf Prozent und mehr der Wahlberechtigten denken, also an jene Hürde, die auch jeder parlamentarische (Veto-)Akteur überwinden muss. Und bei obligatorischen Verfassungsreferenden liegt ein klar höheres Zustimmungsquorum auch systematisch nahe, weil bei Verfassungsänderungen ja ebenfalls im Parlament ein durch höhere Hürden als die einfache Mehrheit erschwertes Gesetzgebungsverfahren greift.

V. Abzulehnende plebiszitäre Instrumente

Gemeinsam ist allen akzeptablen plebiszitären Instrumenten (Volksantrag, Volksgesetzgebung, fakultatives Gesetzesreferendum, Vorlageninitiative, obligatorisches Referendum), dass sie „vom Volk hin zu den Repräsentanten“ und sozusagen „von unten nach oben“ wirken. Das muss in einer Demokratie auch genau so sein. Jedes der genannten Instrumente ist zudem geeignet, das Funktionieren repräsentativer Demokratie in der oben beschriebenen Weise zu verbessern. Also könnten wir sie wirklich brauchen. Hingegen brauchen wir keine plebiszitären Instrumente, die aufgrund ihrer Funktionsweise und Nebenwirkungen die repräsentative Demokratie zu schädigen drohen. Abzulehnen sind vor allem jene plebiszitären Instrumente, die politische Verantwortung von der politische Klasse wegverlagern können, oder die gar jene politischen Kommunikationsprozesse, welche eine Abstimmungskampagne nun einmal begleiten, zielgenau zum persönlichen Machtgewinn für die politische Elite nutzbar machen.

Besonders schlecht für repräsentative Demokratie, ja sogar für die Demokratie selbst, ist ausgerechnet das bekannteste plebiszitäre Instrument: das *von Verfassungsorganen initiierte fakultative Referendum.* Dieses wird so gehandhabt, dass eine Parlamentsmehrheit, eine Regierung durch Mehrheitsbeschluss oder ein Regierungs- bzw. Staatschef aus eigenem Ermessen eine Volksabstimmung zu einer aktuellen oder für aktuell erklärten Frage ansetzt. Die Leitidee dieses Instruments kann zwar demokratischer gar nicht sein: Das Volk wird gefragt, wie ein Sachproblem gelöst werden oder wie eine Entscheidung ausfallen soll. Doch die Nebenwirkungen der praktischen Umsetzung dieser Leitidee sind höchst riskant.

Erstens hat dieses plebiszitäre Instrument zwar alles mit Demokratie, nichts aber mit Repräsentation zu tun und verschenkt deren Mehrwert. In einem Repräsentativsystem ist es nämlich nicht nur das Recht, sondern vor allem die *Pflicht* der Parlamentarier bzw. der parlamentsgetragenen Regierung (und im präsidentiellen Regierungssystem auch die des Staatsoberhaupts), Lösungsmöglichkeiten für anstehende Probleme auszuarbeiten und im Rahmen des doch erteilten freien Mandats eigenständige Entscheidungen zu treffen. Natürlich hat das Volk grundsätzlich das Recht, durch die Möglichkeiten politischer Partizipation – möglichst einschließlich plebiszitärer Instrumente – eigene Impulse ins politische System hineinzutragen und seine Repräsentanten bei der nächsten Wahl mit dem Stimmzettel zu bestrafen. Doch vor allem hat das Volk in einem Repräsentativsystem das Recht darauf, sich *nicht selbst* zu komplexen Themen eine Position erarbeiten zu müssen, sondern dergleichen von seiner – im Übrigen auch gar nicht schlecht bezahlten – politischen Klasse angeboten zu bekommen. Also ist es *pflichtwidrig,* wenn die Repräsentanten aus Scheu vor einer politischen Niederlage der Bürgerschaft nicht mit einer eigenen Erstentscheidung zu einem schwierigen Problem kommen.

Tatsächlich neigt die politische Klasse immer wieder dazu, Entscheidungen mit ungewissen oder unerwünschten Folgen entweder nicht zu treffen oder – sofern nur irgend möglich – in Form regierungsinitiierter Sachreferenden an das Volk abzuschieben. Man muss gar nicht allein an die Volksabstimmung zum „Brexit“ denken. Sogar im allen plebiszitären Instrumenten so abgeneigten Bundestag erwog man 1991 nämlich allen Ernstes eine Volksabstimmung zur Frage, ob das Parlament wohl in Bonn bleiben oder seinen Sitz in Berlin nehmen solle. Vor diesem Erfahrungshintergrund stelle man sich vor, Entscheidungen über die Weiterentwicklung unseres Gesundheitswesens, über Reformen unseres Sozialversicherungssystems oder über Weichenstellungen unseres Energieversorgungssystems ließen sich auf diese Weise ans Volk abschieben und – einer risikoscheuen politischen Klasse höchst willkommen – aus den Wahlkämpfen heraushalten. Rasch erhielte man dann eine „Politik des geringsten Widerstandes“, die sich zudem als „besonders demokratisch“ ausgäbe. Obendrein wäre mit besonders vielen sachlichen Fehlentscheidungen zu rechnen, da vor allem die taktischen

Erwägungen von Spitzenpolitikern Inhalt, Tragweite und Zeitpunkt der Volksabstimmungen prägen würden. Die Folgen einer solchen, alsbald wohl schlechten Regierungsführung müsste sich – wie bei Wahlen – das Volk selbst zurechnen; die politische Klasse hingegen könnte ihre Hände stets in Unschuld waschen: Sie habe ja nur den Bürgerwillen festgestellt und dann vollzogen, könne also wirklich nichts dafür, wenn dieser – immerhin gut demokratisch – leider auf Nachteiliges ausgegangen sei. Die zentralen Vorteile eines Repräsentativsystems – nämlich Leistungsdruck auf die politische Klasse bei responsivitätssicherndem persönlichem Karriererisiko für Spitzenpolitiker – wären auf diese Weise verspielt.

Zweitens wären, wie der Blick in Geschichte und Gegenwart lehrt, im Fall von staatlich initiierten Sachreferenden Tür und Tor für manipulative Formulierungen der Abstimmungsfragen und für hieraus entstehende legitimitätsgefährdende Sekundärkonflikte geöffnet. Obendrein könnte die politische Klasse jene komplizierten Prozesse des Interessenausgleichs leicht umgehen, die den ja auch im Parlament üblichen Ja/Nein-Abstimmungen notwendigerweise vorausgehen. Im Parlament kann man nämlich Zugeständnisse bei Kompromissen quer über mehrere Abstimmungen „verrechnen“, weil dort dieselben Personen jahrelang zusammenarbeiten; bei Volksabstimmungen aber steht wegen der Anonymität der Abstimmenden jedes Plebiszit für sich.

Drittens – und vor allem – schützt kaum etwas dagegen, dass mit „von oben nach unten wirkenden“ plebiszitären Instrumenten ganz taktisch zum Zweck persönlicher Machtsicherung verfahren wird. „Plebiszitärer Cäsarismus“ ist der ganz angemessen Name für diesen institutionellen Mechanismus. Wenige Beispiele genügen, ihn zu illustrieren. Mehrfach schon ließ ein Präsident mit zeitlich befristetem Amt sich durch ein selbst initiiertes Referendum zum Staatschef auf Lebenszeit wählen und schlug in unverfroren scheindemokratischer Weise damit den Weg zur Diktatur ein. Oder es wird im Gewand eines Sachreferendums – und gerade nicht mittels einer Wahl – dem Volk die Abstimmung über einen Spitzenpolitiker abverlangt. So hielt es General de Gaulle 1962, als das von ihm initiierte Referendum zur Einführung der Direktwahl des Staatspräsidenten für jedermann verständlich dieselbe Frage formulierte wie 1969 das wiederum von ihm angesetzte Referendum über die Reform der Regionalverwaltung und des Senats: „Wollt Ihr mich an der Spitze des Staates?“ 1962 machte das Referendum de Gaulle zum republikanischen Monarchen – und 1969 schickte es ihn in den politischen Ruhestand. Was auf den ersten Blick wie Demut der Regierenden vor dem Volk anmutet, erweist sich also auf den zweiten Blick als zusätzliches Instrument persönlicher Machtsicherung. Gefährlich auch noch für die Demokratie wird es dann, wenn sich ein Spitzenpolitiker auf diese Weise zielgenau ein Mandat zum Überspielen oder Beiseitedrängen zunächst des Parlaments und anschließend von Rechts- und Verfassungsnormen verschafft. „Bonapartismus“

ist der eingeführte Name für eine solche auf – oft manipulierten – Volkswillen rekurrierende Diktatur.

Das alles vor Augen, ist nicht zu erkennen, wodurch von der politischen Klasse initiierte Referenden einer Demokratie dienlich sein könnten. Anders als durch gedankenlose Lust am eigenen Entscheidenkönnen oder durch mangelnden Einblick in die Funktionslogik politischer Prozesse ist kaum zu erklären, warum Forderungen nach ausgerechnet solchen Referenden so populär sind. Denn tatsächlich braucht es von der politischen Klasse angesetzte Sachreferenden gar nicht: Sofern das oben beschriebene plebiszitäre Instrumentarium verfügbar ist, besitzt das Volk ohnehin wirkungsvolle Möglichkeiten, Entscheidungen der Repräsentanten zu korrigieren und seine Vertreter, um die Auswirkungen plebiszitärer Instrumente wissend, von vornherein zur Responsivität anzuhalten. Aktive Teile der Bürgerschaft haben dann obendrein alle Möglichkeiten, über Volksantrag und Vorlageninitiative, auch über die Volksgesetzgebung, überall dort *selbst* politisch gestaltend tätig zu werden, wo ein „von oben angesetztes" fakultatives Sachreferendum das Volk doch bloß vor eine Alternative stellte, *welche die politische Klasse ausgearbeitet hat*: für oder gegen die X-Reform, für oder gegen die Y-Politik, für oder gegen die Maßnahme Z. Ein Volk, das anstelle der hier vorgeschlagenen plebiszitären Instrumente auf Politikerinitiative zurückgehende fakultative Sachreferenden erhielte, machte also ein wirklich schlechtes Geschäft.

Ganz überflüssig und außerdem politisch sehr nachteilig sind im Übrigen *„konsultative Referenden"*, also solche sachunmittelbaren Abstimmungen, die von der politischen Klasse unter der Maßgabe angesetzt werden, sie würden ohnehin keine Bindewirkung entfalten.[22] Um die Präferenzen der Bevölkerung ausfindig zu machen, braucht es sie wirklich nicht; dies leisten demoskopische Umfragen viel genauer und billiger. Doch Regierende können konsultative Referenden benutzen, um der Opposition in aller Öffentlichkeit ihre Machtlosigkeit zu demonstrieren und anschließend auf die Sogkraft der Mehrheitsposition und Mehrheitspartei zu hoffen. Sie können auch mit einer willkürlich entfachten Referendumskampagne von anderen politischen Themen oder ihnen lästigen Problemen ablenken. Und in der Hand von Regierenden können konsultative Referenden ebenfalls der Entlastung von unangenehmen Gestaltungsaufgaben dienen: Stimmt das Volk nicht schon vorab bestimmten Reformhärten zu, dann muss man sich auch nicht in das Risiko eines Konflikts mit dem Volk begeben – und wird obendrein nicht für Tatenlosigkeit gescholten, sondern ob vorbildlicher demokratischer Haltung gelobt.

---

22 An die Grenze zur politischen Perversion führte es, wenn man ein konsultatives Referendum ansetzte, zugleich aber ankündigte, man werde dessen Ergebnis als verbindlich behandeln. Derlei setzte nämlich einen Prozess der Informalisierung des Politischen in Gang, an dessen Ende die Akzeptanz ganz willkürlichen Umgangs mit politischen Spielregeln stünde.

VI. Was darf man von sinnvollen plebiszitären Instrumenten erwarten – und was nicht?

Die vorgeschlagenen plebiszitären Instrumente würden die repräsentative Demokratie nicht schädigen, sondern *verbessern*. Sie garantieren gleichwohl weder gutes Regieren noch die rasche Lösung selbst dringlicher politischer Probleme. Im Gegenteil erhöhen sie mancherlei politische Transaktionskosten, weil sie die Macht der inner- und außerparlamentarischen Opposition stärken und somit das Regieren schwerer machen. Vor allem dürften sie sich oft entschleunigend auswirken: Reformen akzeptiert man plebiszitär erst dann, wenn es wirklich keine mehrheitsfähigen Argumente gegen sie mehr gibt. Doch solche Entschleunigungswirkungen mögen in einer ohnehin schnelllebigen und zum politischen Aktionismus verleitenden Zeit sogar wünschenswert sein, zumal ihre Anwendung ja nicht der Standardmodus politischer Entscheidungsfindung wäre, sondern deren – durch eine gewisse Häufigkeit aber ganz undramatischer – Ausnahmefall. Ohnehin muss man sich ob einer „Übernutzung“ plebiszitärer Instrumente wohl keine Sorgen machen: Sie alle verlangen nach einem großen Einsatz an Zeit, Energie und Geld, was in der Regel erst dann zu ihnen greifen lässt, wenn hinter ihnen ein echtes und darum ernstzunehmendes Anliegen steht. Und weil mit einer plebiszitären Niederlage meist auch Einbußen an Ansehen und Macht verbunden sind, werden gerade erfolgsorientierte Initiatoren ihr Risiko vorab achtsam abschätzen.

Schon gar nicht sind plebiszitäre Instrumente geeignet, die Macht politischer Parteien zu beschneiden. Für einen solchen Wunsch gibt es auch keinen wirklich guten Grund. Ohne Parteien lassen sich nämlich weder freie Wahlen durchführen noch machtvolle Parlamente betreiben. Deshalb wird es ganz in Ordnung sein, wenn sich – wie zu erwarten ist – gerade auch die Parteien an die Nutzung plebiszitärer Instrumente machen. Doch sie werden dabei leichter Konkurrenz bekommen, und zwar nicht nur – wie bislang in der politischen Willensbildung und Entscheidungsfindung – durch ihnen an demokratischer Legitimität weit unterlegene Interessengruppen und Massenmedien, sondern vielmehr durch jeweils rivalisierende Parteien.

Gewiss ist nach Einführung nutzbarer plebiszitärer Instrumente die Entstehung einer Art „Referendumsindustrie“ sowie einer Gruppe von professionellen „Referendumsinitiatoren“ zu erwarten. Das gilt zumal für Mediendemokratien, deren Funktionslogik rasch auch plebiszitäre Prozesse prägen wird. Doch da es längst schon Berufspolitiker gibt, stellte dergleichen nur eine Art Waffengleichheit zwischen der politischen Klasse und den sich nur fallweise ins politische Gewerbe begebenden Bürgergruppen her. Natürlich werden diese, ins Magnetfeld praktischer Politik und Medienlogik geraten, rasch ihren vielleicht anfangs durchaus noch gegebenen „basisdemokratischen“ und „amateurhaften“ Charakter verlieren. Stattdessen dürfte eine Art „plebiszitäres Landsknechtwesen“ entstehen, das sich seine Auftraggeber sucht. In der solches Treiben alsbald begleitenden Protestfolklore wird es außerdem manch unschöne Verquickungen persönlicher Eitelkeit, hintergründigen Erwerbsstrebens und bloß funktionalisierter politischer Inhalte geben. Doch das alles ist auch im Bereich professioneller Politik seit jeher der Fall. Also wird dergleichen für ein Problem nur jener halten, der mit plebiszitären Instrumenten die Welt realer Politik zu *überwinden* hofft.

Weil sich das aber ganz gewiss verwirklichen lässt, muss man auf die Finanzierungspraktiken von Gruppierungen, die sich dem Einsatz plebiszitärer Instrumente verschreiben, ebenso scharf wie bei den politischen Parteien achten. Das gilt umso mehr, als gerade der punktuelle Charakter plebiszitärer Kampagnen organisierte Interessen und ihnen nahestehende Kapitalgeber anziehen wird. Nicht nur die Bürgerschaft, sondern auch organisations- und konfliktfähige Lobbygruppen werden also von einem Ausbau plebiszitärer Instrumente profitieren. Gegen deren verhohlene Vermachtung, ja auch Vermarktung demokratischer Willensbildung und Entscheidungsfindung im Wege des Plebiszits muss man deshalb wirkungsvolle gesetzliche Regelungen vorsehen. Man darf sich aber auch nicht wundern, wenn diese Regeln im Einzelfall ebenso kunstvoll umgangen werden, wie das Parteien bei ihrer eigenen Finanzierung immer schon tun. Gerade hier sind kritische Massenmedien gefragt, die sich dann allerdings nicht länger anwaltschaftlich in den Dienst einzelner Initiatorengruppen stellen dürften, sondern – wie bei Wahlkämpfen – gerade auch deren Hintergründe und Niederungen auszuleuchten hätten.

Viel wichtiger als die zu erwartenden unschönen Begleiterscheinungen plebiszitärer Instrumente ist aber, dass nach deren Einführung Behauptungen leicht überprüfbar würden, hinter lautstarkem Bürgerprotest stünde auch eine Mehrheit der Bürger. Ganz gleich welches der vorgeschlagenen plebiszitären Instrumente man auch nutzt: Am Ende ist immer klar, wie viele Bürger sich für welche Position wirklich mobilisieren ließen, und wie die realen, also in einer Demokratie dann auch zu akzeptierenden, Mehrheitsverhältnisse wirklich sind. Gewöhnen sich nach einiger Zeit das Volk und die – jetzt schon unübersehbare „Protestindustrie" – daran, Niederlagen bei Volksabstimmungen ebenso zu akzeptieren wie Niederlagen bei Wahlen, dann dürften zumal plebiszitäre Instrumente jene befriedende – und dann auch: die *Umsetzung* von Entscheidungen *beschleunigende* – Kraft entfalten, die man derzeit angesichts zunehmender Bürgerproteste weithin vermisst. Immerhin kann sich eine plebiszitär unterlegene Gruppe nicht mehr plausibel darauf berufen, für die Interessen der Mehrheit oder gar „für mehr Demokratie" zu kämpfen. Das aber sollte, eine wirklich demokratisch gesinnte Bürgerschaft vorausgesetzt, ihren Zulauf stoppen und die Quellen ihrer Ressourcen versiegen lassen. Tatsächlich ist, und ganz anders als oft befürchtet, beim Einsatz der empfohlenen plebiszitären Instrument gerade keine „Herrschaft der Minderheit über die Mehrheit" zu befürchten, denn beim Volksentscheid gewinnt immer die *artikulationswillige Mehrheit* der Abstimmenden. Nur muss sich schon die Mühe eigener politischer Beteiligung machen, wer sich durchsetzen will. Tatsächlich wird auch bei Wahlen mit einer Wahlbeteiligung unter 50 Prozent nicht die durch Wahlabstinenz „schweigende Mehrheit“ hofiert, sondern wird ganz entschieden die Behauptung zurückgewiesen, eine auf zwar die Mehrheit der Parlamentssitze gegründete, doch nur von einer Minderheit der Wahlberechtigten getragene Regierung erfülle den Tatbestand einer „Minderheitsherrschaft“.

Noch folgenreicher und willkommener mag sein, dass die vorgeschlagenen plebiszitären Instrumente – einmal eingeführt – es weniger wahrscheinlich machen, dass sich pluralistische Konflikte zwischen politischen Lagern, die unvereinbare Ziele anstreben, weiterhin wie Konflikte zwischen der regierenden Mehrheit als „dem Staat“ und dem „(vergeblich) protestierenden Volk“ ausprägen. Nichts untergräbt nämlich die demokratische Legitimität unseres Gemeinwesens mehr als diese teils inszenierte, teile realisierte Frontstellung. Bislang jedenfalls neigt bei weltanschaulich stark aufgeladenen Konflikten – früher: für oder gegen Atomwaffen, heute: für oder gegen eine multikulturelle Gesellschaft in Deutschland – die bei Wahlen oder im Gesetzgebungsverfahren unterlegene Minderheit dazu, nach Ausschöpfung ihrer verfassungs- und verwaltungsgerichtlichen Möglichkeiten gerade unter dem Feldzeichen der Demokratie mit öffentlichen Protesten und zivilem Ungehorsam gegen jene Mehrheit vorzugehen, welche nun einmal den Staat regiert und dessen Zwangsmittel einsetzen kann. Doch der Glaube an die bislang immer recht erfolgreich beanspruchte demokratische Legitimität vor allem zivilen Ungehorsams dürfte rasch schwinden, wenn statt eines Konflikts zwischen „Staat“ und „außerparlamentarischer Opposition“ einfach einer zwischen plebiszitär konkurrierenden Gruppen ausgetragen wird, bei dem es faktisch nebensächlich ist, welche dieser Gruppen gerade (mit-)regiert. Im Anschluss an einen plebiszitären Sieg der vormaligen Minderheit gibt es für diese nämlich keine Notwendigkeit mehr für Protest und zivilen Ungehorsam, während umgekehrt im Anschluss an eine plebiszitäre Niederlage das legitimatorische Argument der nun offensichtlich gewordenen Minderheit entfällt, man vertrete doch die Interessen der bislang sprachlos gehaltenen Mehrheit. Und obendrein entfalten plebiszitäre Instrumente ihren bestmöglichen Nutzen für die repräsentative Demokratie gerade dann, wenn sie allein schon durch ihre Existenz solche Vorauswirkungen entfalten, welche selbst eine anscheinen „indirekte“ Demokratie dann doch ziemlich „direkt“ machen.

Literatur

Buchstein, Hubertus, 2012: Wählen, Losen und politische Gerechtigkeit – Plädoyer für einen ‚demokratisch-deliberativen pouvoir neutre', in: Zeitschrift für Politikwissenschaft 22, S. 384–403

Decker, Frank, 2016: Der Irrweg der Volksgesetzgebung. Eine Streitschrift, Bonn

Dienel, Peter C., 2002: Die Planungszelle. Der Bürger als Chance, 5. Aufl.

Deutsch, Karl W., 1969: Politische Kybernetik. Modelle und Perspektiven, Freiburg

Fraenkel, Ernst, 1979: Die repräsentative und die plebiszitäre Komponente im demokratischen Verfassungsstaat, in: ders., Deutschland und die westlichen Demokratien, 7. Aufl., Stuttgart, S. 113–151

Gilardi, Fabrizio/*Braun*, Dietmar, 2002: Delegation aus der Sicht der Prinzipal-Agent-Theorie, in: Politische Vierteljahresschrift 43, S. 147–161

Jun, Uwe, 2011: Die Repräsentationslücke der Volksparteien. Erklärungsverluste für den Bedeutungsverlust und Gegenmaßnahmen, in: Markus Linden, Hrsg., Krise und Reform politischer Repräsentation, Baden-Baden, S. 95–123

Linz, Juan, 1994: The failure of presidential democracy, Baltimore u.a.

Luhmann, Niklas, 2001: Legitimation durch Verfahren, 6. Aufl., Frankfurt

Oberreuter, Heinrich, 1984: Legitimation durch Kommunikation, in: Falter, Jürgen W. u.a., Hrsg.: Politische Willensbildung und Interessenvermittlung, S. 238–253.

Patzelt, Werner J., 2006: Warum regieren Politiker gegen die Bürger?, in: Rupert Riedl/Ernst Gehmacher/Wolfgang Hingst (Hrsg.): Regieren gegen den Bürger?, S. 273–302

– 2013: Einführung in die Politikwissenschaft. Grundriß des Faches und studiumbegleitende Orientierung, 7. Aufl., Passau

– 2017: Der 18. Deutsche Bundestag und die Repräsentationslücke. Eine kritische Bilanz, in: Zeitschrift für Staats- und Europawissenschaften 14, S. 245–285

– 2018: Drei Wege zu einer besseren repräsentativen Demokratie in Deutschland: gesetzesaufhebende Referenden, Elternwahlrecht, Vorwahlen für Parlamentsmandate, in: Mannewitz, Tom, Hrsg., 2018: Die Demokratie und ihre Defekte. Analysen und Reformvorschläge, Wiesbaden, S. 195–226

Pitkin, Hanna F., 1967: The concept of representation, Berkeley/Los Angeles

Schüttemeyer, Suzanne S., 2007: Funktionserfüllung im Fraktionenparlament, in: Informationen zur politischen Bildung 295, S. 40–57

Steffani, Winfried, 1981: Zur Vereinbarkeit von freiem Mandat und Fraktionsdisziplin, in: Zeitschrift für Parlamentsfragen 12, S. 109–122

Direkte Demokratie – aber wie und wofür?

Frank Decker

I. Direkte Demokratie: vom linken zum rechten Thema?

Von den sieben Parteien, die im 2017 gewählten Bundestag vertreten sind, haben sich in ihren Wahlprogrammen bis auf eine – die CDU – alle dafür ausgesprochen, Volksabstimmungen auch auf der Bundesebene einzuführen. Mit besonderem Eifer wurde die Forderung im Wahlkampf freilich nicht verfolgt. Selbst bei der AfD, die sich mit dem Ziel, das „Schweizer Modell" der direkten Demokratie für die Bundesrepublik zu übernehmen, inzwischen an die Spitze der Plebiszitbefürworter gesetzt hat, spielte das Thema nur eine nachgeordnete Rolle. Ähnliches gilt für die CSU, die sich in ihrem „Bayernplan" erstmals für die Möglichkeit von Volksbegehren (bei Verfassungsänderungen) auf Bundesebene ausgesprochen hat, nachdem sie zuvor bereits für obligatorische Referenden „bei nicht zu revidierenden Weichenstellungen und für europäische Fragen von besonderer Tragweite" eingetreten war. Dennoch belegen die Positionen eine bemerkenswerte Entwicklung. Die Forderung nach mehr direkter Demokratie, früher ein eher linkes Thema, wird zunehmend zu einem Thema der politischen Rechten. Das gilt nicht nur für das „Ob", sondern auch für das „Wie". Denn mit ihrer Präferenz für die „von unten", also den Bürgern selbst ausgelöste „Volksgesetzgebung" machen sich die rechten Parteien heute dasselbe Modell der direkten Demokratie zu eigen, das in Deutschland bisher vor allem von SPD, Grünen und Linken propagiert wurde und die direktdemokratische Verfassungsgebung fast ausnahmslos bestimmt hat. Dass die linken Parteien dadurch in Argumentationsnöte kommen, liegt auf der Hand.

Für den Rechtspopulismus ergibt sich die Forderung nach mehr direkter Demokratie folgerichtig aus der Kritik des gesellschaftlichen und politischen Establishments, die sein eigentliches Wesensmerkmal darstellt – gepaart mit der letztlich anmaßenden Behauptung, man selbst würde den „wahren" Willen des Volkes vertreten.[1] Das politische Establishment wird in den repräsentativen Institutionen verortet oder ganz mit ihnen gleichgesetzt, wobei die Parteien die Hauptzielscheibe abgeben. Weil diese und die von ihnen kontrollierten Parlamente dazu

---

[1] Vgl. *Jan-Werner Müller*, Was ist Populismus? Ein Essay, Berlin 2016, S. 42 ff.

neigten, sich von den Meinungen und Interessen des Volkes zu entfernen, müsse das Volk seine Geschicke notfalls selbst in die Hand nehmen können. Allerdings wäre es falsch, das Eintreten für die direkte Demokratie mit der populistischen Demokratieauffassung gleichzusetzen. Bei den heutigen rechts- und linkspopulistischen Herausfordererparteien entspringt es in erster Linie ihrer Rolle einer Fundamentalopposition. Weil und solange sie selbst im repräsentativen System in der Minderheit sind, gilt ihre Vorliebe deshalb den von unten ausgehenden Verfahren, die bei Bedarf gegen die Regierenden, mithin zu Oppositionszwecken eingesetzt werden können. Ganz anders verhält es sich, wenn die Populisten selbst die Mehrheit erlangen. Dann entwickeln sich plötzlich eine Präferenz für von oben ausgelöste Referenden[2], die ihrer Herrschaft akklamieren und die Opposition dauerhaft in die Minderheitenrolle drängen sollen. Gleichzeitig werden die oppositionell einsetzbaren Initiativrechte beschnitten. Ungarn unter Viktor Orbán gibt davon ein beredtes Beispiel.

Die wachsende Skepsis der linken Parteien gegenüber der direkten Demokratie muss vor diesem Hintergrund gesehen werden. Bestärkt wird sie durch die konkreten Erfahrungen aus den deutschen Ländern, wo es die Volksgesetzgebung seit 1996 flächendeckend gibt. So geriet etwa der Volksentscheid über die Schulreform 2010 in Hamburg ausgerechnet für die Grünen zu einer herben Niederlage, die sich zuvor unter allen Parteien am entschiedensten für die Volksrechte eingesetzt hatten. Mit zunehmenden Gebrauch der direktdemokratischen Verfahren stellten deren linke Befürworter irritiert fest, dass diese offensichtlich nicht nur progressive Anliegen befördern. Bestätigt wurden sie darin durch Beispiele aus dem Ausland, wo die Bürger in nationalen Referenden mehrfach EU-Verträge zu Fall gebracht (so in Dänemark, Frankreich, Irland, den Niederlanden und Großbritannien) oder eine Verschärfung der Einwanderungspolitik durchgesetzt haben (Schweiz).

Die Koalitionsverhandlungen nach der Bundestagswahl 2017 spiegeln die veränderten Interessenlagen wider. So wurde die bereits sehr zurückhaltend formulierte Passage im Sondierungspapier der Jamaika-Parteien, wonach man „die parlamentarisch-repräsentative Demokratie durch weitere Elemente der Bürgerbeteiligung und direkten Demokratie ergänzen“ wolle – ergänzt um den Zusatz, die „Rechte von Minderheiten und Grundrechte stehen dabei nicht zur Disposition“ – von der CDU streitig gestellt. Betrieben wurde das Anliegen vor allem von der CSU, während sich die die Grünen und die FDP bestenfalls indifferent verhielten. In einer möglichen Koalitionsvereinbarung wäre das Thema vermutlich ähnlich gehandhabt worden wie von der – nach dem Scheitern von Jamaika – neu aufgelegten Großen Koalition, die sich in ihrem Koalitionsvertrag darauf verständigt hat, Vorschläge für eine plebiszitäre Ergänzung des Grundgesetzes von

[2] In der Literatur werden diese in der Regel als „Plebiszite“ bezeichnet.

einer Expertenkommission erarbeiten zu lassen. Bewegt hat sich dabei vor allem die CDU, die vier Jahre zuvor eine von SPD und CSU erzielte Übereinkunft für die Einführung der Plebiszite[3] noch mit ihrem Veto blockiert hatte. Nach dieser Übereinkunft wären ein „volksbegehrtes" Referendum gegen bereits beschlossene Gesetze (Wunsch der SPD) und die Möglichkeit einer Volksbefragung zu wichtigen europapolitischen Fragen (Wunsch der CSU) in das Grundgesetz eingeführt worden.

II. Die Präferenz für die direkte Demokratie „von unten"

Fragt man die Bürger selbst, ob sie mehr unmittelbare Beteiligungsrechte wünschen, ist die Zustimmung überwältigend; in der Regel liegt sie bei um die 80 Prozent.[4] Dies spiegelt sich zwar nur zum Teil in der Nutzung der Verfahren wider, die bis heute in den Ländern und Kommunen der Bundesrepublik sehr unterschiedlich ausfällt. Die Gründe für den zurückhaltenden Gebrauch sind jedoch nachvollziehbar und stehen zur hohen Wertschätzung der direkten Demokratie nicht unbedingt in Widerspruch. Sie liegen in den vom Verfassungsgeber aufgebauten Verfahrenshindernissen, die die Anwendbarkeit der Verfahren und deren Erfolgschancen beeinträchtigen, sowie in den individuellen Verhaltenskalkülen der Bürger. Diesen scheint es vor allem darauf anzukommen, dass sie die Möglichkeit haben, die Verfahren zu nutzen.[5] Ob sie sie nutzen, hängt davon ab, wie sehr sie sich von der zu entscheidenden Frage betroffen fühlen oder an ihr interessiert sind.

Wie lässt sich die hohe Wertschätzung der direkten Demokratie erklären? Drei Gründe erscheinen maßgeblich. Der erste und wichtigste Grund liegt in der Legitimationskrise der Parteiendemokratie, die durch rückläufige Wahlbeteiligungen, häufigere Abwahl von Regierungen und wachsende Stimmenanteile für Außenseiterparteien belegt wird. Die Unzufriedenheit mit den bestehenden repräsentativen Institutionen und der Ruf nach mehr direkter Demokratie stellen Seiten derselben Medaille dar. Dass der Ausbau und die verstärkte Nutzung der Verfahren in der Bundesrepublik ihren Ausgang in den achtziger Jahren nahmen, als die Rede von der Parteien- und Politikerverdrossenheit die Runde machte, war kein Zufall. Heute wird die direkte Demokratie gerade von den Rechtspopulisten als Mittel propagiert, um die Repräsentationsschwächen des vorhandenen Systems

---

3 „Union und SPD wollen bundesweite Volksabstimmungen", Süddeutsche Zeitung vom 11. November 2013.

4 Vgl. *Frank Decker/Marcel Lewandowsky/Marcel Solar*, Demokratie ohne Wähler? Neue Herausforderungen der politischen Partizipation, Bonn 2013, S. 50 ff.

5 Vgl. *Alois Stutzer/Bruno S. Frey*, Stärkere Volksrechte – zufriedenere Bürger: eine mikroökonomische Untersuchung für die Schweiz, in: Swiss Political Science Review 6 (2000) H. 3, S. 1–30.

auszugleichen.[6] Das Attribut „direkt“ soll dabei zugleich suggerieren, dass es sich um eine höherwertige, ja die eigentliche Form der Demokratie handelt.

Die anderen beiden Gründe werden verständlich, wenn man die direkte Demokratie mit sonstigen Formen und der politischen Partizipation vergleicht. Gegenüber den sogenannten deliberativen Verfahren (Bürgerhaushalte, Planungszellen etc.), aber auch gegenüber allen nicht-verfassten Beteiligungsformen (Bürgerinitiativen, Demonstrationen etc.) genießen die direktdemokratischen Verfahren aus der Sicht der Bürger den Vorzug, dass mit ihnen nicht nur Einfluss auf politische Entscheidungen genommen werden kann, sondern sie selbst diese Entscheidungen unmittelbar und verbindlich herbeiführen. Und mit den Wahlen (als der nach wie vor weitest verbreiteten Partizipationsform) verbindet sie, dass es sich um ein niedrigschwelliges, relativ einfach zu nutzendes Instrument handelt.

Die Gründe zwei und drei beziehen sich allerdings nur auf den Volksentscheid (oder die Volksabstimmung) im engeren Sinne, der am Ende eines direktdemokratischen Verfahrens steht. Für die Einordnung und Bewertung der direktdemokratischen Verfahren kommt es vor allem darauf an, wer den Entscheid auslöst: die Verfassung (*obligatorisches Referendum*), die Regierungsorgane, das heißt Regierung und/oder das Parlament (*einfaches Referendum*), oder die Bürger selbst. Im letztgenannten Fall ist zusätzlich noch danach zu unterscheiden, ob über ein vom Parlament bereits beschlossenes Gesetz oder über eine Gesetzesvorlage aus dem Volk abgestimmt wird. Bei der ersten Variante, die in der Schweiz unter dem Begriff *fakultatives Referendum* geläufig ist, handelt es sich der Intention nach um eine „Vetoinitiative“, für die zweite Variante hat sich der in Deutschland übliche Begriff der „Volksgesetzgebung“ eingebürgert.[7]

Wenig spricht dafür, dass die deutschen Bürger in ihrer Wertschätzung für die direkte Demokratie zwischen diesen Varianten differenzieren. Das heißt: Anders als in der Schweiz gibt es keine empirischen Belege, dass ihre Präferenz besonders den von unten ausgelösten Verfahren gilt. Die direkte Demokratie ist für sie also mehr oder weniger gleichbedeutend mit dem Volksentscheid. Darin spiegelt sich auch der Charakter der den Volksentscheid auslösenden Initiativen wider, die eine ausgesprochen hochschwellige Form der politischen Partizipation darstellen und sich darin mit den oben erwähnten anderen Verfahren der Bürgerbeteiligung treffen. Wenn von „Volksgesetzgebung“ die Rede ist, sollte man deshalb in Erinnerung behalten, dass es zunächst immer politisch stark interessierte und häufig zugleich ressourcenstarke Minderheiten sind, die diese Initiativen betreiben.

Befragt man den politisch interessierten, aktiven und fachkundigen Teil des Volkes nach seiner Meinung zur direkten Demokratie, ergibt sich ein anderes

---

6 Vgl. *Frank Decker*, Der neue Rechtspopulismus, 2. Aufl., Opladen 2004, S. 225 ff.

7 Zur Typologie und systemischen Verortung der Verfahren vgl. *Frank Decker*, Der Irrweg der Volksgesetzgebung, Bonn 2016, S. 52 ff.

Bild. Hier genießen die von unten ausgelösten Verfahren nicht nur eine besondere Wertschätzung – sie gelten als die einzig wahre, authentische Form der direkten Demokratie. Dieser Ansicht liegt nicht unbedingt ein populistisches Demokratieverständnis zugrunde, wie man in Anschluss an das zuvor Gesagte vielleicht vermuten könnte. Vielmehr verweist sie auf die pfadabhängige Entwicklung der direktdemokratischen Verfassungsgebung in Deutschland, die sich schon Mitte des 19. Jahrhunderts ganz auf die Volksgesetzgebung kapriziert hatte. Dieser Pfad wurde seither nie mehr verlassen.[8] Die direkte Demokratie spielte zwar nach 1945 weder im Bund noch in den Ländern eine große Rolle. Als sich ab Ende der achtziger Jahre das Bedürfnis nach einer direktdemokratischen Belebung der Parteiendemokratie regte, griff man jedoch in den Ländern und Kommunen wie selbstverständlich auf das tradierte Instrument der Initiative zurück.

Die Befangenheit im Modell der Volksgesetzgebung wird von den Befürwortern und Gegnern der direkten Demokratie gleichermaßen geteilt. Auf der Befürworterseite erfährt sie dabei bisweilen eine befremdlich wirkende normative Überhöhung. Exemplarisch dafür ist die Position des Dresdner Politikwissenschaftlers Werner J. Patzelt, für den es in Welt der direkten Demokratie eine einfache Unterscheidung von „gut" und „schlecht" gibt. Schlecht seien alle direktdemokratischen Instrumente, „die Politikern weitere Machtmöglichkeiten erschließen, ja von ihnen sogar manipulativ eingesetzt werden können. Das wiederum sind sämtliche Volksabstimmungen, die … vom Staats- oder Regierungschef oder von Parlamentsmehrheiten [angesetzt werden können], ganz gleich, ob es sich um anschließend politikbindende Abstimmungen oder um konsultative Referenden handelt, die in der Sache nichts entscheiden."[9] Grundsätzlich gut seien dagegen jene Verfahren, „welche die Handlungsspielräume von Politikern *begrenzen* bzw. deren Nutzung in eine – wie bei den Wahlen – von der Bevölkerung anscheinend bevorzugte Richtung *lenken*. Das sind obligatorische Verfassungs- oder gar Gesetzesreferenden, ferner die bekannten Verfahren der Volksgesetzgebung, außerdem das viel weniger bekannte, doch ungleich wirkungsvollere Instrument des fakultativen gesetzesaufhebenden Referendums."[10]

Die vermeintliche Minderwertigkeit der „von oben", also von Regierung oder Parlament ausgelösten Referenden wird bei Patzelt damit begründet, dass sich die Regierenden so vor ihrer Entscheidungsverantwortung im repräsentativen System „drücken" würden; zudem sei das von oben angeordnete „Plebiszit" ein typi-

---

8 Vgl. *Yu-Fang Hsu*, Die Pfadabhängigkeit direkter Demokratie in Deutschland. Eine Untersuchung zu den ideen- und realgeschichtlichen Ursprüngen der Volksgesetzgebung, Baden-Baden 2014.

9 *Werner J. Patzelt*, Mehr direkte Bürgerbeteiligung – ein „Heilmittel" gegen Populismus und Extremismus?, in: Andreas A. Apelt/Dirk Reimers (Hg.), Repräsentative versus direkte Demokratie, Halle (Saale) 2018, S. 60.

10 Ebd., S. 61 (Hervorheb. Im Orig.).

sches Akklamationsinstrument diktatorischer Regime. Dass gerade der letztgenannte Hinweis im deutschen Kontext leicht verfängt, ist verständlich. Einerseits erinnert er an die Volksabstimmungen, die 1933, 1934 und 1938 im Dritten Reich von den Nationalsozialisten abgehalten wurden.[11] Andererseits sind akklamatorische Referenden in sogenannten „elektoralen“ Demokratien tatsächlich ein verbreitetes Instrument.[12] Ansonsten haben beide Argumente mit der Wirklichkeit wenig zu tun. Die Plebiszite sind nicht schon deshalb fragwürdig oder schlecht, weil sie von Diktatoren missbraucht werden. Nachdem die von oben ausgelösten Verfahren in den meisten etablierten Demokratien vorkommen, müsste man sich andernfalls um deren Stabilität sorgen. Ein nüchterner Blick zeigt ferner, dass die Regierenden in den demokratischen Ländern von den Referenden äußerst selten Gebrauch machen. Zur Anwendung gelangen sie – wenn überhaupt – nur in Konstellationen, in denen eine Regierungspartei oder -koalition in einer zentralen politischen Frage gespalten ist.[13] Das Referendum dient dann dazu, die Frage für beide Seiten gültig zu entscheiden. In dieser Funktion ähnelt es der Streitschlichtung durch ein Gerichtsurteil.[14] Dass die erhoffte befriedende Wirkung nicht immer eintritt, zeigt das Brexit-Referendum in Großbritannien, dessen Legitimität von der unterlegenen Seite offen angezweifelt wird. War es deshalb falsch, die Volksabstimmung anzusetzen? Im Bewusstsein der Plebiszitbefürworter wenig verankert ist auch, dass die beiden Volksentscheide mit der bisher höchsten Beteiligung in den deutschen Ländern[15] – die Abstimmung über Stuttgart 21 in Baden-Württemberg im November 2011 und die Abstimmung über die Olympia-Bewerbung in Hamburg im November 2015 – von oben ausgelöste Verfahren waren.

---

[11] Vgl. *Frank Omland*, Plebiszite in der Zustimmungsdiktatur – Die nationalsozialistischen Volksabstimmungen 1933, 1934 und 1938: Das Beispiel Schleswig-Holstein, in: Lars P. Feld u.a. (Hg.), Jahrbuch für direkte Demokratie 2009, Baden-Baden 2010, S. 131 – 159.

[12] Ein Beispiel ist die von der Fidesz-Regierung in Ungarn angesetzte Volksbefragung am 2. Oktober 2016 über die EU-Flüchtlingspolitik. Auch wenn die Abstimmung aufgrund der zu geringen Beteiligung formal ungültig war, belegt sie den Umbau des Landes zu einem quasidemokratischen autoritären System.

[13] Vgl. *Maija Setälä*, Referendums and Democratic Government. Normative Theory and the Analysis of Institutions, Basingstoke 1999, S. 93.

[14] Gerade dieses Prinzip spielt in der Bundesrepublik eine überragende Rolle. Denn hier ist an die Stelle des im Verfassungsstaat nicht vorgesehenen Souveräns sukzessive das Verfassungsgericht getreten, das durch seine letztverbindlichen Entscheidungen selber Regierungsgewalt ausübt und so das Demokratieprinzip des Artikels 20 – relativiert. Was man im einen Falle als Flucht der Regierenden vor der Verantwortung mit markigen Worten kritisiert (das Weiterreichen einer Entscheidung an das Volk), wird im anderen Fall (wenn eine Entscheidung an das Verfassungsgericht weitergereicht wird) nicht nur widerspruchlos hingenommen, sondern sogar begrüßt.

[15] Die zeitgleich mit einer regulären Wahl abgehaltenen Abstimmungen bleiben hier unberücksichtigt.

III. Die Systemwidrigkeit der von unten ausgelösten Verfahren in der parlamentarischen Demokratie

Bereits eine oberflächliche Betrachtung zeigt, dass die vermeintlich „schlechten", von oben ausgelösten plebiszitären Instrumente hinsichtlich ihrer Integrierbarkeit in das vorhandene repräsentativ-parlamentarische System wesentlich weniger Probleme aufwerfen als die „gute", von unten angestoßene Initiative. Dazu muss man sich nur die Funktionslogik der parlamentarischen Regierungsform etwas näher vergegenwärtigen. Im Unterschied zum gewaltentrennenden Präsidentialismus, wo Regierung und Parlament sich in ihrem gegenseitigen Bestand nichts anhaben können, handelt es sich bei dieser um ein System der Gewaltenfusion.[16] Die Regierung geht aus der Mehrheit des Parlaments hervor, die sie politisch trägt und mit ihr eine Einheit bildet. Zwischen regierender Mehrheit und Opposition besteht eine klar festgelegte Aufgabenteilung: Der Regierung gebührt das Monopol der politischen Initiative und Gestaltung, während die Opposition als parlamentarische Minderheit ganz auf ihre Kontroll- und Alternativfunktion zurückgeworfen bleibt, die sie mit dem Ziel wahrnimmt, die Regierung nach der kommenden Wahl abzulösen. Ein gleichzeitiges Initiativ- und Entscheidungsrecht des Volkes in der Gesetzgebung würde dieses Wechselspiel unterlaufen. Denn bemächtigt sich die parlamentarische Opposition dieses Instruments, könnte sie von der Regierungsmehrheit beschlossene oder geplante Gesetze über den Umweg einer Volksabstimmung schon im Vorfeld einer Wahl zu Fall zu bringen. Diese Möglichkeit besteht ganz unmittelbar bei der von Patzelt favorisierten „Vetoinitiative", die dem Volk das Recht gibt, innerhalb einer bestimmten Frist eine Abstimmung über ein parlamentarisch beschlossenes Gesetz zu verlangen. Sie wäre aber auch bei einer „positiven", von den Bürgern selbst formulierten und eingebrachten Initiative gegeben, wenn diese dazu dient, ein anstehendes Gesetzesvorhaben mit einem Gegenentwurf zu vereiteln. In beiden Fällen gerieten parlamentarischer Mehrheits- und Volkswille in Widerstreit.

Die Systemunverträglichkeit der von unten ausgehenden Verfahren wird durch zwei Beobachtungen gestützt. Erstens zeigt ein Vergleich der europäischen Demokratien, dass die Volksgesetzgebung im nationalen Rahmen kaum verbreitet ist. Nur einige mittelosteuropäische Länder (insbesondere Litauen, Ungarn, die Slowakei und Slowenien) haben sie nach 1989 in ihre Verfassungen eingeführt.[17]

---

16 Vgl. *Frank Decker,* Ist die Parlamentarismus-Präsidentialismus-Dichotomie überholt? Zugleich eine Replik auf Steffen Kailitz, in: Zeitschrift für Politikwissenschaft 19 (2009) H. 2, S. 169–203.

17 Vgl. *Benjamin Ewert*, Potentiale der direkten Demokratie in Litauen, Slowenien und Ungarn unter besonderer Berücksichtigung der politischen Kultur, Frankfurt a.M. 2007; *Stefan Vospernik*, Modelle der direkten Demokratie. Volksabstimmungen im Spannungsfeld von Mehrheits- und Konsensdemokratie – Ein Vergleich von 15 Mitgliedsstaaten der Europäischen Union, Baden-Baden 2014.

Dies geschah nach dem von unten herbeigezwungenen Systemwechsel aus einem gewissen demokratischen Überschwang heraus. Ein Teil der Länder konnte zudem an direktdemokratische Traditionen aus der Zwischenkriegszeit anknüpfen, die wiederum auf die Rezeption der Weimarer Reichsverfassung zurückgingen. In Westeuropa sind die von unten ausgelösten Verfahren dagegen bis heute nirgends vorhanden[18], nicht einmal in der Schweiz, wo die Bürger keine einfachen Gesetze, sondern nur Verfassungsänderungen begehren können und sich die direkte Demokratie ansonsten im Veto gegen bereits beschlossene Gesetze konzentriert. Ein „abrogatives Referendum“, mit dem bestehende Gesetze nachträglich aufgehoben werden können, kennt außerhalb der Schweiz allein Italien.[19]

Zum anderen sind die Verfahren in der Regel so restriktiv ausgestaltet, dass die befürchteten Kollisionen zwischen parlamentarischem und Volksgesetzgeber ausbleiben oder keine größeren Schäden verursachen.[20] Begrenzt wird die Anwendbarkeit und Erfolgswahrscheinlichkeit unter anderem durch weitreichende Themenausschlüsse, insbesondere die sogenannte „Finanztrias“[21], hohe Quoren, die Möglichkeit der parlamentarischen Konterlegislatur sowie sonstige, nur scheinbar nebensächliche Regelungen.[22] Die Verfassungsgeber sind sich also des im Volksgesetzgebungsmodell angelegten „systemischen“ Konflikts durchaus

---

18 In einigen Ländern gibt es hier mittlerweile etwas Bewegung. So hat z. B. Frankreich das von oben ausgelöste Referendum im Zuge einer Verfassungsreform 2008 für unverbindliche Initiativen zaghaft geöffnet. In den Niederlanden wurde 2015 eine unverbindliche Vetoinitiative (*raadgevend correctief referendum*) eingeführt und bei der Abstimmung über das EU-Assoziierungsabkommen mit der Ukraine im Jahr darauf erfolgreich zum Einsatz gebracht. In Österreich möchte die 2017 ins Amt gekommene Regierung aus ÖVP und FPÖ verbindliche Volksinitiativen nach einer Übergangsphase ab 2022 ermöglichen.

19 Vgl. *Theo Schiller*, Direkte Demokratie. Eine Einführung, Frankfurt a.M./New York 2002, S. 131 ff.

20 Auf der nationalen Ebene bildet allenfalls Slowenien eine Ausnahme; hier haben die vergleichsweise leicht einsetzbaren Volksrechte dazu geführt, dass das System begonnen hat, sich in Richtung einer Konsensdemokratie zu transformieren. Vgl. *St. Vospernik* (Anm. 17), S. 389 ff. Diese Entwicklung scheint jetzt allerdings gestoppt, denn 2013 wurden das für den Konsenseffekt hauptsächlich verantwortliche minoritäre Referendum (das von einer Minderheit des Parlamentsausgelöst werden kann) abgeschafft und das fakultative Referendum durch Themenausschlüsse und die Einführung eines 20-prozentigen Zustimmungsquorums kräftig beschnitten.

21 Die in allen Landesverfassungen nahezu wortgleich übernommene Bestimmung, wonach über Steuern, Besoldungsregelungen und das Haushaltsgesetz kein von unten ausgelöster Volksentscheid stattfinden kann, war in ähnlicher Form bereits in der Weimarer Reichsverfassung enthalten. Ihr brisantester Teil ist der Haushaltsvorbehalt, der – zumindest potenziell – alle Gesetze in den Ausschluss einbezieht, die finanzielle Auswirkungen haben.

22 Von besonderer Relevanz sind hier zum Beispiel die Modalitäten der Unterschriftensammlung beim Volksbegehren (frei oder Amtseintragung) oder die Frage, ob ein Volksentscheid zeitgleich mit einer regulären Wahl stattfinden kann/muss.

bewusst. Wären die Instrumente ähnlich leicht anwendbar und ihre Erfolgschancen so groß wie in der Schweiz, würde sich das auf dem Gegenüber von regierender Mehrheit und Opposition basierende Wettbewerbsmodell des parlamentarischen Systems über kurz oder lang in ein Konsens- oder Konkordanzsystem verwandeln. Denn wenn eine Regierung jederzeit damit rechnen muss, dass das Volk gegen ihre Gesetzesvorhaben das „Referendum ergreift", setzt sie natürlich alles daran, durch eine vorsorgliche Berücksichtigung möglicher Interessenwiderstände genau dies zu verhindern. In der Schweiz haben die schon bald nach der Bundesstaatsgründung eingeführten Volksrechte dazu geführt, dass Zug um Zug alle wichtigen Parteien des Landes förmlich in die Regierung integriert wurden.[23] Wo das Volk selbst das Oppositionsrecht ausübt, wird die parlamentarische Opposition mit anderen Worten entbehrlich.

Im Umkehrschluss heißt das, dass die Vereinbarkeit des parlamentarischen Regierungssystems mit der Initiative nur gesichert werden kann, wenn man der letzteren enge Grenzen auferlegt. *Tertium non datur*: Man muss sich zwischen einer der beiden Welten entscheiden. Eröffnet man den von unten ausgelösten Verfahren einen breiten Spielraum, müsste man die Umgestaltung des politischen Systems in Richtung einer Konsensdemokratie wollen oder zumindest in Kauf nehmen. Erwartet man sich von ihnen dagegen lediglich punktuelle Korrekturen innerhalb des bestehenden Wettbewerbssystems, darf man bei der Öffnung nicht zu weit gehen. Das Dilemma der direktdemokratischen Verfassungsgebung in der Bundesrepublik liegt darin, dass weder der eine noch der andere Weg überzeugend beschritten werden kann. Im Unterschied zur Schweiz, wo das fakultative Referendum bereits seit 1874 besteht, ist das Alternierungsprinzip des parlamentarischen Systems hierzulande so fest verankert, dass der Wandel hin zu einem Konkordanzmodell utopisch erscheint. Auch in den Ländern und Kommunen wäre ein solcher Wandel nur möglich, wenn die unitarisierenden Tendenzen des Parteienwettbewerbs eingedämmt würden; dazu müsste man die direktdemokratischen Verfahren gleichzeitig auf der Bundesebene einführen. Auf der anderen Seite birgt eine lediglich punktuelle Ergänzung des Wettbewerbssystems durch plebiszitäre Verfahren das Problem, dass sie das Versprechen der Volksgesetzgebung nicht wirklich einlösen kann. Aus normativer Sicht ist es deshalb folgerichtig, wenn die Befürworter der direkten Demokratie diesen Widerspruch zwischen Theorie und Praxis durch eine erleichterte Anwendbarkeit der Verfahren beseitigen bzw. abmildern möchten. Man könnte aus dem Dilemma aber auch genau die gegenteilige Schlussfolgerung ziehen, nämlich ein Versprechen, dass nicht oder nur zu einem hohen Preis erfüllbar ist, gar nicht erst abzugeben. Die Verfassungsgebungsprozesse in den Ländern und die Diskussion über den „Volksentscheid auf Bundesebene" bewegen sich exakt in diesem Spannungsverhältnis.

---

[23] Vgl. *Leonhard Neidhart*, Plebiszit und pluralitäre Demokratie. Eine Analyse der Wirkungen des schweizerischen Gesetzesreferendums, Bern 1970.

Die Kritik an der Volksgesetzgebung, die auch aus den konkreten Erfahrungen auf der Länderebene herrührt, hat deren Befürworter nicht unbeeindruckt gelassen. Schaut man sich die jüngeren Vorschläge für eine plebiszitäre Ergänzung des Grundgesetzes der SPD[24] und des Interessenvereins Mehr Demokratie[25] an, fällt vor allem die Erweiterung der Verfahrenspalette ins Auge: Einerseits sind die von oben ausgelösten Referenden kein Tabu mehr, andererseits tritt das fakultative Referendum als gleichberechtigtes oder sogar bevorzugtes Verfahren neben die „positive" Initiative. Wie lässt sich das erklären? Das Hauptmotiv liegt sicher darin, dass sowohl bei den von oben ausgelösten Verfahren als auch bei der Vetoinitiative die Vorlage nicht vom Volk ausgeht, sondern von Regierung und/oder Parlament, wovon man sich offenbar eine bessere repräsentative Qualität verspricht. Darüber hinaus dürfte aber auch – speziell bei der Vetoinitiative – die Erwartung eine Rolle spielen, dass von der direkten Demokratie nützliche Vorabwirkungen ausgehen. Wo das Volk das letzte Wort habe, sei die Politik gezwungen, ihre Vorhaben dem Wählerpublikum besser zu vermitteln und zu erklären – so lautet das auch von Patzelt nahegelegte Argument.[26] Übersehen wird dabei, dass das fakultativen Referendum wegen seines unmittelbaren Vetocharakters in noch stärkerem Widerspruch zur parlamentarischen Regierungsweise steht als die Volksgesetzgebung. Dies gilt zumal, wenn man sie von den thematischen Einschränkungen und hohen Quoren der Volksgesetzgebung befreit, wie es Patzelt vorzuschweben scheint – ansonsten würden sich die erhofften Vorabwirkungen ja wohl kaum einstellen.

Gegen die behauptete Unverträglichkeit der Initiative mit dem parlamentarischen System lässt sich einwenden, dass sie sich zu sehr an einem mehrheitsdemokratischen Ideal orientiert. Tatsächlich wird dieses Ideal aber, wie wir spätestens durch die Arbeiten von Arend Lijphart[27] wissen, in mannigfacher Weise durchbrochen. Erstens kann es auch in den parlamentarischen Systemen verfassungsbedingte Konstellationen geben, in denen die Regierungsorgane von unterschiedlichen Parteien beherrscht werden – etwa durch ein mit starken Rechten ausgestattetes Staatsoberhaupt oder eine an der Gesetzgebung mitwirkende Zweite Kammer. Zweitens realisieren die meisten parlamentarischen Systeme

---

24 Deutscher Bundestag, 17. Wahlperiode, Drucksache 17/13873.

25 Abrufbar unter: www.mehr-demokratie.de.

26 *W. Patzelt* (Anm. 8), S. 62 f. Patzelts Plädoyer für die „systemtranszendierende" Vetoinitiative ist insofern erstaunlich, als er in seinen früheren Arbeiten die Funktionslogik des parlamentarischen Systems stets vehement verteidigt und sogar zu einem Thema der politischen Bildung gemacht hat. Vgl. z. B. *Werner J. Patzelt*, Ein latenter Verfassungskonflikt? Die Deutschen und ihr parlamentarisches Regierungssystem, in: Politische Vierteljahresschrift 39 (1998) H. 4, S. 725–757.

27 *Arend Lijphart*, Patterns of Democracy. Government Forms and Performance in Thirty-Six Countries, New Haven/London 1999.

das Prinzip der alternierenden Regierung nur unvollständig. Einige weisen ein dominantes oder hegemoniales Parteiensystem auf[28], andere tendieren zu zentristischen oder Großen Koalitionen mit einer zahlenmäßig schwachen Opposition. Und drittens kann es auch in den Systemen mit funktionierendem Wettbewerb Bereiche geben, in denen die Parteien ein Kartell bilden und sich gegen unerwünschte Konkurrenz abschirmen. Gerade in den beiden zuletzt genannten Fällen erscheint der Wunsch nach institutionellen Korrektiven durchaus plausibel und die Frage berechtigt, ob und in welcher Form direktdemokratische Verfahren ein solches Korrektiv sein könnten.

IV. Geeignete direktdemokratische Verfahren auf Bundesebene

Wenn die These stimmt, dass die von unten ausgelösten Verfahren mit der Funktionsweise des parlamentarischen Systems kollidieren, ergeben sich daraus unterschiedliche verfassungspolitische Konsequenzen für die Länder und den Bund. In den Ländern, wo es die Verfahren schon gibt, kann es nicht darum gehen, sie wieder los zu werden oder in der Praxis „stillzulegen". Eine solche Lösung lässt sich nach den Regeln der Pfadabhängigkeit mit ziemlicher Sicherheit ausschließen. Nicht nur, dass die Abschaffung der Volksrechte als demokratischer Rückschritt empfunden würde, der gegen die Mehrheitsmeinung der Bevölkerung kaum durchsetzbar wäre. Auch die Restriktionen des Modells weisen entwicklungsgesetzlich eher in Richtung einer – das Modell bekräftigenden – Verfahrenserleichterung. Maßgeblich dafür sind unter anderem die durch den föderalen Wettbewerb erzeugten Lern- und Nachahmungseffekte, die starke Position des Interessenvereins „Mehr Demokratie", von dem heute fast alle direktdemokratischen Initiativen in eigener Sache ausgehen[29], und die zunehmende Plebiszitfreundlichkeit der Staatsrechtslehre, die sich mittelfristig auch in der Verfassungsrechtsprechung niederschlagen dürfte. Es ist also durchaus möglich, dass es in den Ländern zu einer weiteren Verbesserung der Anwendungsbedingungen kommt, durch die die bisherigen Schlusslichter der direkten Demokratie zu den Vorreitern aufschließen. Nur bei den letztgenannten dürfte das Potenzial für Verfahrenserleichterungen weitgehend ausgereizt sein. Wie das Hamburger Beispiel zeigt, besteht die Herausforderung hier in erster Linie darin, den ver-

---

[28] Auf der Länderebene gilt das z. B. für Bayern, wo die direktdemokratischen Verfahren die Schwäche der parlamentarischen Opposition zum Teil kompensieren und so ein Gegengewicht zur Alleinherrschaft der CSU bilden. Weil die plebiszitären Korrektive ungewollt dazu beitragen, das Hegemonialsystem zu stabilisieren, kann die CSU mit ihnen gut leben. Hier dürfte auch der Hauptgrund liegen, warum sie der Einführung direktdemokratischer Verfahren auf Bundesebene aufgeschlossener gegenübersteht als die CDU.

[29] Vgl. *Frank Decker/Florian Grotz*, More Direct Democracy via Direct Democracy? Different Paths of Institutional Innovations in the German Länder, ECPR Joint Sessions of Workshops, Sankt Gallen 2011.

fassungsrechtlichen Ist-Zustand zu konsolidieren und die Volksrechte vor einer Rückabwicklung durch den Gesetzgeber und die Verfassungsgerichte zu schützen.[30]

In den Ländern gibt es zur rechtlichen und politischen Fortentwicklung der direktdemokratischen Verfahren also keine Alternative. Das bedeutet, dass die Verfassungsgeber dem Spannungsverhältnis zwischen parlamentarischer und Volksgesetzgebung nicht ausweichen können – sie müssen versuchen, das Beste daraus zu machen.[31] Zyniker könnten einwenden, dass das Hin und Her um eine Öffnung oder Schließung der Verfahren, das im Modell der Volksgesetzgebung angelegt ist, in den Ländern keine großen Probleme verursache, weil deren Gesetzgebungszuständigkeiten föderalismusbedingt ohnehin sehr begrenzt seien. Gleichzeitig eröffne sich ihnen ein willkommenes verfassungs- und institutionenpolitisches Tätigkeitsfeld. Im Bund würde die Einführung der Volksgesetzgebung dagegen ungleich gravierendere Folgen nach sich ziehen. Zum einen stünden den Bürgern hier mehr und wichtigere Materien offen. Dies hätte vermutlich zur Folge, dass über die finanzwirksamen Gesetze hinaus weitere Ausschlussgegenstände benannt und auch die übrigen Verfahrensregeln restriktiver gehandhabt werden müssten, um die Funktionalität der Verfahren zu gewährleisten. Die Nichteinlösung des weitreichenden Demokratieversprechens in der Praxis würde damit auf der Bundesebene noch sehr viel stärker ins Bewusstsein treten und Bestrebungen der Plebiszitbefürworter auf den Plan rufen, die Anwendungsbedingungen der Volksgesetzgebung zu erleichtern.

Zum anderen stellt sich die Frage, wie die Länder im Rahmen eines Volksgesetzgebungsverfahrens sinnvoll beteiligt werden können – ein Problem, das auf der gliedstaatlichen Ebene entfällt. Das in sämtlichen Gesetzentwürfen übereinstimmend vorgeschlagene „Ländermehr" nach Schweizer Vorbild[32], das die Zustimmung des Bundesrates durch die Zustimmung der Landesvölker ersetzen

---

30 Mit dem Urteil des Hamburgischen Verfassungsgerichts vom Oktober 2016, das ein von „Mehr Demokratie" angestrengtes Volksbegehren für eine weitere Öffnung der Verfahren als größtenteils verfassungswidrig zurückwies, ist das Pendel in Hamburg – dem Land mit den bisher anwenderfreundlichsten Regelungen – inzwischen in Richtung einer restriktiveren Ausgestaltung umgeschwenkt. Vgl. HVerfG 2/2016. Für eine pointierte Kritik des Urteils, das „in allen wesentlichen Punkten methodische Standards der Verfassungsauslegung unterschreitet", vgl. *Thomas Groß*, Hat das Hamburgische Verfassungsgericht die Diktatur des Volkes verhindert?, in: Juristenzeitung 72 (2017), S. 349–355.

31 Welche Handlungsoptionen dabei bestehen, hat der Verfasser ausführlich an anderer Stelle behandelt. Vgl. *F. Decker* (Anm. 7), S. 119 ff.

32 Sowohl die Mehrheit des Bundesvolkes als auch die Mehrheit der Völker in den Kantonen müssen danach der Vorlage zustimmen („doppeltes Mehr"). Eine Übertragung dieses Modells auf die Bundesrepublik hätte den Vorteil, dass sie die unterschiedlichen Stimmengewichte der Länder im Bundesrat berücksichtigen könnte; die Mehrheit des Landesvolkes wäre dann gleichbedeutend mit der Abgabe der Bundesratsstimmen des Landes.

würde, bietet hier nur eine „Scheinlösung": Erstens greift es allein bei den zustimmungspflichtigen Gesetzen, von denen ein Großteil dem Volksgesetzgeber aufgrund der Verletzung des Finanztabus ohnehin versperrt wäre. Bei den zahlenmäßig überwiegenden Einspruchsgesetzen bliebe die Beteiligung der Länder auf die Möglichkeit einer Vorab-Stellungnahme des Bundesrates beschränkt, die dem heutigen „ersten Durchgang" entspricht. Zweitens hätten die Anrufung des Vermittlungsausschusses und das anschließende Vermittlungsverfahren keinen Bestand mehr, da diese nur durch gewählte oder delegierte Vertreter wahrgenommen werden können. Dabei zählen gerade sie zu den funktional unentbehrlichen Bestandteilen der föderativen Mitregierung. Und drittens übersieht die Ländermehr-Lösung die fundamentalen Unterschiede zwischen dem schweizerischen und deutschen Föderalismus. In der Schweiz verfügen die Kantone sowohl in der materiellen Gesetzgebung als auch bei der Umsetzung der Bundesgesetze über weitreichende eigene Befugnisse, die die Schutzfunktion einer föderativ konstituierten Zweiten Kammer bis zu einem gewissen Grade entbehrlich machen und die Wahrnehmung der Kantonsinteressen durch das Ständemehr als ausreichend erscheinen lassen. In der Bundesrepublik kommt man demgegenüber nicht umhin, den Ländern auch ein inhaltliches Mitgestaltungsrecht an den Bundesgesetzen einzuräumen, weil der Bund hier durch die Regelung der Verwaltungsverfahren, die Steuergesetzgebung und die Überwälzung von Finanzierungslasten unmittelbar in deren Domäne eingreift. Diese Aufgabe, die ein hohes Maß an Expertise voraussetzt, kann nicht ersatzweise von den „Landesvölkern" wahrgenommen werden.[33]

Vor dem Hintergrund dieser Schwierigkeiten kann die Empfehlung an den Verfassungsgeber daher nur lauten, auf die Einführung einer (positiven) Gesetzesinitiative in das Grundgesetz zu verzichten! Die von den Befürwortern der Plebiszite insinuierte Vorstellung, dass das scheinbar bewährte Modell der direkten Demokratie in Ländern und Kommunen auch für den Bund „gesetzt" sei und dort eingeführt werden müsse, ist falsch. So wie sich die Regierungssysteme des Bundes und der Länder in der Ausgestaltung der Legislative (bi- oder unikameral) und Exekutive (separates oder verbundenes Staatsoberhaupt) unterscheiden, so können sie es auch bei der direkten Demokratie tun. Das naheliegende Beispiel sind die USA, wo es in der Hälfte der Einzelstaaten zum Teil stark ausgebaute direktdemokratische Verfahren gibt, während sich die andere Hälfte und der Bund in plebiszitärer Enthaltsamkeit üben.

Der Verzicht auf die Volksgesetzgebung ist nicht gleichbedeutend mit dem Verzicht auf die direkte Demokratie. Wenn es Verfahren gibt, die sich mit der Funktionsweise des parlamentarischen Parteienbundesstaates „vertragen", sollte

---

33 Vgl. *Denise Estel*, Bundesstaatsprinzip und direkte Demokratie im Grundgesetz, Baden-Baden 2006.

man nüchtern prüfen, welchen Nutzen sie aus demokratischer Sicht haben könnten und ob dieser Nutzen ihre Einführung rechtfertigt.

Vergleichsweise problemlos integrierbar wäre z. B. ein obligatorisches Verfassungsreferendum. Weil dessen Auslösung automatisch erfolgt und die für Verfassungsänderungen vorgeschriebene doppelte Zweidrittelmehrheit in Bundestag und Bundesrat einen Kompromiss bereits auf der parlamentarischen Ebene erzwingt, würde dieses weder mit der gegnerschaftlichen Logik des Parteienwettbewerbs noch mit dem föderativen Prinzip kollidieren. Die Regierung müsste eine etwaige Niederlage nicht als gegen sich gerichtet betrachten. Um für eine möglichst hohe Legitimation zu sorgen, würde es sich anbieten, die Abstimmungen zeitgleich mit der Bundestagswahl stattfinden zu lassen. Ob für die Zustimmung eine nochmalige qualifizierte Mehrheit erforderlich ist oder – wie in Bayern und Hessen – nur die einfache Mehrheit, wäre zu klären.

Fraglich bleibt, ob ein obligatorisches Referendum für sämtliche Verfassungsänderungen angestrebt werden sollte. Diese betreffen in ihrer Mehrzahl organisations- oder kompetenzrechtliche Fragen, die zwar von erheblicher Tragweite sein können, in ihrer Komplexität aber für die meisten Wähler nur schwer durchschaubar sind. Deshalb erscheint eine Begrenzung auf die Kernbestandteile der Verfassung sinnvoll, worunter neben den Grundrechten (Artikel 1 bis 19) und staatsorganisatorischen Grundprinzipen (Artikel 20) auch die Abtretung von Souveränitätsrechten an die Europäische Union fallen (Artikel 23).[34] Die Gegenstände könnten nötigenfalls um weitere Elemente des Staatsaufbaus ergänzt werden, die eine hohe Legitimationswirkung erzeugen, etwa das Wahlrecht oder die direktdemokratischen Verfahren selbst.

Schwieriger gestaltet sich die Einführung eines von Regierung und/oder Parlament ausgelösten einfachen Referendums. Dieses könnte sich entweder auf ein im parlamentarischen Verfahren „durchgefallenes“ Gesetz beziehen (*Zustimmungsreferendum*) oder auf ein geplantes Gesetzesvorhaben (*Entscheidungsreferendum*). Im ersten Fall erhielte die Regierung das Recht, bei einem ablehnenden Gesetzesbeschluss des Bundestages oder Bundesrates diesen zur Abstimmung zu stellen. Stimmt die Mehrheit zu, würde der Volksentscheid das ablehnende Votum übertrumpfen und das Gesetz in Kraft treten. Lehnt sie ab, käme das einem Misstrauensvotum gleich, das die Regierung als Hebel nutzen könnte, um über eine Auflösung des Bundestages vorgezogene Neuwahlen herbeizuführen. Das Zustimmungsreferendum würde also helfen, Entscheidungsblockaden im

---

34 Welche Fragen souveränitätsrelevant sind, dürfte im einzelnen umstritten bleiben – linke Parteien würden wahrscheinlich eher an Handelsabkommen wie CETA oder TTIP denken, rechte Parteien an den Beitritt neuer Länder zur EU. Aus Sicht der europäischen Demokratie geht es auch um das grundsätzliche(re) Problem, ob über die Fragen ausschließlich von der EU entschieden werden kann oder es zusätzlich einer Ratifikation durch alle nationalen Mitgliedstaaten bedarf.

Verhältnis von Bundesregierung, Bundestag und Bundesrat zu überwinden.[35] Ob es in dieser Funktion einen großen Mehrwert hätte, bleibt jedoch fraglich. Die Zustimmung des Bundestages zu einer Gesetzesvorlage kann die Regierung ja bereits heute erzwingen, wenn sie diese mit der Vertrauensfrage nach Artikel 68 des Grundgesetzes verknüpft. Auch hier wären bei einer Ablehnung Neuwahlen die Folge. Und was den Bundesrat betrifft, hat der Wandel des Parteiensystems die Gefahr einer Blockadepolitik durch die jeweilige Opposition inzwischen spürbar reduziert.

Grundsätzlich positiv zu betrachten wäre dagegen die Einführung eines Entscheidungsreferendums. Der Regierung oder Parlamentsmehrheit würde damit die Möglichkeit gegeben, ein geplantes Gesetzesvorhaben oder einen anderen Gegenstand der politischen Willensbildung zur Abstimmung zu stellen. Um eine Umgehung des Bundesrates zu vermeiden, müsste dieser einem solchen Referendum zustimmen. Ob für die Auslösung eine einfache oder Zweidrittelmehrheit verlangt werden sollte, wäre zu klären. Letzteres würde bedeuten, dass das Instrument nur im Einvernehmen mit der Opposition bzw. eines Teils der Opposition eingesetzt werden kann. Auf der Länderebene ist diese Variante in Hamburg realisiert, für das Grundgesetz schlägt sie die SPD in ihrem 2013 eingebrachten Entwurf vor.[36] Angestrebt werden sollte nur ein verbindliches Referendum, keine unverbindliche Volksbefragung.

Von unten ausgelöste Verfahren wie die Volksinitiative oder ein fakultatives Gesetzesreferendum sind in einem parlamentarischen Regierungssystem – wie gezeigt – im Allgemeinen fehl am Platze. Sie kommen allenfalls dort in Betracht, wo dieses in seiner Funktionsweise beeinträchtigt ist. Eine solche Beeinträchtigung könnte angenommen werden, wenn in einem hegemonialen oder dominanten Parteiensystem über längere Zeit kein Regierungswechsel stattfindet oder die Möglichkeit zu einem solchen besteht. Der andere Fall sind übergroße Mehrheiten etwa im Falle einer Großen Koalition, die dazu führen, dass die Opposition über keine Sperrminorität bei Verfassungsänderungen verfügt oder sie wesentliche Minderheitenrechte nicht einsetzen kann. Zu den letzteren gehören vor allem das Recht, ein Gesetz vom Verfassungsgericht überprüfen zu lassen oder die Beantragung eines parlamentarischen Untersuchungsausschusses, die im Bundestag jeweils an ein Quorum von 25 Prozent gebunden sind.

Konkret könnte ein Vorschlag wie folgt aussehen:

Verfügen die Regierungsparteien über mehr als zwei Drittel und jede der Oppositionsparteien über weniger ein Viertel der Sitze im Bundestag, haben eine Million Abstim-

[35] Vgl. *Eike Christian Hornig*, Mythos direkte Demokratie. Praxis und Potentiale in Zeiten des Populismus, Berlin/Toronto 2017, S. 137 ff.

[36] Deutscher Bundestag (Anm. 24.).

mungsberechtigte das Recht, ein vom Bundestag beschlossenes Gesetz dem Volksentscheid zu unterwerfen.

Der Vorschlag orientiert sich beim Quorum in der Eingangsphase am volksbegehrten Referendum des SPD-Entwurfs, von dem er aber ansonsten in allen weiteren wesentlichen Punkten abweicht. Erstens bleibt die Möglichkeit der Vetoinititative auf die oben beschriebene „außergewöhnliche" Mehrheitskonstellation beschränkt. Sie ist also ein Ausnahme- und kein Regelverfahren. Zweitens erstreckt sie sich aus demselben Grund nicht auf alle (in der Vergangenheit beschlossenen) Gesetze, was dem abrogativen Referendum in Italien entsprechen würde, sondern nur auf die aktuell beschlossenen Gesetze. Deren Inkrafttreten müsste dann für zwei oder drei Monate ausgesetzt werden. Dabei könnte man Ausnahmen für besonders dringliche Vorlagen zulassen. Das Verfahren wäre also analog zum fakultativen Referendum in der Schweiz. Drittens könnten gerade hierdurch die im SPD-Entwurf[37] enthaltenen Ausschlussgegenstände, die dieser genauso wie beim Parlamentsreferendum vom Volksgesetzgebungsverfahren auf das volksbegehrte Referendum überträgt, vermieden bzw. auf das Haushaltsgesetz eingegrenzt werden. Die Vetoinitiative hätte damit im Vergleich zur positiven Initiative einen größeren thematischen Spielraum, was sie als Vorteil mit dem von oben initiierten Referendum teilt. Unterschiedlich zu bewerten sind viertens die von der SPD vorgesehenen Mehrheitserfordernisse für den abschließenden Entscheid. Beim Zustimmungsquorum ist die Gleichbehandlung von volksbegehrtem Referendum und Volksgesetzgebung unbeschadet der sonstigen Einwände gegen Quoren[38] rechtlich und politisch konsequent. Beim zusätzlich vorgeschriebenen „Ländermehr" ergibt sie dagegen keinen Sinn, weil der Bundesrat am Beschluss über das zur Abstimmung stehende Gesetz ja bereits beteiligt wäre.

Keine Probleme bereitet die Einführung einer unverbindlichen Volksinitiative, die an die bereits bestehenden Verfahren in den Ländern anknüpfen würde. Das von der SPD für verbindliche Volksinitiativen auf der Bundesebene vorgeschlagene Eingangsquorum von 100.000 Unterschriften[39] könnte dabei übernommen werden. Mit der Initiative würde der Bundestag aufgefordert, ein bestimmtes Thema auf die Tagesordnung zu setzen und zu beraten. Eine gegenständliche Einschränkung bräuchte es nicht – das Thema müsste sich lediglich im Rahmen seiner Zuständigkeit bewegen. Aus der Beratungspflicht ergeben sich für den Gesetzgeber keine weiteren Konsequenzen; ob und wieweit er der dem Anliegen der Initiative inhaltlich Rechnung trägt, kann er frei entscheiden. Positive Wirkungen könnte eine Agenda-Initiative nicht zuletzt in den Bereichen entfalten, in

37 Ebd.

38 Vgl. *F. Decker* (Anm. 7), S. 89 ff.

39 Deutscher Bundestag (Anm. 24).

denen Parteien und Parlamente „in eigener Sache entscheiden“.[40] Ein Beispiel ist das derzeitige Wahlrecht zum Bundestag, das über den Ausgleichsmechanismus eine starke Vergrößerung des Parlaments bewirkt. Weil die Parteien mit diesem sachlich kaum zu rechtfertigenden Kollateralschaden gut leben können, hält sich ihr Interesse an einer Reform in Grenzen. Eine Initiative könnte hier öffentlichen Druck erzeugen und die Akteure unter Handlungs- und Rechtfertigungszwang setzen.

V. Schlussbemerkung

Bildete man eine an der Eingriffstiefe in das bestehende System orientierte Reihenfolge, wäre die Einführung der unverbindlichen Initiative am leichtesten möglich – der Verfassungsgeber würde damit keinerlei Risiken eingehen. Größere Widerstände wären dagegen beim Entscheidungsreferendum und obligatorischem Verfassungsreferendum zu erwarten. Das Entscheidungsreferendum ließe sich zwar vergleichsweise gut integrieren; allerdings stellt sich vor dem Hintergrund der Erfahrungen aus anderen Staaten die Frage, ob es überhaupt benötigt wird und in der Verfassungspraxis jemals eine größere Rolle spielen würde. Beim obligatorischen Referendum könnte wiederum der absehbare Streit, über wieviele und welche Verfassungsfragen das Volk das letzte Wort haben soll, die Regierenden vor einer Einführung zurückschrecken lassen. Noch stärker wären vermutlich die Bedenken gegen eine Vetoinitiative in der hier vorgeschlagenen „konditionierten“ Form, mit der die Bundesrepublik verfassungsrechtliches und -politisches Neuland betreten würde.

Für den Vorschlag spricht, dass die vier in Frage kommenden Verfahren kein zusammengehörendes Ensemble bilden; sie könnten also unabhängig voneinander und ohne vorgegebene Reihenfolge Stück für Stück eingeführt werden. Gleichzeitig wären sie ein Schritt, um vom untauglichen Volksgesetzgebungsmodell ganz loszukommen. Gerade die Befangenheit in diesem Modell hat eine realistische Einschätzung der mit einer Einführung der Plebiszite in das Grundgesetz verbundenen Chancen und Risiken bislang verhindert. Auch wenn es Anzeichen für ein Umdenken gibt, fehlt es an der Bereitschaft, die Unhaltbarkeit des mit der Volksgesetzgebung gemachten Demokratieversprechens offen zuzugeben. Solange diese als sakrosankt gilt und die anderen, systemverträglicheren Alternativen der Direktdemokratie zweite oder dritte Wahl bleiben, werden die in Artikel 20 des Grundgesetzes postulierten Abstimmungen weiter auf sich warten lassen.

---

[40] Vgl. *Hans Herbert von Arnim*, Die Hebel der Macht und wer sie bedient. Parteienherrschaft statt Volkssouveränität, München 2017.

Judex legibus absolutus? Erosion des Rechtsstaats?[1]

Bernd Rüthers

I. Vom Rechtstaat zum Richterstaat

Die Bundesrepublik ist nach dem Grundgesetz ein demokratischer Rechtsstaat. Im realen Vollzug ist sie ein Richterstaat geworden.[2] Geltendes Recht ist in der Bundesrepublik und in der EU das, was die letztinstanzlichen Gerichte rechtskräftig entscheiden. Diese Feststellung hat Folgen. Sie schafft einen neuen Rechtsbegriff und eine neue Rechtsquellenlehre. Das Richterrecht ist zu einer wichtigen, oft dominanten Rechtsquelle geworden. Das hat Gründe.

1. Zu den Ursachen

Die deutsche Geschichte der letzten hundert Jahre weist in kurzer Folge eine Vielfalt von System- und Verfassungswechseln auf (Kaiserreich, WRV, NS-Staat, Besatzungsregime, Bundesrepublik, DDR, Vereinigte BR, EU), je nach Zählweise 7 oder 8 verschiedene Systeme.

Die Gesetzgebung erwies sich nach diesen Umbrüchen als zu langsam, um die von der neuen Staatsführung jeweils geforderte, umfassende „Rechtserneuerung" schnell zustande zu bringen. Nach der jeweiligen Wende haben Justiz und Rechtswissenschaft die Rechtsordnung zur Zufriedenheit der neuen Machthaber im Sinne der neuen „Grundwerte" umgestaltet. Das geschah durch die entsprechende „Auslegung", oft eher durch die „Einlegung" rechtspolitisch gewünschter Ergebnisse in die überkommenen Gesetze. Dabei haben sie Instrumente entwickelt und Wege gefunden, wie man überkommene Gesetze im Sinne der neuen Wertvorstellungen umdeuten kann.[3] So sind die deutschen Juristen „Wende-

---

1 Das mir vorgegebene Thema ist verfassungsrechtlich heikel, weil es Machtfragen berührt. Der Vortragstext wurde unter II. ergänzt um Hinweise auf das (ungewollt?) verschwiegene Zusammenwirken mehrerer Verfassungsorgane bei der verfassungsrechtlich fragwürdigen einfachgesetzlichen Erweiterung des in der Verfassung verankerten Ehebegriffs mit dem Ergebnis einer „Ehe für alle".

2 Vgl. *B. Rüthers*, „Der (un-)heimliche Wandel vom Rechtsstaat zu Richterstaat" – Verfassung und Methoden, 2. Aufl., Tübingen 2016.

3 *B. Rüthers*, Die unbegrenzte Auslegung, 8. Auflage, Tübingen 2016, mit einem Nachwort zur Entstehungs- und Wirkungsgeschichte des Buches.

Experten", quasi „Weltmeister" in der Kunst der Umdeutung ganzer Rechtsordnungen geworden. Das hat die Gesetzesbindung der Justiz im Selbstverständnis der Bundesgerichte zunehmend gelockert und die wachsende Dominanz des Richterrechts bewirkt. Alle mächtigen Institutionen neigen nach einem organisationssoziologischen Erfahrungssatz dazu, ihre Kompetenzen auszureizen, auch zu überdehnen.

Das gilt für alle letzten Gerichtsinstanzen, auch für das BVerfG. Eine Jubiläumsschrift von 2011 für das BVerfG von vier Staatsrechtslehrern trägt den vielsagenden Titel „Das entgrenzte Gericht".[4]

Die Entgrenzung, also die zunehmende Lockerung der Bindung der Gerichte an das Gesetz, geschah durch bestimmte, dazu geeignete Rechtsanwendungsmethoden. Das Dauertraining von Justiz und Jurisprudenz in den vier Wendezeiten nach 1919, 1933, 1945/49, 1989/90 und danach hat Erstaunliches bewirkt. Die in diesen Ausnahmelagen geübten und „bewährten" Methoden haben alle Umbrüche überdauert und juristisch akzeptabel gemacht.[5] Fritz Hartung hat dazu ein einsichtiges, leider fast vergessenes Alterswerk geschrieben: „Jurist unter vier Reichen".[6] Es sollte zur Pflichtlektüre der Juristenausbildung gehören. Von den Professoren, Richtern und Staatsanwälten dieser Generation wurden nicht selten in einem Berufsleben drei verschiedene Amtseide geleistet.

Die Lawine des Richterrechts, die durch die mehrfachen Umdeutungen und zusätzlich durch die rasante Veränderungsgeschwindigkeit aller Lebensbereiche ausgelöst wurde, hat das Selbstverständnis der Interpreten, besonders unserer letztinstanzlichen Gerichte, aber auch vieler Kollegen in der Wissenschaft nachhaltig geprägt.

Der Gesetzesstaat hat sich in einen Richterstaat verwandelt.[7] Die Dominanz des Richterrechts und seiner Methodenpraxis läßt die Methode der Rechtsanwendung zu einer Schlüsselfrage der Erhaltung der Demokratie und des Rechtsstaates (unser Oberthema) werden.

Methodenfragen sind Machtfragen und Verfassungsfragen. Die Methodenwahl der Rechtsanwender bestimmt oft ihr „Auslegungsergebnis". Das führt zu

---

[4] Das entgrenzte Gericht: Eine kritische Bilanz nach sechzig Jahren Bundesverfassungsgericht, Matthias Jestaedt, Oliver Lepsius, Christoph Möllers, Christoph Schönberger Suhrkamp 2011. Die Autoren machen den Trend der Grenzüberschreitungen des Gerichts sichtbar.

[5] Die Akzeptanz und Dominanz der „Methodenlehre der Rechtswissenschaft" von Karl Larenz, die in sechs Auflagen über Jahrzehnte hin unreflektiert die Praxis der obersten Bundesgerichte prägte, hat dazu wesentlich beigetragen.

[6] Berlin 1971.

[7] *B. Rüthers*, Die heimliche Revolution vom Rechtsstaat zum Richterstaat, 2. Aufl., Tübingen 2015.

der Frage: Enthält das Grundgesetz verbindliche Gebote für die Methode der Rechtsanwendung, also einen „verbindlichen Methodenkanon“?

Das wird, wenn ich recht sehe, von der herrschenden Lehre und Praxis bestritten. Das Bundesverfassungsgericht hat lange in ständiger Rechtsprechung die Ansicht vertreten:

„Eine bestimmte Auslegungsmethode ... schreibt die Verfassung nicht vor.“[8]

Noch weiter ging W. Hassemer, damals Vizepräsident des BVerfG, mit der These:

„Der Richter ist in der Wahl der ihm geeignet erscheinenden Methode der Gesetzesauslegung frei.“[9]

Beide Thesen sind aus meiner Sicht verfassungsrechtlich zweifelhaft. Sie erlauben dem Rechtsanwender, sich diejenigen Methoden auszusuchen, die zu seinem gewünschten, „vorgefaßten“ Entscheidungsergebnis führen. Die methodisch bewirkte subjektive „Einlegung“ wird fälschlich als „objektive Auslegung“ etikettiert.

Das Auslegungsverständnis, es gebe keinen verbindlichen, in der Verfassung vorgegebenen Methodenkanon, hat Gründe. In den juristischen Fakultäten der frühen Bundesrepublik amtierten nach 1945 ganz überwiegend Kollegen, die diesen Beruf bereits vor 1945 ausgeübt hatten. Das hat nachhaltige Folgen bis heute.

Über Jahrzehnte hin herrschte in der Juristenausbildung und in den Büchern zur juristischen Methodenlehre ein „einvernehmliches Schweigen“ über die interpretativen Werkzeuge, mit denen die Rechtsperversion im Nationalsozialismus bewirkt worden war. Die Grundlagenfächer (Rechtsphilosophie, Rechtsgeschichte, Methodenlehre, Rechtssoziologie) wurden nach 1945/49 in den Rechtsfakultäten unterbewertet oder ausgeblendet. Unterstützt wurde das von den gesetzlichen Ausbildungsordnungen, welche die Grundlagenfächer ebenso vernachlässigten. Eine über drei Jahrzehnte hin wirksame, gemeinsame „Schweigespirale“ legte sich über die Methodengeschichte im NS-Staat. Musterbeispiele dafür sind die von namhaften NS-Autoren verfaßten oder fortgeführten Lehr- und Handbücher oder Kommentare in fast allen Rechtsgebieten, besonders zur juristischen Methodenlehre (Larenz), zur Privatrechtsgeschichte der Neuzeit (Wieacker) und zum Strafrecht (Mezger). Dieses konsequente Verschweigen der unbequemen Vergangenheit führte dazu, daß die Eignung der fortgeführten Methoden zur Perversion einer ganzen Rechtsordnung den nachfolgenden Generationen unbekannt blieb.

---

[8] BVerfG 88, 145 (166 f.).

[9] Vgl. *Rüthers/Fischer/Birk*, Rechtstheorie, 9. Aufl., München 2016, Rn. 814 f.; *W. Hassemer* in: Kaufmann/Hassemer/Neumann, Einführung in die Rechtsphilosophie und Rechtstheorie der Gegenwart, 8. Aufl., 2011 S. 263 f.

Die verdrängte Geschichte hat zu einem „fortgesetzten methodischen Blindflug" beigetragen.[10]

Demgegenüber ist die Feststellung geboten: Das Grundgesetz enthält zwingende methodische Vorgaben für die Rechtsanwendung.[11] Sie gelten für alle Rechtsgebiete, auch für die Auslegung und Anwendung des Grundgesetzes.

Gesetze sind Gebote an die Gesetzesanwender (Art. 20 Abs. 3 und Art 91 Abs. 1 GG). Ihre Anwendung und Auslegung setzt die Kenntnis dessen voraus, was die Normsetzer mit den anzuwendenden Normen regeln wollten und wie sie dieses Problem gestalten wollten. Der erste Schritt jeder Gesetzesanwendung ist also die Frage nach dem ursprünglichen Normzweck und dem Regelungsziel. Wer auf diese Fragen verzichtet, will nicht „auslegen", sondern „einlegen".[12] Rechtsnormen sind gerade in der Demokratie Gestaltungsinstrumente. Sie sollen die Herrschaft von Menschen durch die demokratisch verabschiedeten Gesetze ersetzen.

Die richterliche Rechtsfortbildung wirkt nicht nur für den Geltungsbereich des jeweils entschiedenen Einzelfalls, sondern sie bewirkt zugleich eine richterliche Normsetzung für die betroffene Fallgruppe. Sie muß daher von der Gesetzesanwendung (= „Auslegung") möglichst streng unterschieden und als solche offengelegt werden. Erst recht gilt das für jede richterliche Gesetzesabweichung oder Gesetzesverweigerung.

Die Rechtsanwendung wird durch die jeweils vorhandene Normdichte geprägt. Zwei Rechtsgebiete verdienen besondere Aufmerksamkeit: Das Verfassungsrecht mit den 146 Artikeln des Grundgesetzes und das Arbeitsrecht (bis heute ohne ein Arbeitsgesetzbuch!). Beide zeichnen sich dadurch aus, daß die zuständigen Gerichte für viele Streitfälle in den vorhandenen Gesetzesnormen keine Regelungen finden (Lückenproblem). Hier entsteht unvermeidlich und legitim Richterrecht.

Die zunehmende Dominanz des Richterrechts stärkt und verändert, wie schon gesagt, das Rechtsverständnis und das Selbstbewußtsein der Gerichte, besonders der letzten Instanzen.

2. Zum Richterrecht im Arbeitsrecht

Ein Beispiel für das dramatische Wachstum des Richterrechts gegenüber dem Gesetzesrecht ist das Arbeitsrecht.

Die für den Arbeitsvertrag vorhandene Gesetzesregelung findet sich unter dem unveränderten Titel „Dienstvertrag" in den §§ 611 bis 630 des ehrwürdigen

---

[10] Vgl. *Rüthers* NJW 1996, 1876.

[11] *B. Rüthers*, Die heimliche Revolution vom Rechtsstaat zum Richterstaat, 2. Aufl., Tübingen 2016, S. 73 ff.

[12] Zur Übersicht vgl. *Rüthers/Fischer/Birk*, Rechtstheorie, 9. Aufl., München 2016 Rn. 696–1000; zur Methode des BVerfG vgl. Rn. 799 f.

BGB, das am 1. Januar 1900 in Kraft getreten ist. Diese Vorschriften wurden von der Gesetzgebung in den verschiedenen Verfassungsepochen Deutschlands (1918/1933/1945/1949/1989 und EU) zwar insgesamt an ca. 20 Stellen geändert oder ergänzt. Ein zeitgemäßes Arbeitsvertragsgesetz kam aber trotz mehrfach wiederholter Anläufe nie zustande.

Die Arbeitsgerichtsbarkeit stand daher nach dem Inkrafttreten des BGB bald vor der Herausforderung, die veränderten wirtschaftlichen und gesellschaftlichen Realitäten, welche die Gesetzgebung zum BGB nicht gekannt oder falsch eingeschätzt hatte, in eigener rechtspolitischer Verantwortung richterrechtlich zu regeln. Erhebliche Teile des geltenden deutschen Arbeitsrechts sind so aus einem epochenbedingten Aufstand der Arbeitsgerichte gegen das fehlende oder als „unbillig" („ungerecht") angesehene Gesetzesrecht entstanden.

Das bundesrepublikanische Arbeitsrecht blieb von Anfang an und bis heute überwiegend Richterrecht. Die deutsche Arbeitsgerichtsbarkeit, speziell das BAG, haben mit ihren Vorleistungen als Ersatzgesetzgeber einen bedeutenden Beitrag zum Ausbau, zur Stabilisierung und zur sozialen Befriedung der Bundesrepublik in den bewegten Zeiten nach 1949 und erneut nach 1989 geleistet.[13] Ähnliches gilt für die meisten Bundesgerichte.

Die Herausforderungen für die Gerichte wegen der veränderten Tatsachen und Wertvorstellungen haben sich nach dem politischen Verfassungsumbruch 1945/49 noch verschärft. Die politischen Grundwerte des neu aufzubauenden demokratischen und sozialen Rechtsstaates konnten von der Gesetzgebung über das GG hinaus kurzfristig entweder gar nicht oder nur in Ansätzen gesetzlich geregelt werden. Das bundesrepublikanische Arbeitsrecht blieb von Anfang an und bis heute überwiegend Richterrecht.

Musterbeispiele dafür sind das Kündigungsschutzrecht und das Arbeitskampfrecht.

a) Im Kündigungsschutzrecht

Das KSchG sollte nach der amtlichen Begründung lediglich dazu dienen, willkürliche Arbeitgeberkündigungen zu verhindern.

An der Rechtsprechung zum KSchG zeigt sich besonders anschaulich: Im Richterrecht spielen die weltanschaulichen Vorverständnisse der jeweiligen Richter eine wichtige Rolle. Es geht in der Regel um Regelungsbereiche, in denen Grundfragen der Gesellschaftsordnung entschieden werden. Das gilt etwa für

---

13 Dazu *B. Rüthers*, Arbeitsrecht und politisches System, Fischer-Athenäum-Taschenbuch, Rechtswissenschaft, Bd. 6006, 1973 (aus „Materialien zur Lage der Nation 1972": Kapitel IV: Arbeitsrecht, Bundestags-Drucksache VI/3080; ders., 35 Jahre Arbeitsrecht in Deutschland, in: RdA 1995, S. 326 ff.; *ders.*, Methoden im Arbeitsrecht 2010 – Rückblick auf ein halbes Jahrhundert, NZA Beilage 3/2001, S. 100 ff.

den Kündigungsschutz (Beispiel „Ultima-ratio"- und Prognoseprinzip), das betriebliche und überbetriebliche Mitbestimmungsrecht, die Inhalte der Koalitionsgarantie, die Tarifautonomie, die Zulässigkeit und Grenzen der Aussperrung und für andere Probleme. Beim Ringen um die vermeintlich „richtigen" Ergebnisse geht es oft um die Frage, welches die „richtige" oder die „bessere", „gerechtere" Weltanschauung ist.

Ein folgenreicher Irrtum des Kündigungsrichterrechts besteht darin, daß das BAG seine Rechtsprechung lange Zeit als Einzelfall-Rechtsprechung zwischen den jeweiligen Streitparteien mißverstanden hat. In Wirklichkeit wurde nicht das Einzelschicksal der jeweiligen Prozeßparteien, sondern das Schicksal der Arbeitslosen zum Entscheidungszeitpunkt mitverhandelt, nämlich die Beschäftigungschancen der seit 1982 bis heute über zwei Mio. Arbeitslosen.

Die arbeitsrechtliche Rechtsprechung hat den Kündigungsschutz für das rechtswirksam abgeschlossene Arbeitsverhältnis entgegen dem ursprünglichen Normzweck zu einer Art „Lebensbund" stilisiert (Herschel 1939 und 1958!). Eine Ehe ist heute in Deutschland leichter und schneller auflösbar als ein Arbeitsverhältnis. Das geschah gegen das erklärte Regelungsziel der Gesetzgebung. Hier zeigt sich: Die weltanschaulichen Vorverständnisse der Entscheider spielen im Richterrecht eine wichtige Rolle.

b) Im Arbeitskampfrecht

Das Arbeitskampfrecht bildet eine vom Gesetzgeber bewußt, offen gelassene sog. gesetzliche Gebietslücke[14]. Betrachtet man das Gesamtgebäude des deutschen Arbeitskampfrechts, so ist zunächst ein nachdrückliches Lob auszusprechen. Deutschland ist im internationalen Vergleich ein „arbeitskampfarmes" und (auch) dadurch ein sozial friedliches, wohlhabendes Land geworden, ähnlich wie die Schweiz, Japan und wenige andere vergleichbare Industrieländer.

Die Grundsätze des Großen Senats zum Arbeitskampfrecht sind nach § 45 II ArbGG für alle Senate des BAG zwingend verbindlich. Der Erste Senat hat diese Grundsätze unter Verstoß gegen Art. 101 I 2 GG (Gebot des gesetzlichen Richters) in fragwürdiger Weise vielfach verändert, zu einem erheblichen Teil buchstäblich auf den Kopf gestellt.

Das zeigt vor allem die Judikatur des Ersten Senats zum Arbeitskampfrecht. Nach den Grundsätzen des Großen Senats ist die vom Grundgesetz gewährleistete funktionsfähige Tarifautonomie auf ein Mindestmaß von Verhandlungs- und Kampfgleichgewicht der Arbeitskampfparteien angewiesen. Durch eine Serie von Entscheidungen hat der Erste Senat eklatant gegen diese Grundsätze verstoßen.

---

[14] Vgl. dazu *Rüthers/Fischer/Birk*, Rechtstheorie, 10. Aufl. München 2018. Rn. 855 ff., 906 ff.

Dazu haben die Entscheidungen des Ersten Senats zu Aussperrungsquoten, zum „Warnstreik“, zu „Wellenstreiks“, zum „Ultima-ratio“- und Schlichtungsgebot sowie zum „Sympathiearbeitskampf“ maßgeblich beigetragen. Deutschland wurde zeitweilig, wie der SPIEGEL formulierte[15], „Exportweltmeister in Arbeitsplätzen“. Ganze Wirtschaftszweige sind abgewandert, nicht allein wegen dieser Judikate, aber von ihnen beschleunigt.

Einen neuen Höhepunkt richterlicher Unbekümmertheit gegenüber der eigenen Arbeitskampfrechtsdogmatik des Großen Senats beim BAG gegenüber dem Verfahrensrecht (§ 45 ArbGG) und gegenüber der Verfassung (Art. 20 Abs.3, Art. 97 Abs.1 und Art. 101 Abs.1 S.2 GG) brachte das „Flashmob“-Urteil des 1. Senats.[16] Damit ist eine neue Stufe des inzwischen senatsüblichen Aufstandes gegen das „geltende“ Recht des Großen Senats erreicht worden. Man kann das richterliches Gewohnheitsunrecht nennen. Zur Methode des BAG gehört es, abweichende oder gar kritische Stimmen der Rechtswissenschaft zu seiner Rechtsprechung häufig zu verschweigen

Zwischenbilanz: Als Fehlentscheidungen mit nachfolgenden „Verschlimmbesserungen“ durch das Gericht haben sich die ökonomisch sinnwidrigen, willkürlich „gegriffenen“ „Aussperrungsquoten“, die mißglückte und widerrufene „Warnstreikdefinition“, die Beurteilung der Wellenstreiks, die Mißachtung des Schlichtungsgebotes vor einem Arbeitskampf und die Liquidation und Verdrehung des „Ultima- ratio“-Prinzips in eine „prima ratio“-Lizenz (Arbeitskampferlaubnis bereits bei Beginn von Tarifverhandlungen) erwiesen.

Die Zulassung von Sympathie-Arbeitskämpfen und das „Flashmob“-Urteil sind weitere Höhepunkte auf dem Weg der unzulässigen Veränderung des Arbeitskampfrechts durch den Ersten Senat des BAG.

Die nachteiligen Folgen dieser Serie von fragwürdigen Entscheidungen zum Arbeitskampfrecht sind teilweise gemildert worden durch die Internationalisierung der Weltwirtschaft. Der Wettbewerbsdruck, auch aus den Entwicklungs- und Schwellenländern, hat dazu geführt, daß die Interessengemeinsamkeiten der nationalen Tarifparteien heute bisweilen größer sind als die „Klassengegensätze“ nach der marxistischen Theorie. Die Gewerkschaften sind, nicht zuletzt durch die Einbindung in die betriebliche und Unternehmensmitbestimmung, überwiegend Mitträger der „sozialen Marktwirtschaft geworden. Sie sind sichtbar gehindert, die neuen Kampfmöglichkeiten so unbekümmert wie früher auszunutzen. Das gilt besonders für die Metall- und Elektroindustrie, den Automobilbau sowie für die Kaufhausbranche.

Lange Zeit haben die Richter aller Bundesgerichte, gerade die des BGH und des BAG, ihre normsetzende und damit rechtspolitische Funktion verkannt,

---

15 DER SPIEGEL Heft 44/2004, Titelblatt.

16 *BAG*, JZ 2010, 254 m. Anm. Rüthers/Höpfner = NZA 2009, 1347.

geleugnet oder zu vertuschen versucht. Ich erinnere mich eines lebhaften persönlichen Diskurses mit dem damaligen Präsidenten des BAG Rudolf Kissel (1981–1994) und seinem Vizepräsidenten Dirk Neumann (1984–1990), beide von mir hochgeschätzt. Auf meinen Hinweis, daß alle Grundsatzentscheidungen des BAG Elemente gesetzesähnlicher richterlicher Normwirkung enthielten, etwa beim Kündigungsschutz rechtspolitische Weichenstellungen für den gesamten Arbeitsmarkt, zumal für das Tarif- und Arbeitskampfrecht, wiesen sie diese Vorstellung weit von sich, ja geradezu empört zurück. Sie entschieden aus ihrer Sicht immer nur die vorliegenden Einzelfälle ohne jede Normwirkung für die betroffenen Fallgruppen. Die Wahrnehmungsverweigerung gegenüber der realen Normwirkung war offensichtlich.

Die dauerhaft erbrachten, von der Gesetzgebung und von der Gesellschaft akzeptierten Leistungen der richterlichen „Ersatzgesetzgebung" (vor allem durch die Bundesgerichte) haben die letzten Instanzen zu selbstbewußten Normsetzern gemacht.

Im Gegensatz zu manchen Verleugnungen richterlicher Rechtspolitik von Seiten der Richter entwickelte sich in der Rechtsprechung der Bundesgerichte eine verbreitete Tendenz zum richterrechtlichen Ausbau der deutschen Rechtsordnung über die bestehenden Gesetze hinaus.

Die vom BAG und anderen Bundesgerichten häufig verwendete sog. „typologische Rechtsfindung" ist ein „Tarnbegriff", ein Instrument verdeckter interpretativer Rechtsetzung. Angewendet wird er dort, wo ein unbestimmter Rechtsbegriff nicht gesetzlich definiert ist und auf vielfältig verschiedene Sachverhalte und Fallgruppen hin konkretisiert werden muß.

Das methodische Problem liegt darin, daß die richterliche Normsetzung fälschlich als Methode der Gesetzesauslegung ausgegeben wird. Es ist daher irreführend, wenn, wie bei Larenz und beim BAG üblich, von typologischer „Rechtsfindung" geredet wird. Unter diesem Titel wird das Recht nicht „gefunden", sondern von den Akteuren gesetzt.[17]

Eine Nebenbemerkung zum Richterrecht im Bereich der Gesetzeslücken: Der geschickt manipulierte Begriff der Gesetzeslücke, sei es einer vorhandenen oder auch einer von den Gerichten „erfundenen" Gesetzeslücke, ist der scheinlegale Zugang zu beliebigen Gesetzesabweichungen entgegen Art. 20 Abs.3 GG. Das Thema würde für einen eigenen Vortrag reichen.

---

[17] Kritisch zur typologischen Methode *Beuthin/Wehler*, RdA 1978, 2.

3. Zum Richterrecht im Verfassungsrecht

Das Verfassungsrecht der Bundesrepublik besteht schon wegen der geringen Regelungsdichte des Grundgesetzes ganz überwiegend aus „Richterverfassungsrecht“.

Die rasant steigende Veränderungsgeschwindigkeit unserer Gesellschaft in allen Lebens- und Rechtsgebieten steigert fortwährend das Wachstum des Richterrechts. Das ist unvermeidbar. Auch hier gilt, wie im Arbeitsrecht, die Einsicht: „Auch das Verfassungsrichterrecht bleibt unser Schicksal.“[18] Die Normsetzungskompetenz über das Verfassungsrecht verlagert sich also, besonders wegen der erforderlichen „Zwei-Drittel-Mehrheit für Verfassungsänderungen“ kontinuierlich von den Gesetzgebungsorganen (Bundestag und Bundesrat) auf das Bundesverfassungsgericht. Real ist das Bundesverfassungsgericht durch den Zwang zur Fortbildung des Grundgesetzes im „Lückenbereich“ zum „Verfassungsersatzgesetzgeber“ geworden.[19] Das wird in jedem Grundsatzurteil des Gerichts aktuell.

Das Thema ist heikel. Denn: Geschaffen wurde das Bundesverfassungsgericht nach den Erfahrungen mit der Beseitigung der Weimarer Verfassung durch „Notverordnungen“ nach Art. 48 WRV mit der zentralen Aufgabe, ein zuverlässiger „Hüter der Verfassung“ zu sein. Seine Entscheidungen sind für alle Staatsorgane verbindlich (Art. 93 GG, § 31 Abs. 1 BVerfGG). Sie bestimmen zugleich rechtskräftig den Inhalt des Grundgesetzes. Das führt zu der Frage nach den Grenzen des Verfassungsrichterrechts.

Verfassungsänderungen sind dem Bundesverfassungsgericht verboten (Art. 79 GG). Sie sind an enge Voraussetzungen geknüpft und für bestimmte Fragen durch die „Ewigkeitsgarantie“ gänzlich ausgeschlossen (Art. 79 Abs. 3 GG).

Andererseits gehört die Fortbildung der Verfassung im Lückenbereich, wie schon gesagt, zu den verfassungsgemäßen Aufgaben des BVerfG. Wegen der geringen Regelungsdichte des Grundgesetzes ist die Frage der Ausfüllung von Regelungslücken, also der Setzung von Verfassungsrichterrecht durch das BVerfG ein brisantes Dauerproblem.[20] Die Grenzziehung zwischen Fortbildung und Änderung ist eine zentrale Frage der Machtverteilung zwischen den Gesetzgebungsorganen und dem BVerfG. Sie ist, wie eine ganze Reihe von umstrittenen Entscheidungen des Gerichts zeigen höchst aktuell.

Dabei ist beim BVerfG – wie bei allen letztinstanzlichen Gerichten, also besonders bei den Bundesgerichten – festzustellen, daß die ständig erforderliche

[18] *F. Gamillscheg*, AcP. 164 (1964), 385 (445).

[19] *B. Rüthers*, Die heimliche Revolution…, wie Fn. 2., S. 94 ff., 107 ff.

[20] *B. Rüthers*, wie vorige Fußnote, S. 148 f.

und legitime Rechtsfortbildung im Bereich der Gesetzes- und Gebietslücken[21] das Selbstbewußtsein der Gerichte prägt. Das Risiko der Kompetenzüberschreitung ist unverkennbar.

Dabei zeigen sich – auch innerhalb des Gerichts und der Senate – bemerkenswerte Unterschiede. Lange hat das Gericht der Erforschung der Entstehungsgeschichte und des ursprünglichen Normzwecks (Regelungszieles) der anzuwendenden Rechtsnormen einen geringen Stellenwert bei der Festlegung des Auslegungsergebnisses zugeschrieben.[22] Es folgte lange der erwähnten, irrigen Annahme, die Verfassung schreibe keine bestimmte Methode der Gesetzesauslegung vor.[23]

Diese These ist schon deswegen zweifelhaft, weil gerade Verfassungen in aller Regel ihren Sinn und Zweck aus schmerzlichen historischen Erfahrungen erhalten und ihr Inhalt der Wiederholung solcher Erfahrungen vorbeugen soll. Das war und ist ein zentraler Normzweck auch des Grundgesetzes.

Es ist genau aus einer solchen Situation heraus entstanden. Sein Inhalt hat in den grundlegenden Bestimmungen, gerade in den Art. 1 bis 20 den erkennbaren Zweck, Wiederholungen ähnlicher Katastrophen wie den Nationalsozialismus und die „Diktatur des Proletariats“ zu verhindern. Dazu gehört auch die Regelung des Art. 79 GG, der Verfassungsänderungen an besonders hohe Schranken bindet.

Für Abweichungen der Justiz von einfachen Gesetzen hat der Erste Senat des BVerfG 2009 in der Methodenfrage eine deutliche Trendwende vorgenommen.[24] Der Erste Senat hat in einer verfassungsrechtlich wie methodisch bedeutsamen Grundsatzentscheidung zum Unterhaltsanspruch geschiedener Ehegatten[25] die Gesetzesbindung der Gerichte an den eindeutigen Normzweck betont und als unverrückbare Grenze der richterlichen Rechtsfortbildung bezeichnet.

Vorausgegangen war ein Sondervotum von drei Staatsrechtslehrern und Senatsmitgliedern (Voßkuhle/Di Fabio/Osterloh) des Zweiten Senats mit der gleichen Auffassung.[26] Dem erklärten Willen der Gesetzgebung wird eine zwingende Vorrangstellung vor Eigenwertungen der Gerichte eingeräumt. Das Sondervotum

---

21 Zum Begriff vgl. *Rüthers/Fischer/Birk*, Rechtstheorie, 9. Aufl., München 2016, Rn. 855 ff., 887, 906 ff.

22 BVerfG 1, 299 (312); 10, 234 (244(; 11, 126 (130), std. Rspr; vgl. *Rüthers/Rischer/Birk*, Rechtstheorie, 2016, Rn. 798 ff.

23 BVerfG 88, 145 (167).

24 *B. Rüthers*, Trendwende im Bundesverfassungsgericht? – Über die Grenzen des „Richterstaates“, NJW 2009, 1461; vgl., *B. Rüthers*, Die heimliche Revolution …, S. 95 ff. zum Unterhaltsanspruch geschiedener Ehegatten.

25 BVerfG NJW 2011, 836 ff.

26 Beschluß vom 15. 1. 2009 -2BvR 2044/07; NJW 2009, 1469,1474.

geht ausdrücklich von Vorgaben des Grundgesetzes für die Rechtsanwendung aus.

Diese Bindung an den erklärten Willen der Gesetzgebung gilt auch und erst recht für die Auslegung, die Rechtsfortbildung oder die Abweichung von Verfassungsnormen durch das Bundesverfassungsgericht. Es ist geschaffen worden als ein „Hüter der Verfassung". Das begründet und begrenzt seine weitreichenden Kompetenzen. Es darf sich nicht durch autonom vorgenommene Korrekturen an den Grundprinzipien des Grundgesetzes zum „Herrn über die Verfassung" aufschwingen.

Zur Diskussion möglicher Kompetenzüberschreitungen durch das BVerfG haben in den letzten Jahren mehrere Entscheidungen Anlaß gegeben.[27] Als Beispiele sind zu nennen etwa Entscheidungen zum Persönlichkeitsrecht und Ehrenschutz.[28]

Das im Grundgesetz garantierte Recht der persönlichen Ehre (Art. 2 und 5 Abs.2 GG) ist zeitweilig aus dem Sprachgebrauch des BVerfG nahezu verschwunden und in dem unbestimmten Rechtsbegriff des allgeneinen Persönlichkeitsrechts aufgegangen. („Ehre als eine vordemokratische Kategorie"!). Die weitgehende Liquidation des Ehrbegriffes verkennt, daß eine funktionsfähige Demokratie den Schutz und die Achtung der persönlichen Ehre aller Bürger („Menschenwürde" Art. 1 GG) und besonders derer voraussetzt, die sich für den liberalen Verfassungsstaat öffentlich exponieren.[29]

Als Entscheidungen an den Kompetenzgrenzen des Gerichts sind zu nennen: „Soldaten sind Mörder"[30], das „Kruzifix-Urteil"[31] sowie die Entscheidung, daß die bildliche Darstellung des „Urinierens auf die Bundesfahne" unter die Gewährleistung der Kunstfreiheit fallen könne.[32]

---

27 Vgl. *Jestaedt/Lepsius/Möllers/Schönberger*, Das entgrenzte Gericht, Das entgrenzte Gericht, Berlin 2011; dazu *B. Rüthers*, ZRG GA, 2013, S. 510–517. Ferner *B. Rüthers*, Die heimliche Revolution …, Tübingen 2016, S.104 ff., 109 ff. mit Nachw.

28 BVerfG 42, 143 (148); 34, 130; dazu *M. Kiesel*, Die Liquidierung des Ehrenschutzes durch das BVerfG, NVwZ 1983, 95 ff.; *W. Schmitt Glaeser*, Meinungsfreiheit und Ehrenschutz, JZ 1983, 95; *M. Kriele*, Ehrenschutz und Meinungsfreiheit, NJW 1994, 865 ff.; *R. Stark*, Ehrenschutz in Deutschland, Berlin 1996; *ders.*, Ju-S 1995, 633 ff.; *R. Stürner*, Die verlorene Ehre des Bundesbürgers, JZ 1994, 865 ff.; *Chr. Starck*, Freiheit und Institutionen, Tübingen 2002, S. 339 ff.

29 *B. Rüthers*, Meinungsfreiheit und Ehrenschutz bei Kollektivurteilen, NJW 46/2016, 3337 ff.

30 BVerfG 93, 266.

31 BVerfG 93, 1; vgl. auch 35, 366.

32 BVerfG 81, 278.

Eine besonders umstrittene Entscheidungsreihe begann mit dem Beschluß des Zweiten Senats zum „Ehegattensplittung für homosexuelle Paare“.[33]

Der Streit geht nicht um die vom Gericht entschiedene Sachfrage, ob nämlich das „Ehegattensplitting“, bisher ausschließlich für Ehegatten geltend, auch auf gleichgeschlechtliche Lebensgemeinschaften erstreckt werden kann. Über eine gesetzliche Regelung dieses Inhalts kann man je nach weltanschaulichen und religiösen Vorverständnissen verschiedener Meinung sein. Die Gesetzgebung hat hier im verfassungsmäßigen Verfahren ein weites Regelungsermessen.

Es geht dabei vielmehr um die Kompetenzfrage: Hat dieser Beschluß des Zweiten Senats das Grundgesetz ausgelegt oder geändert? Ist das BVerfG befugt, die volle Gleichstellung gleichgeschlechtlicher Lebensgemeinschaften mit „Ehe und Familie“ entgegen Art. 6 Abs. 1 GG und entgegen dem Willen der Verfassungsgeber anzuordnen? Dazu gehen die Meinungen in der juristischen Literatur und in den Medien weit auseinander.[34]

Wer ist für eine solche Regelung im Hinblick auf Art. 6 Abs. 1 GG zuständig? Dort steht: „Ehe und Familie stehen unter dem besonderen Schutz der staatlichen Ordnung.“ Art. 79 Abs.1 S. 1 GG lautet: „Das Grundgesetz kann nur durch ein geändert werden, welches den Wortlaut des Grundgesetzes ausdrücklich ändert oder ergänzt.“ Dem einfachen Gesetzgeber ist die Änderung des verfassungsgesetzlich durch eine Einrichtungsgarantie geschützten Ehebegriffs also verboten.

Das gilt ebenso oder erst recht für das Bundesverfassungsgericht. Es darf die Verfassung fortbilden und ergänzen, wo diese Lücken aufweist. Es darf die im Grundgesetz geregelten verfassungsgesetzlichen Grundbegriffe und Einrichtungsgarantien aber nicht dem Wandel des Zeitgeistes und einer beliebigen gesellschaftlichen „Praxis“ anpassen.

II. Verfassungserosion durch gemeinschaftliche „Umdeutung“ der Verfassungsgrundbegriffe und Einrichtungsgarantien?[35]

Der folgende Abschnitt ist, soweit ich sehe, die erste kritische Thematisierung einer bemerkenswerten, vielleicht sogar strategischen Kooperation von Verfassungsorganen zur Umgehung einer möglichen abstrakten Normenkontrolle nach Art. 93 Abs. 1 GG. Ich habe diesen Text in anderer Fassung im Dezember 2017 sowohl der NJW-Redaktion als auch der JZ-Redaktion angeboten. Beide schie-

---

33 Beschluss vom 07. Mai 2013 -2 BvR 909/06-; -2 1981/06 u. 2 BvR 288/07; NJW 2013, 2257 u. NJ 2013,463.

34 Dazu *B. Rüthers*, Die heimliche Revolution …, wie Fn. 2, S. 115–134.

35 BVerfGE 105, 313 ff. – Zur Glreichbehandlungsrechtsprechung des BVerfG von Ehe und gleichgeschlechtlichen Lebensgemeinschaften vgl. kritisch *H. Kratzmann*, Die wirklichkeitsverdrängende Gleichbehandlung, BayVBl 21/2017, 725–736.

nen zunächst nicht interessiert. Die Konzession war dann das Leserforum in Heft 13/2018 der NJW aktuell.

1. Der neue einfachgesetzliche Ehebegriff

Der Bundestag verabschiedete am 30. Juni 2017 einen Gesetzentwurf des Bundesrates „zur Einführung des Rechts auf Eheschließung für Personen gleichen Geschlechts“ mit großer Mehrheit. Der § 1353 Abs. 1 S. 1 des BGB lautet jetzt: „Die Ehe wird von zwei Personen verschiedenen oder gleichen Geschlechts auf Lebenszeit geschlossen.“

Der Bundesrat stimmte dem Gesetz eine Woche später, am 7. Juli 2017, fast einstimmig zu.[36] Das geschah sowohl im Bundestag als auch im Bundesrat ohne jede Diskussion der Frage, ob die in dem Gesetz vorgesehene Änderung des Ehebegriffes gegen Art. 6 Abs. 1 des Grundgesetzes verstößt. Auch die gesellschaftspolitische Dimension dieser einschneidenden Änderung des Ehebegriffes wurde in beiden gesetzgebenden Körperschaften nicht erwähnt.

Weltanschaulich motivierte Änderungen des Ehebegriffes sind in der in der deutschen Verfassungs- und Rechtsgeschichte, wie die Geschichte der mehrfachen deutschen politischen System- und Verfassungswechel im 20. Jahrhundert zeigt, nichts Neues. Neu ist allerdings, daß nun gleichgeschlechtliche Lebensgemeinschaften unter den in Jahrhunderten gewachsenen und unveränderten Begriff der „Ehe“ fallen sollen.

Wegen dieser Geschichte hielten es die Mütter und Väter des Grundgesetzes für geboten, den Ehe- und Familienbegriff in Art. 6 Abs. 1 GG unter den besonderen Schutz der staatlichen Ordnung zu stellen. Sie folgten dabei der Weimarer Reichsverfassung. Art. 119 Abs. 1 WRV lautete: „Die Ehe steht als Grundlage des Familienlebens und der Erhaltung und Mehrung der Nation unter dem besonderen Schutz der Verfassung.“ Ähnliche Bestimmungen finden sich in der „Allgemeinen Erklärung der Menschenrechte“ der UNO von 1948 und später im „Internationalen Pakt über bürgerliche und politische Rechte“ der UNO von 1966 (Art. 23).

Die vom Parlamentarischen Rat gewählte verkürzte Fassung des Art. 6 Abs.1 GG bedeutete keine inhaltliche Veränderung des traditionellen Ehebegriffes. Er wurde 1949 nach der geltenden Rechtslage im Familien- und Eherecht als selbstverständlich vorausgesetzt, sollte also keine „offene Generalklausel“ sein.

---

36 BGBl I S. 2787.

2. Wie es zu dem Gesetz kam

Am Montag, dem 26. Juni 2017, abends sagte die Bundeskanzlerin und CDU-Vorsitzende Angela Merkel bei einer Abendveranstaltung mit der Frauenzeitschrift „Brigitte" zu der umstrittenen Frage „Ehe für alle?", dem Anschein nach beiläufig, sie wünsche sich eine Diskussion im Bundestag, die „eher in Richtung einer Gewissensentscheidung geht". Sofort nach dem Bekanntwerden dieser Äußerung ergriffen die SPD und die Grünen die sich bietende Gelegenheit und beantragten eine Entscheidung des Bundestages. Dieser verabschiedete am Freitag derselben Woche die Gesetzesvorlage des Bundesrates im Minutentakt mit großer Mehrheit. Dabei wurden die in der Fachpresse und den Medien vertretenen, vielfach erörterten verfassungsrechtlichen Bedenken aus Art. 6 Abs. 1 GG nicht diskutiert.

Eine Rüge dieses „Blitzverfahrens" der Gesetzgebung fand nicht statt. Die Abstimmung endete im Plenum in einem bis dahin im Plenum unbekannten Konfetti-Regen der „Sieger". Auch der sonst wachsame Präsident des Bundestages äußerte sich dazu nicht. In der folgenden Woche stimmte der Bundesrat dem Gesetz ebenfalls ohne inhaltliche Diskussion zu. Die Initiative zu dem Verfahren und der Ablauf dieser Gesetzgebung sind bemerkenswert und, im Hinblick auf die Bedeutung und Tragweite des Gesetzes sowie der verfahrensrechtlichen Besonderheiten, geradezu skurril.

3. Die Ehe als Verfassungsbegriff

Die entscheidende Frage lautet: Ist der einfache Gesetzgeber zuständig und berechtigt, den Ehebegriff des Grundgesetzes in einem diskussionslosen Schnellverfahren neu zu regeln?

Angesichts der rechtskulturellen und bevölkerungspolitischen Dimension dieser Frage fällt auf, daß in den Debatten dazu die zentral wichtige Frage vermieden oder mit unzutreffenden Argumenten weggewischt wurde, nämlich: Ist der Ehebegriff durch Art. 6 Abs.1 GG ein Verfassungsbegriff, der nur unter den Voraussetzungen des Art. 79 GG, also mit Zwei-Drittel-Mehrheiten in beiden Verfassungsorganen, geändert werden kann?

Das Grundgesetz wurde 1949 als Antwort auf die Unrechtserfahrungen des NS-Regimes geschaffen. Das gilt gerade für die rassepolitischen Maßnahmen dieses Staates.

Der NS-Gesetzgeber erließ 1938 ein von seinen rassepolitischen Zielen geprägtes Ehegesetz.[37] Der Schlüsselbegriff dieses Gesetzes war das „Wesen der Ehe". Der NS-Gesetzgeber ließ die Richter bei der Definition des „Wesens der

[37] RGBl I 807.

Ehe" nicht allein. Der Familienrechtsausschuß der Akademie für Deutsches Recht definierte:

„Ehe ist die von der Volksgemeinschaft anerkannte, auf gegenseitiger Treue, Liebe und Achtung beruhende, dauernde Lebensgemeinschaft zweier rassegleicher, erbgesunder Personen verschiedenen Geschlechts zum Zwecke der Wahrung und Förderung des Gemeinwohls ...und zum Zweck der Erzeugung rassegleicher erbgesunder Kinder und ihrer Erziehung zu tüchtigen Volksgenossen."[38]

Die methodische Besonderheit liegt darin, daß der Alliierte Kontrollrat 1946 nach dem Zusammenbruch des NS-Regimes dieses Ehegesetz von 1938 mit unwesentlichen Streichungen als EheG 1946 fortgelten ließ. Es wurde also sowohl für die Bundesrepublik wie für die DDR bis zum Erlaß eigener Gesetze lange Zeit das verbindliche deutsche Eherecht.

An der gegensätzlichen Interpretation des „Wesens der Ehe" in den beiden Folgestaaten erweist sich: Der Ehebegriff wurde als konstitutiver und „systemrelevanter" Verfassungsbegriff in den drei Staaten, in denen das Gesetz galt, von den zuständigen obersten Gerichten definiert, und zwar jeweils im Sinne der neu etablierten Grundwerte und Staatsideologien im NS-Staat, in der Bundesrepublik und in der DDR.[39]

Der BGH folgerte aus dem institutionellen Sinn der Ehe anfangs deren wesenhafte „Unauflöslichkeit" mit der Folge stark reduzierter Ehescheidungen.[40] Das Oberste Gericht (OG) der DDR entschied, bei der Anwendung des § 48 EheG 1946 sei von dem Wesensbegriff auszugehen, den die Ehe in der „antifaschistisch-demokratischen Ordnung des neuen Staates" habe. Die Ehe sei nicht nur eine individuelle Angelegenheit der Eheleute, sondern sie habe auch gesellschaftlichen Idealen zu dienen, nicht zuletzt dic Arbeitsfreude zu fördern.[41]

Die Beispiele zeigen einerseits den Verfassungsrang und den dramatischen Inhaltswechsel des Ehebegriffs im Wechsel der politischen Systeme und Ideologien. Andererseits belegt Art. 79 GG mit seinen hohen Schranken für jede Änderung des Grundgesetzes, daß die darin enthaltenen Verfassungsgarantien nicht erneut dem schwankenden Zeitgeist und beliebigen gesellschaftlichen Umdeutungen unterworfen sein sollten, sondern es zu jeder Verfassungsänderung entsprechender Mehrheitsbeschlüsse der zuständigen Verfassungsorgane bedürfe.

---

38 *Mössmer*, Neugestaltung des deutschen Ehescheidungsrechts, Berlin 1935, S. 11 f.; vgl. auch *Adolf Hitler*, Mein Kampf, X. Aufl., München 1932, S. 275 f.

39 Dazu ausführlich *B. Rüthers*, „Wir denken die Rechtsbegriffe um..." – Weltanschauung als Auslegungsprinzip, Edition Interfrom, Zürich 1967, S. 45–58 mit zahlreichen Nachweisen.

40 BGHZ 18, 14 (17); BGH LM Nr. 20 zu § 48 II EheG; vgl. auch BGHZ 40, 239 (249) zu § 47 EheG.

41 OGZ 1, 72 (76) und 3, 83 (85).

Vor diesem historischen Hintergrund ist die Verankerung des besonderen Schutzes von „Ehe und Familie“ (Art. 6 Abs. 1 GG) in der Verfassung der Bundesrepublik zu sehen. Es sollte eine Verfassung geschaffen werden, welche die Veränderungen und Verschiebungen der Verfassungsgrundbegriffe durch vermeintliche „Auslegung“ verhindern oder mindestens erschweren sollte. Der Ehebegriff sollte nicht den wechselnden Strömungen der Zeitgeister geöffnet, sondern gerade gegenüber Begriffsvertauschungen in der Verfassung geschützt werden.

Es darf nach der damaligen Rechtslage als ausgeschlossen gelten, daß der Ehebegriff Art. 6 Abs. 1 GG der einfachen Gesetzgebung oder der richterlichen Rechtsfortbildung zu inhaltlichen Strukturveränderungen geöffnet werden sollte, etwa im Sinne einer Gleichstellung von Ehe und gleichgeschlechtlicher Lebensgemeinschaft.

Der Ehebegriff des Grundgesetzes ist also keine inhaltlich auswechselbare, von den Gerichten nach dem jeweiligen Zeitgeist neu auszurichtende „Generalklausel“ im Sinne einer ideologischen Gleitklausel. Er ist vielmehr ein durch seine Entstehungsgeschichte und die Rechtstradition festgefügter, systemrelevanter Wertmaßstab. Er läßt sich nur durch ein verfassungsänderndes Gesetz nach Art. 79 GG verändern.

4. Einvernehmliche Verfassungsumgehung durch die Verfassungsorgane? – Der „scheinautomatische Verfassungswandel“ durch verschwiegene Umdeutung

Es handelt sich bei dem Erlaß dieses Gesetzes aus meiner Sicht um einen verfassungsrechtlich einmaligen Vorgang: Die Kanzlerin äußert in einem Abendgespräch mit der Presse – mehr oder weniger absichtsvoll – die Absicht, die Abstimmung über die „Ehe für alle“ als eine Gewissenentscheidung zu betrachten. Der Bundestag hält es in einer kurzfristig angesetzten Abstimmung nicht für geboten, die in der juristischen Literatur breit erörterte Frage eines Verfassungsverstoßes durch das von ihm „durchgewinkte“ Gesetz in dieser Sache auch nur zu erörtern. Der sonst wachsam auf die Kompetenzen und die Würde des Bundestages bedachte Bundestagspräsident äußert zu diesem Vorgehen keine Bedenken. Die Bundeskanzlerin, die dieses „Blitzverfahren“ durch ihre beiläufige Bemerkung bei einem privaten Abendgespräch auslöste, stimmte dann „aus Überzeugung“ gegen das Gesetz. Die Abstimmung endet in einem seltsamen „Konfetti-Regen“. Der Bundesrat schließt sich mit seiner diskussionslosen Zustimmung der gemeinsamen Verschweigung der verfassungsrechtlichen Probleme an.

5. Wird die verfassungsrechtliche und die verfassungspolitische Dimension solcher verdeckten und verschwiegenen Verfassungsänderungen verkannt?

Das hat u. a. zum Thema dieser Tagung geführt. Seit längerem wird in den einschlägigen Disziplinen und in den Leitmedien die Frage erörtert: „Stehen wir in einer Erosion von Demokratie und Rechtsstaat?“ Der geschilderte Vorgang betrifft genau diese Entwicklung. Die Bundeskanzlerin eröffnet mit ihrer Bemerkung, ob gewollt oder nicht, die Möglichkeit zu diesem gesetzgeberischen Winkelzug. Die beiden Verfassungsorgane Bundestag und Bundesrat verabschieden ein Gesetz, dessen Verfassungsmäßigkeit in einer Grundsatzfrage nach der Überzeugung führender Staatsrechtler dem Grundgesetz und dazu noch früheren Entscheidungen des Bundesverfassungsgerichts in schwerwiegender Weise widerspricht. Zu den Widersprechenden zählen der ehemalige Präsident und Mitglieder des Bundesverfassungsgerichts.

Alle beteiligten Bundesorgane kannten diese Verfassungsbedenken. Aus gegensätzlichen Motiven wurde der (geplante?), mögliche Verfassungsverstoß von der Regierung, den Parteien und den Organen der Gesetzgebung gebilligt und verschwiegen. Die taktisch praktizierte Einigkeit beschränkte sich, trotz der fundamentalen inhaltlichen Gegensätze, darauf, das brisante Thema gemeinsam kurz vor der Wahl zum Bundestag „vom Tisch zu räumen“.

Bei der „abstrakten Normenkontrolle“ eines erlassenen Gesetzes sind antragsberechtigt nur die Bundesregierung, eine Landesregierung oder ein Viertel der Mitglieder des Bundestages (Art. 93 Abs.1 Ziff. 2 GG). Alle an der fragwürdigen Gesetzgebung beteiligten Verfassungsorgane konnten deshalb (wiederum einvernehmlich!) davon ausgehen, daß eine Kontrolle der Verfassungsmäßigkeit dieses Gesetzes durch das BVerfG wegen der beschränkte Antragsberechtigung nicht zustande kommen würde. Hier haben wir ein Beispiel, wie mit den obersten Grundsätzen des demokratischen Rechtsstaates gespielt und die Zuständigkeit des Bundesverfassungsgerichts ausgeschaltet werden kann nach der Strategie: „Wo kein Kläger, da kein Richter!“

Die gemeinschaftlich angestrebte Vermeidung einer verfassungsgerichtlichen Kontrolle hat einen wichtigen juristischen Hintergrund. Das BVerfG hatte in seiner Entscheidung vom 17. Juli 2002 mit zahlreichen Hinweisen auf seine frühere Rechtsprechung selbst ausdrücklich hervorgehoben, daß das Grundgesetz die Ehe als eine dauerhafte Lebensgemeinschaft eines Mannes mit einer Frau unter den besonderen Schutz des Art.6 Abs. 1. stellt. Es hat zudem festgestellt, daß die „eingetragene Lebenspartnerschaft“ von diesem Schutz nicht erfaßt wird.[42] Das Gesetz vom 30. Juni 2017 verletzt diese Schranke, indem es die gleichgeschlecht-

[42] BVerfGE 105, 313 ff.

liche Lebensgemeinschaft unter den Begriff der Ehe stellt. Das ruft die Erinnerung an die Parole von Carl Schmitt aus dem Jahre 1934 wach: „Wir denken die Rechtsbegriffe um… Wir sind auf der Seite der kommenden Dinge!"

Sollte es entgegen der „Umgehungsstrategie" der an dieser Gesetzgebung beteiligten Staatsorgane noch zu einem Normenkontrollverfahren (Art. 93 GG) kommen, so stünde das BVerfG, wenn es dieses Gesetz billigen wollte, vor einer doppelten Hürde:

Es müßte also von einer eigenen ständigen Rechtsprechung abweichen, wenn es der einfachen Gesetzgebung gestatten wollte, den verfassungsrechtlichen Ehebegriff auf die „Ehe für alle" zu erweitern.

Das Gericht müßte ferner begründen, daß und wie diese offensichtliche Verfassungsänderung entgegen den strengen Voraussetzungen des Art. 79 GG zustande gekommen wäre.

Ein Wort zur methodischen Herausforderung der Bundesrepublik in der EU: Deutschland steht, wie alle Mitgliedstaaten der EU, vor zwei methodischen Aufgaben. In zwei Jahrzehnten haben wir gelernt: Es geht um die Harmonisierung der nationalen mit der europäischen Rechtsordnung. Sie stammen von unterschiedlichen Normsetzern, aus unterschiedlichen nationalen Geschichten, Rechtskulturen, Vorverständnissen und methodischen Traditionen. Wir brauchen eine verläßliche, europa-kompatible juristische Methodenlehre. Sie ist eine Voraussetzung für die Rechtsstaatlichkeit der EU. Wir brauchen eine Methodenlehre für die Praxis, nicht nur für die Rechtswissenschaft. Hinzu kommt die kritische Begleitung der Rechtsprechungspraxis des EuGHs und des EGMR.

Juristische Methoden sind in der Jurisprudenz wie in der Justiz, bei allen Normsetzern und Normanwendern, zeitbedingte Erzeugnisse von Sozialisationskohorten. Ihre Prägefaktoren waren und sind oft der Zeitgeist und die jeweilige Systemideologie. Allerdings sind die Interpreten an die Verfassung und die geltenden Gesetze gebunden. Die Gefahr, daß beide Faktoren zu verfassungswidrigen Verfassungsänderungen verleiten können, betrifft, wie die Beispiele zeigen, alle Verfassungsorgane.

In der Erfassung der jeweiligen Problemlagen ist die gesellschaftliche, betriebliche und Unternehmenspraxis den staatlichen Instanzen regelmäßig weit voraus. Die Gerichte werden mit den jeweiligen Umbrüchen und Veränderungen der Strukturen konfrontiert, bevor die Gesetzgebung und oft auch die Exekutive reagieren können.

Realistisch gesehen, könnte Art. 97 Abs. 1 des Grundgesetzes lauten:

> „Die Richter sind unabhängig und nur dem Gesetz und dem Zeitgeist unterworfen."

III. Fazit

„Das Richterrecht bleibt unser Schicksal."[43]

Das Vorgetragene sind unsichere Hypothesen, keine erwiesenen „wissenschaftlichen Wahrheiten". Es sind Meinungen, die sich aus den Erfahrungen von sechs Jahrzehnten in dieser Materie gebildet haben. Sie sind also nicht mehr als der letzte Stand meiner möglichen Irrtümer. Kritik ist erwünscht.

Der kontroverse Diskurs ist der verläßlichste Motor des Erkenntnisfortschritts in allen Lebensbereichen, besonders aber in der Jurisprudenz. Sie kennt in Wertungsfragen keine „Wahrheiten", sondern nur Meinungen, „Vertretbarkeiten", „Angemessenheiten". Wer diesen Diskurs – im Gegensatz zu der Praxis im 19. Jahrhundert – sucht und praktiziert – gilt schnell als „Polemiker". Das führt zu einer Verarmung und Lähmung bis zur bewußten Pflege falscher Geschichtsbilder.[44]

Die juristische Methodenlehre liefert das unverzichtbare Handwerkszeug zur Kontrolle und Selbstkontrolle der Gerichte für eine verfassungsgemäße Rechtsanwendung.

Juristische Methodenlehre und Methodenehrlichkeit sind Prüfsteine und „Warnlampen" rechtsstaatlicher und verfassungsgemäßer Rechtsanwendung.

Auch die obersten Verfassungsorgane unterliegen Risiken von Verfassungsverstößen. Eine unabhängige, kritische Rechtswissenschaft ist die „letzte Instanz" und Schranke, sofern sie ihre Verantwortung sieht, wahrnimmt und gehört wird. Die Bereitschaft dazu ist auf beiden Seiten noch steigerungsfähig.

---

43 *F. Gamillscheg*, AcP 164 (1964), 385, 445; ders., RdA 2005, 79, 80 f.

44 *B. Rüthers*, Verfälschte Geschichtsbilder deutscher Juristen? NJW 15/2016, 1058–1074.

Die Flüchtlingskrise – wie es dazu kam

Robin Alexander

I. Vorbemerkungen

Bevor ich beginne, möchte ich noch einmal auf das gerade Gehörte eingehen. Der Beitrag meines Vorredners hieß „Das entgrenzte Gericht". Ich bin kein Jurist, sondern Parlamentskorrespondenten. Aber ich glaube, in Berlin werden wir in den kommenden vier Jahren einen Anwendungsfall davon erleben, was geschieht, wenn das Verfassungsgericht über seine Grenzen hinausgreift. Das Verfassungsgericht entschied 2012 nicht nur, dass Wahlrecht müsse geändert werden. Es fügte hinzu, dass Wahlrecht müsse im Konsens aller im Bundestag vertretenen Parteien geändert werden. Das hat nicht funktioniert. Vielleicht konnte es nicht funktionieren. Als Resultat haben wir jetzt einen mit 709 Abgeordneten geradezu aufgeblähten Bundestag. Dabei war schon die reguläre Größe von 598 Mandaten überdimensioniert.

Sie werden wahrscheinlich bisher nur davon gehört haben, was das alles kostet. Ich sage Ihnen aber, diese Größe wird für die Parlamentspraxis indirekt noch viel höhere Kosten für den Bürger haben. Es sind mittlerweile so viele Abgeordnete, dass die Fraktionen gar keine Funktionen mehr für die Leute haben. Ein Abgeordneter repräsentiert ja seinen Wahlkreis, aber er wirkt auch in einem Ausschuss mit. Wenn sie jetzt einen Wirtschaftsausschuss mit 60 oder 80 Leuten besetzen müssen, verändert das die Diskussion in diesem Gremium. Deshalb wird jetzt schon darüber nachgedacht, Unterausschüsse zu gründen, dann ist der Abgeordnete aber dann nur noch für die Wasserwirtschaft zuständig oder ähnliches. Also das Bild des Abgeordneten wird durch diesen Riesen-Bundestag in den nächsten Jahren dramatisch verändert werden. Letzte Anmerkung dazu: Nur noch ein Drittel der Abgeordneten ist jetzt direkt gewählt. Alle anderen kommen über die Listen, auf denen sie von den Parteiführungen platziert wurden. Und wenn Sie sich anschauen, welche Abgeordnete in den letzten Jahren durch Mut zum „Nein" gegenüber Parteivorgaben aufgebracht haben, dann waren das fast immer direkt gewählte Abgeordnete. Also hier noch, weil es mich in diesen Tagen nach der Bundestagswahl umtreibt und meinem Vorredner Recht gibt: Hier hat eine ambitionierte Entscheidung des Verfassungsgerichts wirklich nicht segensreich gewirkt.

II. Die deutsche Flüchtlingskrise

Nun zu meinem Buch über die Flüchtlingskrise. Es handelt sich dabei um eine klassische journalistische Reportage. Sie beginnt 4. September 2015 mit der Grenzöffnung endet im März 2016, als die Flüchtlingskrise mit der Schließung der Balkanroute und dem EU-Türkei-Abkommen einen gewissen Endpunkt findet. Für diese Tagung habe ich noch ein bisschen etwas Anderes vorbereitet, weil ich glaube, dass Sie das interessiert, wie wir überhaupt erst in die Lage gekommen sind, in der wir 2015 waren. Ich möchte anregen, gedanklich zu unterscheiden zwischen der globalen Migrationskrise und den deutschen Ereignissen in den Jahren 2015 und 2016. Hundertausende sind weltweit auf der Flucht, das steht nicht in Frage. Aber es gibt auch eine spezifisch deutsche Flüchtlingskrise 2015/2016, die sich von der Krise aller anderen Länder um uns herum unterscheidet. Darüber möchte ich vor allen Dingen sprechen.

2011 gab es ein Urteil des Verfassungsgerichtes, das einschlägig für diesen Fall ist, nämlich dass keine Abschiebungen mehr nach Griechenland vollzogen werden im Rahmen des Dublin-Abkommens. 2012 gibt es ein zweites Verfassungsgerichtsurteil, dass die Sozialleistungen für Asylbewerber nicht unter das Existenzminimum abgesenkt werden, de facto liegen sie eigentlich nur 50 Euro unter dem Hartz IV-Satz. Jetzt kommen wir in das Jahr 2013, in dem wir öffentlich noch gar nicht viel über Flüchtlinge sprechen, in den Apparaten in Berlin aber schon viele Warnungen ankommen. 2013 gibt es eine Regierungsbildung der großen Koalition. Bei Regierungsbildungen in Deutschland werden die Posten immer zum Schluss verteilt in einem großen Poker. Und da kommt es dazu, dass die für die Flüchtlingskrise wesentlichen Stellen von Menschen besetzt werden, die bis kurz vorher noch mit anderen Posten rechneten. Der Innenminister wird nämlich Thomas de Maizière, ein ganz erfahrener Politiker, der aber Verteidigungsminister bleiben wollte, weil er die Bundeswehrreform vollenden wollte und sich bei Frau Merkel bitterlich beklagte, dass er zurück musste ins Innenministerium, wo er schon einmal war. Und die zuständige Staatssekretärin wird Emily Haber. Das ist eine ganz erfahrene Diplomatin, sie ist Expertin für die Sowjetunion gewesen, sie kennt sich sehr gut aus mit der Türkei und arbeitet im Außenministerium. Der neue Außenminister 2013, Herr Steinmeier, sagt, er möchte keine Merklianerin mehr haben, deshalb muss für Frau Haber kurzfristig ein neuer Posten geschaffen werden und sie wird Staatssekretärin im Innenministerium.

Wir haben also in der Flüchtlingskrise an den entscheidenden Stellen Leute, die bis vor kurzem in ganz anderen Fachgebieten tätig waren. Ein weiteres geht in den Koalitionsverhandlungen schief. Die Experten in den Fraktionen halten es für entscheidend, die Länder des westlichen Balkans zu sicheren Herkunftsländern zu erklären. Ich weiß, hier im Raum sind viele Leute vom Fach, aber ich erkläre es trotzdem einmal kurz. Wenn Menschen aus sicheren Herkunftsländern in Deutschland Asyl beantragen, können sie vergleichsweise kurze Verfahren bekommen. Wenn sie nicht aus sicheren Herkunftsländern kommen, dauern die Verfahren zu dieser Zeit 9 bis 12 Monate. Und die Idee in den Koalitionsverhandlungen, da sind sich die Innenpolitiker auch einig, also Sozialdemokraten, Christdemokraten und Christsoziale, ist, die sechs westlichen Balkanländer zu sicheren Herkunftsstaaten zu erklären. Das klappt aber nicht wegen eines Aufstands des linken Flügels der SPD-Fraktion.

III. Der schwarz-rot-grüne Asylkompromiss

Daraufhin beschließt die Große Koalition, nur drei Balkanländer zu sicheren Herkunftsländern zu machen. Der Bundestag beschließt das mit 80 %iger Mehrheit, aber anschließend bleibt das entsprechende Gesetz im Bundesrat stecken. Warum? Zu dieser Zeit gibt es zehn Landesregierungen, an denen die Grünen beteiligt sind. Die Grünen wiederrum zerfallen klassisch in einen Fundi- und einen Realoflügel. Von dem Fundiflügel ist gar nicht mehr so viel politisch übrig, aber der bedingungslose Flüchtlingsschutz ist für diese Leute mehr als ein wichtiges Thema, geradezu entscheidend für ihre politische Identifikation. Das heißt, eine kleine Gruppe von den Grünen kann den kleineren Partner der Landesregierung dazu bewegen, im Bundesrat sich zu enthalten. Eine Landesregierung, die sich nicht einig ist, enthält sich im Bundesrat. Dies ist in allen Koalitionsverträgen fast gleichlautend geregelt. Das bedeutet im Ergebnis: Es gibt eine Sperrminorität in der Länderkammer wegen einer Minderheitengruppe in den kleineren Koalitionspartnern.

Das klingt jetzt sehr technisch, ist aber unbedingt entscheidend. Denn bevor Syrer und Iraker und andere Menschen aus dem Nahen Osten über die Balkanroute nach Deutschland kommen, ist sie erst einmal eine Route für Menschen vom Balkan. Für sehr, sehr viele Menschen. Als die Syrer im September 2015 kommen, sind unsere Flüchtlingsunterkünfte bereits voll. Und dort sind Leute, die wissen, dass sie kein Asyl bekommen. Die Anerkennungsquoten für die Balkan-Länder sind damals unter 1 %. Diese Menschen kommen teilweise, um ein Kind zu gebären. Oder sie kommen als Bauarbeiter, um das Schlechtwetter in den Ländern zu überbrücken. Also es ist etwas entstanden, eine Mischung aus staatlichem Handeln und organisierter Kriminalität auf der Balkanroute, auf das die eigentlichen Flüchtlinge, über die wir im Herbst 2015 reden, sich sozusagen draufsetzen. Da hat sich Deutschland ein Eigentor produziert, wie es kein anderes Land in Europa getan hat.

Der Versuch, doch noch die sicheren Herkunftsländer zu erreichen, wird in Verhandlungen mit den Grünen unternommen. Interessanterweise werden diese aber nicht vom Innenminister geführt, der eigentlich dafür zuständig gewesen wäre, denn das Gesetz fiel ja unzweifelhaft in seinen Bereich. Aber Thomas de

Maiziere verhandelt nicht mit den Ländern, sondern Kanzleramtschef Peter Altmaier. Warum ist das so? Das wird teilweise begründet mit Altmaiers besonderer kommunikativer Begabung. Die gibt es zweifellos. Aber ich möchte eine andere These in den Raum stellen. Es ging um die Zusammenarbeit mit grünen Landesministern. Und Peter Altmaier war immer jemand, der für die schwarz-grüne Option der Union stand. Also ich halte es für vertretbar zu sagen, dass damit auch Netzwerke erprobt werden sollten, die eine schwarz-grüne Regierung wahrscheinlicher machen sollten.

2014 gelingt dann für die drei Balkanländer, über die ich am Anfang gesprochen habe, tatsächlich eine Einigung und es gibt einen schwarz-rot-grünen Asylkompromiss. Der sieht unter anderem vor, als Preis für die Anerkennung der sicheren Herkunftsländer, dass die Residenzpflicht fällt. Und zwar auch bei Flüchtlingen, die noch nicht anerkannt sind. Außerdem soll das Arbeitsverbot fallen. Und der Kompromiss sieht in seiner Ursprungsform vor, dass Flüchtlinge eine Gesundheitskarte bekommen. Das wird 2014 politisch vereinbart und tritt teilweise im August 2015 als Gesetz in Kraft. Diese Reform trägt dazu bei, dass in den Herkunftsgebieten der Flüchtlinge die Vorstellung entsteht, jeder könne in Deutschland leben, wo er wolle, könne sofort arbeiten und sei sofort krankenversichert.

Der erweiterte Familiennachzug für subsidiär geduldete Flüchtlinge, über den gerade jetzt in den Sondierungsverhandlungen wieder gestritten wird, tritt auch im August 2015 in Kraft. Der Nachzug wird also erleichtert für Flüchtlinge, die weder klassisch politisch Verfolgte nach dem Asylrecht sind, noch nach Genfer Konvention verfolgt werden.

IV. Wie Prognosen entstehen

Als die Zahlen 2015 dann steil ansteigen, gibt es ein seltsames Wechselspiel zwischen den Behörden. Zuerst bitten Kommunen und Länder den Bund monatelang, seine Prognose zu erhöhen. Diese Prognose, die offiziell vom Bundesamt für Migration und Flüchtlinge erstellt wird, aber vom Kanzleramt und Innenministerium abgesegnet werden muss, ist u.a. entscheidend dafür, wie viele Plätze in den Erstaufnahmeeinrichtungen vorgehalten werden. Der Bund weigert sich jedoch zunächst, die Prognose zu erhöhen und korrigiert sie dann alle paar Monate nach oben. Bis es im August 2015 zu einem interessanten Wechsel kommt. Da soll wieder einmal die Prognose erhöht werden und Thomas de Maizière geht mit einer Vorlage ins Kanzleramt, in der die Zahl 600.000 Asylbewerber genannt wird. Nach dem Gespräch mit Merkel ist die Vorlage fast gleichgeblieben, es wurde kein Wort geändert – aber die Zahl: Da steht jetzt 800.000. Die Kanzlerin hat mit einem Federstrich die Prognose um 200.000 angehoben.

Warum ist das passiert? Weil im Sommer 2015 Angela Merkel entschieden hat, die Politik zu verändern. Deutschland hat zehn Jahre lang am Dublin-System festgehalten. Das Dublin-System besagt ja, dass Asylbewerber in dem Land ihren Antrag stellen müssen, indem sie zum ersten Mal die EU betreten. Es gab immer Versuche in der EU, das zu ändern. Es gab Initiativen von Malta, von Schweden, von Italien und Berlin hat immer gesagt: Nein. Noch 2013. Und im Sommer 2015 trifft Angela Merkel für sich die Entscheidung, das Dublin-System ist nicht mehr zu halten, wir müssen zu einem Verteilsystem kommen innerhalb Europas. Das wird aber nicht kommuniziert. Es gibt keine Bundestagsrede dazu, es gibt kein großes Interview oder was immer man sich vorstellen kann, sondern es wird der Plan gemacht, die neue Politik diskret über die EU-Kommission durchzusetzen.

Der EU-Kommission wird signalisiert, Deutschland werde sein Veto nicht mehr einlegen, dann wird versucht, den französischen Präsidenten ins Boot zu holen. Man will sozusagen langsam dahin kommen und dafür braucht man jetzt eine hohe Prognose. Solange man an Dublin festhalten wollte, waren die niedrigen Prognosen nämlich politisch opportun. Wenn man aber Druck aufbauen will für ein neues System, sind hohe Prognosen besser.

Die Ereignisse im August 2015 überschlagen sich dann. Dramatisch ist im Nachhinein, dass das Dublin-Verfahren für Syrer ausgesetzt wird. Das bedeutet, im Bundesamt für Migration und Flüchtlinge gibt es die Anweisung, Syrer gar nicht mehr versuchen zurückzubringen in die Länder, in die sie zum ersten Mal in die EU gekommen sind. Diese Anweisung verbreitet sich über einen im Nachhinein berühmt gewordenen Tweet. Ein Journalist fragt nach, ein internationaler Journalist übrigens, kein Deutscher, und das BAMF bestätigt ihm, wir versuchen gar nicht mehr Syrer zurückzubringen nach Ungarn oder nach Griechenland oder sonst wo immer sie in die EU gekommen sind. Alle Syrer bleiben in Deutschland. Das verbreitet die Pressestelle des Bundesamtes über Twitter. Daraufhin sind auf der Balkanroute alle nur noch Syrer, was aus der Sicht der Betroffenen ja durchaus nachvollziehbar ist.

Dann nähern wir uns, ich raffe es ein bisschen, weil wir ja noch in die Diskussion kommen wollen, der berühmten Nacht des 4. September. Bis heute argumentiert die Bundesregierung, es gab keine Grenzöffnung, weil die Grenzen als europäische Binnengrenzen ja schon vorher offen gewesen seien. Ich halte das für Wortklauberei, denn für die Flüchtlinge, die nach dem Dublin-System in Ungarn bleiben müssten, war es sehr wohl eine Grenzöffnung. Ungarn hat 50.000 Flüchtlinge im Osten des Landes, grenznah. Er hat sie lange an der Weiterreise nach Deutschland gehindert, weil Ungarn ja laut Dublin für ihre Verfahren zuständig ist. Doch dafür ist Orban von der EU kritisiert worden, weil man Flüchtlinge nicht wie Gefangene mit Gewalt in Lagern festhalten dürfe. Orban ist dann aber auch kritisiert worden, als er die Flüchtlinge durchgewinkt hat. In dieser ersten Septemberwoche strömen nämlich nach Budapest an diesen berühmten Keleti-Bahnhof. Dort kaufen sie sich Fahrkarten, fahren nach München, werden von jubelnden Münchnern empfangen. Gleichzeitig protestiert die Bundesregierung aber formell in Budapest, das geht nicht.

Für Orbán stellt sich also die Situation dar, die Deutschen rügen ihn, weil er die Flüchtlinge durchlässt, bejubeln aber jeden Flüchtling, der ankommt. Orbán hat natürlich eine eigene Agenda. Er will einen Grenzzaun bauen und spricht von einem flüchtlingsfreien Ungarn. Also Orbán hat eine ganz andere Vorstellung, als das Verteilsystem, das entstehen soll, und er schickt den Flüchtlingen dann irgendwann keine Züge mehr. Die haben schon Fahrkarten, aber es kommt kein Zug mehr. Dann machen die sich zu Fuß auf den Weg. Das ist die Situation, die die deutsche Grenzöffnung provoziert. Man hat also diese Kolonne von Flüchtlingen, die am Bahnhof losläuft über die Autobahn Richtung Österreich.

Merkel ist an diesem Tag für Orbán nicht zu sprechen. Die Kanzlerin will den in vielen Fragen renitenten Osteuropäer nicht aufwerten zu einem gleichrangigen Kontrahenten in der EU. Orbán ruft deshalb bei Werner Faymann an, damals Bundeskanzler in Österreich. Faymann lässt sich verleugnen, sagt einfach, er sei nicht zu sprechen. Daraufhin veröffentlichen die Ungarn über ihren Pressedienst, die Österreicher sind nicht zu sprechen, während Flüchtlinge auf ihre Grenzen zulaufen. Dann muss Faymann reagieren und Orbán will von Faymann diesmal vorher wissen, was er tun soll. Ungarn war kritisiert worden, als es die Flüchtlinge aufgehalten hat. Es war auch kritisiert worden, als es die Flüchtlinge durchwinkt hat. Bitteschön, hier ist eine Gruppe von Flüchtlingen auf dem Weg zur österreichischen Grenze. Was soll geschehen? Dieses Mal will Ungarn es vorher wissen. Nachdem Faymann es nicht geschafft hat, den Kopf in den Sand zu stecken, kommt er auf die Idee, die Hälfte der Flüchtlinge nach Deutschland weiter zu schicken. Faymann ruft bei Merkel an und schlägt vor, die Gruppe zu teilen.

Die Idee der deutschen Grenzöffnung ist in Wien entstanden und zwar spontan, quasi im Affekt. Faymann erreicht Merkel, aber nicht im Kanzleramt, denn Merkel ist den ganzen Tag unterwegs an diesem Freitag. Sie absolviert Wahlkampftermine und Kanzlertermine. Konkret erreicht Faymann sie auf einer Veranstaltung in Köln zum 65. Geburtstag der NRW-CDU. Er spricht erst mit ihr im Dienstwagen, während sie zum Flughafen gefahren wird, und sagt, wir müssen unbedingt etwas machen, es droht Gewalt. Orbán könnte Polizei oder Militär einsetzen. Merkel entscheidet dann unter dem subjektiven Eindruck, ein großes Unheil muss abgewendet werden. Sie versucht, den CSU-Chef und bayrischen Ministerpräsidenten anzurufen. Doch Horst Seehofer sitzt in seinem Ferienhaus im Altmühltal und geht nicht ans Telefon. Merkel redet mit dem damaligen Außenminister, Frank-Walter Steinmeier, im Auswärtigen Amt. Dort wird in der Nacht ein Ad hoc-Gutachten erstellt, weil nach dem Dublin-Prinzip diese Leute ja alle in sicheren Drittstaaten sind.

V. Eine spontane Entscheidung

Das Ad hoc-Gutachten des Auswärtigen Amtes argumentiert mit einer Notlage in Ungarn, weshalb man eine Ausnahme machen könnte. Merkel ruft auch Sigmar Gabriel. Dann fliegt sie nach Berlin. In Berlin in der Nacht zum 5. September lässt sie sich in ihre Wohnung fahren, nicht ins Kanzleramt. Während sie im Dienstwagen sitzt, bekommt sie eine Meldung aus dem Lagezentrum des Kanzleramts, dass die Ungarn vor die Presse gegangen sind und haben gesagt, wir fahren jetzt die Flüchtlinge zur österreichischen Grenze. Es droht Gefahr auf unseren Autobahnen. Das stimmt nicht. Die Flüchtlinge hätten zu Fuß die Grenze in der Nacht niemals erreichen können. Die suchten ein Nachtlager, die waren auch überhaupt nicht gewalttätig gestimmt. Aber Orbán will eine Entscheidung erzwingen. Dann fährt eine Kolonne von Flüchtlingen zur österreichischen Grenze und im ersten Wagen sitzt ein Staatssekretär. Der heißt Zoltan Kovac, ein an britischen Universitäten ausgebildeter Kommunikationsfachmann, das ist sozusagen der Mann für Ungarns Image im Westen.

In diese Lage entscheidet Merkel: Wir nehmen die Hälfe dieser Flüchtlinge auf. Die Ungarn fahren die Kolonne bis an die Grenze, dort müssen alle aussteigen. Die Österreicher wollen durchwinken, aber da sagen die Ungarn jetzt Stopp. Es muss so sein, dass Österreich die Flüchtlinge selber ins Land geholt hat. Orbán argumentiert strikt legalistisch und will dieses Zeichen setzen.

Wenn Frau Merkel heute sagt, die Grenzöffnung war eine Tat aus einem humanitären Impuls, ist das aus ihrer Perspektive richtig. Aber dem ging eine geplante sorgfältig orchestrierte Aktion der ungarischen Regierung voraus, die diese deutsche Grenzöffnung erzwingen wollte.

In der Woche danach entstehen die berühmten Selfies, sie kennen das alle. Es kommen ja plötzlich sehr viele Menschen. Am Anfang die Gruppe, die geplant war aufzunehmen, 3.000 Leute waren auf der Autobahn, die Hälfte davon wären 1.500 gewesen. Die kommen dann aber am ersten Wochenende schon auf 12.000 und täglich kommen 10.000 mehr. Am Ende der Woche ist die Bundesregierung soweit, dass sie Grenzkontrollen einführt an der österreichischen Grenze, der Bahnverkehr wird für zehn Stunden unterbrochen.

In der Führung der großen Koalition und im Innenministerium gib es eine Debatte, ob Deutschland Flüchtlinge zurückweisen kann oder nicht. Der ursprüngliche Befehl der Bundespolizei sieht das auch vor. Auf den Tag genau eine Woche nach der Grenzöffnung, gibt es eine Sitzung im Innenministerium, welche die Grenzschließung vorbereiten soll. Und in dieser Sitzung, da sind der Minister, Staatssekretäre, Polizeiführer und die Abteilungsleiter, kommen Fragen auf. Die erste Frage ist, ist das überhaupt rechtlich möglich? Nach deutschem Recht kommen die Flüchtlinge alle aus sicheren Drittstaaten. Aber nach europäischem Recht, Stichwort Dublin, können sie nicht jemanden einfach in einen sicheren

Drittstaat zurückschicken, sondern sie schicken ihn in das Land, in das er in die EU gekommen ist. Sie überprüfen also, wo kommt er her.

Die Frage ist nur, ist Dublin in Kraft? Denn Dublin ist ja zumindest für Syrer ausgesetzt worden. Die zweite Frage, die in der Runde diskutiert wird: Was machen wir eigentlich, wenn die Flüchtlinge auf die deutschen Grenzpolizisten zulaufen? Welche Bilder entstehen dabei? In dieser Diskussionssituation verlässt Thomas de Maizière die Sitzung und ruft Angela Merkel an. Er kommt aber nicht mit einer Entscheidung zurück, sondern mit neuen Fragen. De Maizière fragt erneut die Polizeiführer und wieder die Beamten. Doch die können ihm keine befriedigende Antwort geben. Daraufhin wird der Befehl umgeschrieben. Es gibt Grenzkontrollen, der Zugverkehr wird für zwanzig Stunden eingestellt, aber das Entscheidende wird geändert, nämlich wer sagt, er will Asyl, wird weiter hineingelassen. Interessanterweise, als de Maizière das anschließend der Presse sagt, erwähnt er den Aspekt nicht und lässt keine Fragen zu. Die Regierung hofft nämlich, dass der Eindruck entsteht, es würden auch Flüchtlinge zurückgewiesen. Tatsächlich sinken die Zahlen für drei bis vier Tage, bis die Schleuser auf der Balkanroute bekanntmachen, dass man weiter nach Deutschland hineinkommt.

Deshalb ist es wichtig zu verstehen, die deutsche Grenzöffnung, egal wie man politisch zu ihr steht, war nicht geplant. Die ist einfach geschehen, da ist Kontrolle verloren worden. Und eine Woche später ist die Zurückweisung von Flüchtlingen, die ja später offiziell öffentlich als unmöglich erklärt wurde, zumindest debattiert worden in der Bundesregierung.

Es gibt eine zweite entscheidende Begebenheit, bei der meiner Meinung nach unglücklich agiert wurde. Als die Bundesregierung den politischen Willen nicht aufbringt, die eigene Grenze zu schließen, versucht sie stattdessen einen Verteilmechanismus in Brüssel zu erzwingen. Am 22. September im Innenministerrat gibt es dazu eine Kampfabstimmung, bei der die Osteuropäer überstimmt werden. Das ist in unseren Medien keine große Sache gewesen, für ganz Osteuropa ist aber das das ganz entscheidende Datum der Flüchtlingskrise. Denn aus dem Blickwinkel der Ungarn, Tschechen, Slowaken, Polen wird ein Gründungsversprechen der EU gebrochen, in dem in einer wesentlichen Frage mit Mehrheitsentscheidung gegen den souveränen Willen der Völker entschieden wird. Daran geht die öffentliche Meinung in Osteuropa für die Aufnahme von Flüchtlingen kaputt und ist bis heute nicht wieder geheilt worden. Der Innenministerrat beschließt diese Verteilung, sie wird aber nie Realität.

VI. Illusion europäische Lösung

Denn die Verteilung soll aus Lagern in Griechenland, Italien erfolgen, die diese Länder nie aufbauen. Außerdem weigern sich die Osteuropäer Flüchtlinge aufzunehmen. Und als dritten Punkt: Die Flüchtlinge wollen auch nicht dorthin, sie wollen nicht nach Polen, nicht in die Slowakei. Das ist auch etwas, was in der deutschen Debatte noch immer nicht verstanden wird. Ich fand es bestürzend, als auch Martin Schultz im Wahlkampf wieder mit der Idee kam, man müsse die Osteuropäer zwingen. Es gibt eine Szene, die deutlich macht, wie illusionär das ist. Jean-Claude Juncker, EU-Kommissionspräsident und glühender Verfechter der Verteilungslösung ist ja Luxemburger, und der hat seine Regierung geschickt, nehmt doch die Flüchtlinge auf, die ihr nach diesem Verteilsystem aufnehmen müsst. Und da sind die Luxemburger Beamte in diese Lager, die werden Hot Spots genannt, gegangen und haben gefragt: Wer will nach Luxemburg? Aber sie haben die Leute nicht zusammengekriegt. Keiner wollte nach Luxemburg. Denn bei den Menschen, die damals unterwegs waren, war Deutschland fast mythisch aufgeladen. Das waren nicht nur die Selfies von Angela Merkel, da war auch Wirtschaftswachstum, Fußballweltmeister, Bilder vom Münchner Hauptbahnhof. Ich habe damals mit vielen Leuten gesprochen, Deutschland war in der öffentlichen Meinung des Nahen Ostens etwas, was im 19. Jahrhundert für deutsche Auswanderer Amerika war. Am Ende haben die Leute von Juncker ihre Quote vollgekriegt, indem sie gesagt haben, Luxemburg ist genau neben Deutschland. Also die Idee, dass man die Menschen, die damals gekommen sind, in die ostpolnische Provinz stecken kann, die ist absurd. Das wird niemals gelingen. Bedauerlicherweise ist es immer noch offizielle Politik der Bundesregierung.

Ich habe schon so lange gesprochen, wir wollen ja noch diskutieren. Es gibt dann, das können Sie in meinem Buch nachlesen, wenn Sie das interessiert, einen interessanten Umbau in der Verwaltung, indem Peter Altmaier Flüchtlingskoordinator wird, dann gibt es Jan Hecker, ein früherer Verwaltungsrichter aus Leipzig, der das operativ leitet. Dann gibt es die schon angesprochene Staatssekretärin Haber und dann wird der BAMF-Chef ausgewechselt. Der neue Chef des BAMF wird Herr Weise, den Sie kennen als Chef der Arbeitsagentur. Wir haben also sozusagen – ironisch gesprochen – eine Vertikale der Macht von Merkel bis runter zum BAMF, die alle eigentlich Flüchtlingsmanagement machen und nicht Flüchtlingspolitik. Das Flüchtlingsmanagement läuft nach dem Grundsatz, wenn die Leute schon mal da sind, dann müssen die auch ganz schnell integriert werden. Wohingegen klassische Flüchtlingspolitik auch fragt, wer darf eigentlich bleiben, wen wählen wir aus? Also es entsteht an der Geschäftsordnung der Bundesregierung vorbei, oder sagen wir vielleicht besser in ihr, diese Vertikale des Flüchtlingsmanagements.

Gelöst wird das Problem eigentlich erst durch den EU-Türkei-Deal und durch die Schließung der Balkanroute. Die Schließung der Balkanroute wird von Sebastian Kurz, dem österreichischen Außenminister, vielen osteuropäischen Ländern und den gesamten Balkanländern gemeinsam organisiert. Und der EU-Türkei-Deal wird von Deutschland und den Niederlanden mit dem türkischen Präsidenten Recep Tayyip Erdogan ausgehandelt, vor allem aber mit dessen damaligen Ministerpräsidenten Ahmet Davutoğlu.

Zum Schluss eine Anekdote. Wenn Sie als Journalist nach Brüssel kommen und in der EU-Kommission fragen, ob Sie das EU-Türkei-Abkommen einsehen dürfen, bekommen Sie eine interessante Antwort. Sie lautet: Wir können Ihnen das Abkommen nicht zeigen. Es gibt nämlich gar kein Abkommen. Das EU-Türkei-Abkommen, das ja in der Öffentlichkeit für ein Dokument gehalten wird, vergleichbar mit den deutsch-deutschen Grundlagenverträgen, ist tatsächlich nichts außer wechselseitigen Presseerklärungen. Es gibt Absichtserklärungen des EU-Rats und es gibt Absichtserklärungen von Herrn Davutoğlu. Das ist das gesamte EU-Türkei-Abkommen.

Das neue Wahlgesetz von 2013 im zweiten Test der Bundestagswahl von 2017 – nicht bestanden: Die dringende Notwendigkeit einer Reform

Joachim Behnke

I. Einführung

Die Bundestagswahl vom 24. September 2017 ist nicht die erste, die das deutsche Parteiensystem in gehöriger Weise durcheinandergeschüttelt hat. Sie ist schon gar nicht die erste Wahl, die Eigenschaften aufweist, die ihr einen Wesenszug des Besonderen geben, der weit über die banale Tatsache hinausgeht, dass ja erst einmal – genau genommen – jedes Wahlergebnis einzigartig ist. Abgesehen von historisch schlechten oder guten Ergebnissen einzelner Parteien oder auffälligen bis absurden Effekten technischer Elemente des Wahlsystems, wie der – für damalige Verhältnisse – extremen Anzahl von 16 Überhangmandaten bei der Bundestagswahl 1994 oder dem negativen Stimmgewicht, das bei der Nachwahl in Dresden während der Bundestagswahl 2005 allgemein sichtbar wurde, ist es vor allem der Einzug neuer Parteien, der einer bestimmten Wahl den Status des Besonderen zu geben vermag. Solche Veränderungen des Parteiensystems stellen vor allem deswegen eine Zäsur, wenn nicht sogar einen Bruch des bis dahin bestehenden Systems dar, weil sie häufig zu neuen Koalitionsmöglichkeiten führen oder bisher übliche Koalitionen aus dem Rahmen des Möglichen und Umsetzbaren entfernen. So ist der Einzug der AfD sicherlich das herausragende politische Ereignis der letzten Bundestagswahl von 2017. Neben diesen politischen Konsequenzen der Wahl für das Parteiensystem weist die Wahl 2017 aber auch wieder besondere Züge auf, deren Ursache in der technischen Ausgestaltung des Wahlsystems liegt. Es geht dabei vor allem um die Vergrößerung des Bundestags von der regulären Größe von 598 um 111 Mandate auf 709 Sitze. Diese verdankt sich den Ausgleichsmandaten für die Kompensation von Überhangmandaten, die seit dem Wahlgesetz von 2013 vorgeschrieben sind. Damit besitzt Deutschland das nach China zweitgrößte Parlament der Welt bzw. das größte aller demokratischen Staaten weltweit. Nach der Reform der Sitzzuteilung für die Mandate des Europäischen Parlaments und der Anpassung der Sitzgröße nach dem Brexit wäre das deutsche Parlament wahrscheinlich auch größer als das der gesamten Europäischen Union. Schon die – im Vergleich zur aktuellen – maßvolle Vergrößerung des Bundestags auf 631 Mandate bei der Bundestagswahl von 2013 hatte Norbert Lammert, den damaligen Präsidenten des Bundestags, dazu veranlasst, in seiner Eröffnungsrede eine diesbezügliche Reform anzumahnen, wie man sieht ohne Erfolg. Auch der aktuelle Bundestagspräsident Wolfgang Schäuble hat das nun noch viel drängendere Problem aufgegriffen und eine entsprechende Reform angemahnt[1]. In jedem Fall scheint es angebracht, die dramatische Vergrößerung des Bundestags als einen höchst unerwünschten Effekt des Wahlsystems zu betrachten, der dringender Abhilfe bedarf. Dies gilt umso mehr als die aktuelle Situation noch keineswegs schon das größtmögliche Übel darstellen muss. Setzt die CSU z. B. den nun schon – mit kurzfristigen Unterbrechungen – Jahrzehnte währenden Abwärtstrend weiterhin fort, was nur dem natürlichen allgemeinen Entwicklungstrend von Volksparteien entsprechen würde, dann sind auch Hausgrößen des Bundestags von 750 bis 800 Sitzen ohne Weiteres vorstellbar, wenn man das Wahlsystem in seiner jetzigen Form belässt. Eine Reform, die diesem Missstand abhilft, scheint also unumgänglich. Dies sagt sich allerdings leichter als es getan ist. Denn das Wahlgesetz ist das Ergebnis eines politischen Verhandlungsprozesses, dessen Ziel die Umsetzung verschiedener Kriterien und Werte war, die nicht in jedem Fall widerspruchsfrei verwirklicht werden können. Vielmehr kommt es typischerweise zu einem sogenannten Trade-Off zwischen diesen Kriterien, d.h. eine bessere Verwirklichung des einen Kriteriums zieht oft die schlechtere Umsetzung eines anderen nach sich. Diese verschiedenen Formen eines Trade-Offs zwischen verschiedenen Kriterien ließen sich nur vermeiden, wenn es erst gar nicht zur Entstehung von Überhangmandaten käme. Im aktuellen Wahlgesetz z. B. wird neben der Gewährleistung des Proporzes zwischen den Parteien auch den Prinzipien der Unantastbarkeit der Direktmandate und dem innerparteilichen Proporz ein sehr hoher Wert zugeschrieben, was – wenn es einmal zu Überhangmandaten in größerer Zahl kommt – unweigerlich zu einer starken Vergrößerung des Bundestags führen muss. Andere Gesetzesvorschläge, wie sie in der Reformdiskussion von 2011 vorgebracht worden sind, setzen hier andere Prioritäten, keiner aber entkommt dem unausweichlichen Zwang, diese Trade-Offs und die Formen, in denen sie wirken, zu definieren und sie auf eine bestimmte Weise zu handhaben. Selbst die Vermeidung der Entstehung von Überhangmandaten kann ihrerseits ebenfalls zur Verletzung bestimmter Kriterien, Prinzipien oder Normen führen. Vermiede man z. B. die Entstehung von Überhangmandaten durch einen radikalen Systemwechsel, wie ihn die Einführung der Mehrheitswahl oder einer reinen Listenwahl bedeuten würde, so könnte dies nur zum Preis der Aufgabe der Interparteienproportionalität oder des Prinzips der personalen Wahl geschehen.

[1] https://www.zdf.de/nachrichten/heute/aufblaehung-des-parlaments-schaeuble-will-wahlrecht-aendern-100.html

Um einen sinnvollen Reformvorschlag formulieren zu können, bedarf es daher vorab einer Einigung auf die hierarchische Ordnung dieser Kriterien bzw. der Festlegung der relevanten „Preisrelationen". Bei welchem dieser Kriterien kann am ehesten auf seine Verwirklichung verzichtet werden bzw. wie groß sind die maximal hinnehmbaren Verletzungen des einen Prinzips, um die Verletzung eines anderen Prinzips um ein bestimmtes Maß zu reduzieren?

Der vorliegende Aufsatz geht nun im Wesentlichen in folgenden Schritten vor. Zuerst wird das Zustandekommen der Vergrößerung aufgrund der Eigenschaften des aktuellen Wahlgesetzes beschrieben. Anschließend wird beschrieben, wie die Ergebnisse unter den bekannten alternativen Entwürfen ausgefallen wären. Daraufhin erfolgt eine kurze Erörterung der relevanten normativen Kriterien und die Erstellung einer Art von Taxonomie, die erlaubt, die verschiedenen Reformentwürfe anhand der in ihnen umgesetzten Hierarchie der Kriterien zu klassifizieren. Abschließend werden eigene Reformüberlegungen vorgestellt.

II. Die Wirkungsweise des Wahlsystems von 2013 bei der Bundestagswahl 2017

Nach dem neuen Wahlgesetz von 2013 werden auf der ersten Stufe Ländersitzkontingente berechnet, indem die 598 regulären Sitze proportional zu ihren Bevölkerungszahlen nach dem Sainte-Laguë-Verfahren auf die Länder verteilt werden (Tabelle 1). Auf Baden-Württemberg entfallen demnach z. B. 76 Sitze.

Tabelle 1

Verteilung der Sitze aufgrund der Bevölkerungszahl auf die Länder

Land	Bevölkerung	Sitze (Bev)	Zweitstimmen	Sitze (ZW)
Baden-Württemberg	9.365.001	76	5.724.496	77
Bayern	11.362.245	93	6.841.086	93
Berlin	2.975.745	24	1.736.907	23
Brandenburg	2.391.746	20	1.396.941	19
Bremen	568.510	5	318.015	4
Hamburg	1.525.090	12	933.742	13
Hessen	5.281.198	43	3.201.975	43
Mecklenburg-Vorpommern	1.548.400	13	882.138	12
Niedersachsen	7.278.789	59	4.480.224	61
Nordrhein-Westfalen	15.707.569	128	9.475.240	128
Rheinland-Pfalz	3.661.245	30	2.269.589	31
Saarland	899.748	7	562.430	8

Sachsen	3.914.671	32	2.312.693	31
Sachsen-Anhalt	2.145.671	17	1.174.448	16
Schleswig-Holstein	2.673.803	22	1.669.995	23
Thüringen	2.077.901	17	1.210.040	16
Bund	73.377.332	598	44.189.959	598

Als nächstes werden diese Ländersitzkontingente im Verhältnis zu ihren Zweitstimmen auf die Parteien verteilt, ebenfalls mit Hilfe der Sainte-Laguë-Formel. Wie üblich werden dabei nur die Parteien berücksichtigt, die entweder mindestens 5% der Zweitstimmen erhalten oder drei Direktmandate gewonnen haben. Die entsprechenden Ergebnisse sind in Tabelle 2 dargestellt. Von den 76 auf Baden-Württemberg entfallenden Sitzen z. B. erhält die SPD 13 Mandate, die CDU 27 usw. Dabei sind allerdings jeder Partei in jedem Bundesland alle von ihr errungenen Direktmandate garantiert. Diese sind in Tabelle 3 aufgeführt.

Tabelle 2

Die proportionale Verteilung der Ländersitzkontingente auf die Parteien

	SPD	CDU	CSU	FDP	GRÜNE	LINKE	AfD	ALLE
Baden-Württemberg	13	27	0	10	11	5	10	76
Bayern	15	0	39	10	10	6	13	93
Berlin	5	6	0	2	3	5	3	24
Brandenburg	4	6	0	1	1	4	4	20
Bremen	1	1	0	0	1	1	1	5
Hamburg	3	3	0	1	2	2	1	12
Hessen	11	14	0	5	4	4	5	43
Mecklenburg-Vorpommern	2	4	0	1	1	2	3	13
Niedersachsen	17	21	0	6	5	4	6	59
Nordrhein-Westfalen	35	43	0	17	10	10	13	128
Rheinland-Pfalz	8	11	0	3	2	2	4	30
Saarland	2	2	0	1	0	1	1	7
Sachsen	4	9	0	3	2	5	9	32
Sachsen-Anhalt	3	5	0	1	1	3	4	17
Schleswig-Holstein	5	7	0	3	3	2	2	22
Thüringen	3	5	0	1	1	3	4	17
Bund	131	164	39	65	57	59	83	598

Tabelle 3

Die Verteilung der Direktmandate

	SPD	CDU	CSU	FDP	GRÜNE	LINKE	AfD	ALLE
Baden-Württemberg	0	38	0	0	0	0	0	38
Bayern	0	0	46	0	0	0	0	46
Berlin	3	4	0	0	1	4	0	12
Brandenburg	1	9	0	0	0	0	0	10
Bremen	2	0	0	0	0	0	0	2
Hamburg	5	1	0	0	0	0	0	6
Hessen	5	17	0	0	0	0	0	22
Mecklenburg-Vorpommern	0	6	0	0	0	0	0	6
Niedersachsen	14	16	0	0	0	0	0	30
Nordrhein-Westfalen	26	38	0	0	0	0	0	64
Rheinland-Pfalz	1	14	0	0	0	0	0	15
Saarland	1	3	0	0	0	0	0	4
Sachsen	0	12	0	0	0	1	3	16
Sachsen-Anhalt	0	9	0	0	0	0	0	9
Schleswig-Holstein	1	10	0	0	0	0	0	11
Thüringen	0	8	0	0	0	0	0	8
Bund	59	185	46	0	1	5	3	299

Für jede Partei wird in jedem Bundesland nun die Anzahl der ihr dort zustehenden Sitze berechnet. Dies ist entweder die Anzahl der sich im Rahmen der proportionalen Sitzzuteilung ergebenden Mandate oder die Anzahl der Direktmandate, je nachdem, welche der beiden Zahlen größer ausfällt. Diese Sitzzahl ist allerdings nicht zwangsläufig gleich der endgültigen Sitzzahl, die später für die Partei in diesem Bundesland anfallen wird. Insofern sind diese Zahlen eher eine Art von Rechenzwischengrößen, um den bundesweiten Gesamtsitzanspruch einer Partei zu berechnen, an dem sich dann der Ausgleich orientieren soll. Diese „vorläufige" Sitzanzahl der CDU in Baden-Württemberg z. B. beträgt 38 Sitze, weil die CDU dort 38 Direktmandate gewonnen hat, obwohl ihr nach der proportionalen Aufteilung des Landessitzkontingents von Baden-Württemberg eigentlich nur 27 Mandate zugestanden hätten. Der Einfachheit halber soll dieser Überschuss an Mandaten als Überhangmandate bezeichnet werden. Die Größenordnungen, in denen sie für die einzelnen Parteien anfallen, sind in Tabelle 4 dargestellt. Wie im alten Wahlsystem von 2008 stellen Überhangmandate den Überschuss an Direktmandaten gegenüber der Zahl an Mandaten dar, die der Partei in diesem

Bundesland aufgrund ihres Anteils der Zweitstimmen zustehen würde. Streng genommen ist dies hier allerdings nicht ganz korrekt, da die Sitzzahlen in Tabelle 2 eben nicht den Zahlen entsprechen, wie sie sich bei einer streng an den Zweitstimmen ausgerichteten proportionalen Verteilung ergeben würden, da die Ländersitzkontingente ja – etwas systemwidrig – entsprechend der Bevölkerungszahlen berechnet wurden. Dadurch kommt es zu leichten Verzerrungen, die aber in diesem Fall mehr oder weniger ignoriert werden können. So erhält die CDU nach der proportionalen Zuteilung auf die Landeslisten in Tabelle 2 einen Sitzanspruch von 164 Sitzen, obwohl ihr aufgrund ihres bundesweiten Zweitstimmenanteils eigentlich 168 Sitze zustehen würden. Man könnte die „Überhangmandate" daher hier der Korrektheit halber auch als „Quasi-Überhangmandate" bezeichnen.

Tabelle 4

Verteilung der Überhangmandate bzw. Quasi-Überhangmandate auf SPD, CDU und CSU

	SPD	CDU	CSU
Baden-Württemberg	0	11	0
Bayern	0	0	7
Berlin	0	0	0
Brandenburg	0	3	0
Bremen	1	0	0
Hamburg	2	0	0
Hessen	0	3	0
Mecklenburg-Vorpommern	0	2	0
Niedersachsen	0	0	0
Nordrhein-Westfalen	0	0	0
Rheinland-Pfalz	0	3	0
Saarland	0	1	0
Sachsen	0	3	0
Sachsen-Anhalt	0	4	0
Schleswig-Holstein	0	3	0
Thüringen	0	3	0
Bund	3	36	7

Wie schon erwähnt stellen die bisherigen Schritte jedoch nur eine Art von Zwischenrechnung zur Bestimmung der endgültigen Größe des Parlaments dar. Für diese wird der bundesweite Gesamtanspruch auf Sitze für jede Partei berechnet, indem die vorläufigen Sitzansprüche über alle Länder aufaddiert werden. Diese Zahlen sind in der dritten Zeile in Tabelle 5 aufgeführt.

Tabelle 5

Bundesweite Zweitstimmen, Sitzansprüche nach exakter proportionaler Verteilung der Ausgangsgröße von 598 Sitzen und nach dem aktuellen Wahlgesetz und die entsprechenden Faktoren der Überrepräsentation

	SPD	CDU	CSU	FDP	Grüne	Linke	AfD
Zweitstimmen bundesweit	9.539.381	12.447.656	2.869.688	4.999.449	4.158.400	4.297.270	5.878.115
Proportionaler Sitzanspruch	129	168	39	68	56	58	80
Gesamtanspruch auf Sitze	134	200	46	65	57	59	83
Faktor der Überrepräsentation	1,04	1,19	1,18	0,96	1,02	1,02	1,04

Die CDU hätten nach der proportionalen Sitzzuteilung der Ländersitzkontingente in Tabelle 2 insgesamt einen Anspruch auf 164 Sitze, dazu kommen die 36 Quasi-Überhangmandate, so dass sich als Summe 200 Sitze als bundesweiter Gesamtsitzanspruch ergeben. Die SPD hätte einen Gesamtsitzanspruch auf 134 Mandate. Im Verhältnis zur CDU wäre sie deutlich unterrepräsentiert, da sie weniger Überhangmandate erhalten hat, erst recht gilt dies für die kleinen Parteien.

Um nun die Proportionalität zwischen den Parteien, die in dieser ersten Sitzzuteilung auf die Parteien verletzt worden ist, wiederherzustellen, wird der Bundestag so lange vergrößert, bis die Gesamtsitzansprüche der Parteien auch im Rahmen der proportionalen Verteilung abgedeckt sind. Die Vergrößerung des Bundestags orientiert sich also immer an der am stärksten überrepräsentierten Partei. Die Gesamtsitzansprüche der Parteien werden dabei mit denjenigen verglichen, die sich aufgrund der proportionalen Verteilung aller Sitze des Parlaments auf die Parteien entsprechend deren bundesweit angesammelten Zweitstimmen ergeben würden. Diese Verteilung entspricht wieder der klassischen Oberverteilung im alten Wahlgesetz von 2008, die hier also als Referenzgröße für die Bestimmung des Ausmaßes der Überrepräsentation der einzelnen Parteien herangezogen wird. Wären die regulären 598 Sitze proportional auf die Parteien im Verhältnis zu deren bundesweiter Anzahl von gewonnenen Zweitstimmen verteilt worden, so hätte die CDU einen Anspruch auf 168 Sitze zugewiesen bekommen, die CSU einen auf 39, die SPD einen auf 129 usw. Diese Zahlen sind in der zweiten Zeile in Tabelle 5 aufgeführt. Der Faktor der Überrepräsentation ergibt sich nun ganz einfach, indem man die Gesamtsitzansprüche durch die Referenzgrößen dividiert. Wie man sieht ist die CDU die am stärksten überrepräsentierte Partei. Sie erhält 200 Sitze, hätte aber nur einen proportionalen Sitzanspruch auf 168 Sitze bei der Ausgangsgröße des Parlaments von 598 Sitzen. Sie erhält also ungefähr das 1,19-fache der Referenzzahl bzw. 19% mehr Sitze als ihr – ausgehend von 598 Sitzen – „eigentlich“, d.h. im Sinne der strikten Proportionalität zwischen den Parteien, zustehen würden. Um diesen Vorteil auszugleichen, muss daher das gesamte Parlament mehr oder weniger ebenfalls in diesem Maßstab vergrößert werden. Konkret muss die Parlamentsgröße auf 709 Sitze erhöht werden, damit der Sitzanspruch der CDU von 200 Sitzen abgedeckt werden kann. [2]

Die CDU erhält aufgrund der Mindestsitzzahlen also 32 Sitze mehr als ihr nach Proporz zustehen würden, wenn die ursprünglichen 598 Sitze proportional zwischen den Parteien verteilt worden wären. Die Zahl von 32 Sitzen stellt also den Überschuss bzw. „Überhang“ an Sitzen dar, der kompensiert werden muss, damit die Interparteienproportionalität gewährt bleibt. Offensichtlich stimmt die Zahl 32 aber nicht mit der Anzahl der „Überhangmandate“ überein. Dies liegt vor allem daran, dass die CDU bei der proportionalen Aufteilung der Ländersitzkontingente erst einmal zu wenige Sitze erhält, nämlich 164, obwohl ihr aufgrund ihres bundesweiten Zweitstimmenanteils 168 Sitze zustehen würden. Diese Inkonsistenz ist nicht allein die Folge von Rundungseffekten, sondern ergibt sich vor allem aus der systemwidrigen Verwendung der Bevölkerungszahlen für die Zuteilung der Ländersitzkontingente (Behnke 2013, 2014a). Denn tatsächlich werden so auf die ostdeutschen Länder tendenziell zu viele und auf die westdeutschen Länder zu wenig Sitze verteilt, nämlich im Verhältnis zu den Zweitstimmen, die in den dortigen Ländern anfallen. Dies sieht man in den Werten der fünften Spalte von Tabelle 1. Diese Inkongruenz kommt vor allem aufgrund der unterschiedlichen Wahlbeteiligungen in den Ländern und aufgrund der unterschiedlichen Anteile von Zweitstimmen für Parteien, die nachher nicht im Bundestag vertreten sind, zustande (vgl. Behnke 2014b). Aufgrund dieser Fehlallokation der Ländersitzkontingente im Verhältnis zu den Zweitstimmen, die die einzig relevanten Stimmen für die Sitzzuteilung sind, kommt es zwangsläufig zu Über- und Unterrepräsentationen in Form der Sitzansprüche in den Bundesländern, die dann auch bundesweit bei der Addition immer noch zu einer Überrepräsentation einer Partei führen können, wenn sich diese Effekte über alle Bundesländer nicht insgesamt ausgleichen. 2013 kam es z.B. zu der besagten Sitzvergrößerung von 33 Sitzen aufgrund einer Überrepräsentation der CSU, obwohl die CSU 2013 kein einziges Überhangmandat errungen hatte (Behnke 2013, 2014a). Der Ausgleich

[2] Tatsächlich fällt die Gesamtvergrößerung des Parlaments „nur“ mit dem Faktor 1,186 aus, also etwas geringfügiger als die Überrepräsentation der CDU ausfällt. Dies liegt daran, dass die Vergrößerung des Parlaments stoppt, sobald die CDU einen Anspruch auf 200 Sitze hat. Dies ist in der Logik des Sainte-Laguë-Verfahrens allerdings schon dann der Fall, wenn der exakte Sitzanspruch bei 199,5 Sitzen liegt, denn die nach dem Sainte-Laguë-Verfahren berechneten ganzen Sitzzahlen sind immer die Sitzzahlen, die sich aufgrund natürlicher Rundung der exakt proportionalen Sitzzahlen ergeben (vgl. Balinski/Young 2011: 30 ff; Behnke 2009). D.h. auch nach dem Ausgleich bleibt immer eine geringfügige Rest-Überrepräsentation der Partei, an der sich der Ausgleich orientiert, bestehen.

kommt also nicht nur aufgrund von Überhangmandaten zustande. Tatsächlich käme es im neuen Wahlgesetz allein aufgrund von Rundungseffekten praktisch immer zu einer – wenn auch mäßigen – Vergrößerung des Bundestags. Wirklich dramatische Vergrößerungen des Bundestags allerdings werden immer auf der Entstehung von Überhangmandaten beruhen.

Der Überschuss von 32 Mandaten der CDU beruht 2017 in der Tat fast ausschließlich auf den Überhangmandaten. Allerdings sieht man, dass der Faktor der Überrepräsentation der CSU nur sehr geringfügig unter dem der CDU liegt. Hätte also die CDU einige Überhangmandate weniger erhalten, hätte sich der Ausgleich an der CSU orientiert. Dies hätte zu einer nur geringfügig kleineren Vergrößerung des Bundestags geführt, der Bundestag hätte in diesem Fall „nur" noch auf 700 statt auf 709 Sitze vergrößert werden müssen. Umgekehrt wäre die Vergrößerung noch höher ausgefallen, wenn die CDU mehr Überhangmandate erhalten hätte. Tatsächlich waren die drei Direktmandate der AfD in Sachsen einer der überraschendsten Aspekte des Wahlergebnisses, mit dem keine der üblichen Prognosen gerechnet hatte. Wären diese drei Direktmandate ebenfalls an die CDU gefallen, hätte sie in Sachsen drei Überhangmandate mehr erhalten, ihre dortige Mindestsitzzahl hätte sich entsprechend erhöht und der bundesweite Gesamtsitzanspruch der CDU hätte sich auf 203 Sitze erhöht, so dass der Bundestag sogar auf 720 Sitze hätte vergrößert werden müssen.

Der Frage, ob sich der Ausgleich an der CDU oder der CSU orientiert, kommt insofern eine besondere Bedeutung zu, da es sich bei den Überhangmandaten der CSU ausschließlich um sogenannte „externe Überhangmandate" handelt. Üblicherweise sprechen wir wie schon erwähnt von Überhangmandaten, wenn eine Partei in einem Bundesland mehr Direktmandate erhalten hat, als ihr dort nach ihrem Zweitstimmenanteil zustehen würden. Diese Überhangmandate werden auch als interne Überhangmandate bezeichnet, da sie auf der Landesebene entstehen. Externe Überhangmandate hingegen entstehen auf der Bundesebene, sie liegen dann vor, wenn eine Partei auch bundesweit mehr Direktmandate erzielt hat, als ihr bundesweit aufgrund ihres Zweitstimmenanteils zustehen würden. Die besondere Bedeutung dieser Unterscheidung ist darin begründet, dass für die Kompensation oder Neutralisierung von internen Überhangmandaten Möglichkeiten bereitstehen, auf die bei externen Überhangmandaten nicht zurückgegriffen werden kann, wie wir bei der Diskussion der verschiedenen Modelle von Wahlsystemreformen noch eingehender sehen werden. Da die CSU nur in Bayern antritt, sind bei ihr automatisch alle von ihr errungenen Überhangmandate immer externe Überhangmandate. Überhangmandate der CDU waren bisher allerdings immer interne Überhangmandate. 2017 tritt auch hier eine Premiere auf, da die CDU auch bundesweit nun erstmals externe Überhangmandate erhält.

III. Alternative Modelle

Ohne Zweifel stellt die dramatische Vergrößerung des Bundestags ein Problem dar. Die Abschaffung oder Vermeidung dieses Problems wird sich schwieriger gestalten, als es vielen scheinen mag. Die Ursache der Vergrößerung liegt in dem Ausgleich für die Überhangmandate, wie er seit dem Wahlgesetz von 2013 vorgesehen ist. Eine intuitive Reaktion könnte daher darin bestehen, ebendiesen Ausgleich für das eigentliche Problem zu halten und daher darauf zu drängen, ihn wieder abzuschaffen oder zumindest in irgendeiner Form zu beschränken. Der Ausgleich aber ist ja seinerseits nur eingeführt worden, um ein anderes Problem, nämlich das der starken Verzerrung des Proporzes zwischen den Parteien aufgrund der Überhangmandate, zu beheben. Tatsächlich existieren diese verschiedenen Probleme nicht unabhängig voneinander, vielmehr bilden sie eine Art von System kommunizierender Röhren, so dass sich das eine Problem charakteristischerweise nur beheben lässt, indem ein anderes geschaffen wird. Dies war den Akteuren der Wahlsystemdebatte, die vor allem zwischen 2008 und 2013 geführt worden war, wohlbekannt[3] und bewusst. Das Wahlgesetz von 2013 muss daher als eine Kompromisslösung gesehen werden, mit der versucht worden ist, verschiedene Aspekte der von den einzelnen Parteien eingebrachten Reformvorschläge zu integrieren. Sowohl zum besseren Verständnis, warum das jetzige Wahlsystem so ist, wie es ist, als auch zur Illustration potenzieller „Lösungen“, ist es daher hilfreich, sich die Grundstrukturen dieser Modelle noch einmal vor Augen zu führen. Als Hintergrundfolie eignet sich dafür naheliegenderweise das Wahlgesetz von 2008. Einerseits, weil es die Ausgangsbasis der damaligen Diskussion darstellte, andererseits, weil die von ihm produzierten Ergebnisse besonders gut geeignet sind, die Problematik der Überhangmandate sichtbar zu machen, da es diese im Gegensatz zum aktuellen Wahlgesetz unverzerrt wiedergibt.

Nach dem Wahlgesetz von 2008 wurden zuerst die 598 Mandate im Rahmen der sogenannten Oberverteilung proportional nach den Zweitstimmen auf die Parteien verteilt. Die sogenannte Unterverteilung bestand dann in der im Verhältnis zu den Zweitstimmen proportionalen Verteilung der Sitzkontingente der Parteien auf ihre diversen Landeslisten, wobei einer Partei die von ihr errungenen Direktmandate in jedem Fall verblieben. Sowohl die Ober- als auch die Unterverteilung wurden dabei jeweils mit dem Sainte-Laguë-Verfahren berechnet. Die Ergebnisse für die Unterverteilung, wie sie sich für die Ergebnisse von 2017 bei Anwendung des Wahlsystems von 2008 ergeben hätten, sind in Tabelle 6 angegeben. Die

---

[3] Auslöser dieser Debatte waren vor allem das Urteil des Bundesverfassungsgerichts von 2008 zum negativen Stimmgewicht und das Urteil von 2012, mit dem das neue Wahlgesetz von 2011 für verfassungswidrig erklärt worden war. Allerdings gab es schon vor allem in der Wissenschaft einen großen und intensiven Vorlauf der Debatte, der im Wesentlichen nach der Bundestagswahl 1994 einsetzte. (*Dehmel/Jesse* 2013; *Grotz* 2014; *Behnke* et al. 2017: 169 – 178).

Verteilung der Direktmandate ist identisch mit der in Tabelle 3. Die sich daraus ergebenden Überhangmandate sind in Tabelle 7 angegeben. Es kommt insgesamt zu 44 Überhangmandaten, 34 für die CDU, 7 für die CSU in Bayern und 3 für die SPD. Hätte man also das Wahlgesetz von 2008 beibehalten, hätte die CDU ihre 34 Überhangmandate ausgleichslos behalten und sie hätte insgesamt damit 202 Sitze erhalten. Außerdem wäre es unter diesem Wahlsystem zur mit Abstand größten Anzahl von Überhangmandaten aller Zeiten gekommen. Bedeutsam wäre dabei vor allem gewesen, dass die Anzahl der Überhangmandate über der 5%-Grenze gelegen hätte. Dies ist insofern von Bedeutung, als selbst von denjenigen, die die Überhangmandate nicht als grundsätzlich problematisch angesehen haben, ein Übertreten dieser Schwelle als nicht mehr hinnehmbar betrachtet worden ist und auch die Rechtsprechung des Bundesverfassungsgerichts eine regelmäßig zu erwartende Überschreitung dieser Schwelle als verfassungswidrig eingestuft hat (vgl. dazu Meyer 2010). Wäre also durch die Nachwahl in Dresden 2005 nicht das Urteil des Bundesverfassungsgerichts von 2008 initiiert worden und hätte man es bei dem alten Wahlsystem belassen, wäre so oder so spätestens mit dieser Wahl der Fall eingetreten, dass das Problem der Überhangmandate in Angriff hätte genommen werden müssen.

Tabelle 6

Verteilung der Proporzmandate nach dem Wahlgesetz von 2008

	SPD	CDU	CSU	FDP	GRÜNE	LINKE	AfD	ALLE
Baden-Württemberg	13	28	0	11	11	5	10	78
Bayern	15	0	39	11	10	6	13	94
Berlin	5	6	0	2	3	5	3	24
Brandenburg	4	5	0	1	1	3	4	18
Bremen	1	1	0	0	0	1	0	3
Hamburg	3	4	0	1	2	2	1	13
Hessen	11	14	0	5	4	4	5	43
Mecklenburg-Vorpommern	2	4	0	1	1	2	2	12
Niedersachsen	17	22	0	6	5	4	6	60
Nordrhein-Westfalen	34	43	0	18	10	10	13	128
Rheinland-Pfalz	8	11	0	3	2	2	4	30
Saarland	2	3	0	1	0	1	1	8
Sachsen	4	9	0	3	2	5	9	32
Sachsen-Anhalt	3	5	0	1	1	3	3	16
Schleswig-Holstein	5	8	0	3	3	2	2	23
Thüringen	2	5	0	1	1	3	4	16
Bund	129	168	39	68	56	58	80	598

Tabelle 7

Proporz-, Direkt- und Überhangmandate für SPD, CDU und CSU nach dem Wahlgesetz von 2008

	SPD			CDU			CSU		
	PM.	DM	ÜM	PM	DM	ÜM	PM	DM	ÜM
Baden-Württemberg	13	0	0	28	38	10	0	0	0
Bayern	15	0	0	0	0	0	39	46	7
Berlin	5	3	0	6	4	0	0	0	0
Brandenburg	4	1	0	5	9	4	0	0	0
Bremen	1	2	1	1	0	0	0	0	0
Hamburg	3	5	2	4	1	0	0	0	0
Hessen	11	5	0	14	17	3	0	0	0
Mecklenburg-Vorpommern	2	0	0	4	6	2	0	0	0
Niedersachsen	17	14	0	22	16	0	0	0	0
Nordrhein-Westfalen	34	26	0	43	38	0	0	0	0
Rheinland-Pfalz	8	1	0	11	14	3	0	0	0
Saarland	2	1	0	3	3	0	0	0	0
Sachsen	4	0	0	9	12	3	0	0	0
Sachsen-Anhalt	3	0	0	5	9	4	0	0	0
Schleswig-Holstein	5	1	0	8	10	2	0	0	0
Thüringen	2	0	0	5	8	3	0	0	0
Bund	129	59	3	168	185	34	39	46	7

Letztlich kann man konstatieren, dass sämtliche gewichtigen Probleme, wie eine Verzerrung des Proporzes zwischen den Parteien oder innerhalb der Parteien, das Auftreten des sogenannten negativen Stimmgewichts oder nun die dramatische Vergrößerung des Bundestags, an dem Auftreten von Überhangmandaten an sich festgemacht werden können oder zumindest als deren mittelbare Folge betrachtet werden können. Lösungen können nun mehr oder weniger radikal ausfallen. Radikale Lösungen würden einen Systemwechsel bedeuten. Den dramatischsten Systemwechsel würde die Einführung einer Mehrheitswahl oder eines Grabenwahlsystems darstellen. Auch wenn dies vermutlich verfassungsrechtlich möglich wäre, das Verfassungsgericht hat dem Gesetzgeber bei der Ausgestaltung der Wahlrechtsgrundsätze immer einen großen Spielraum zugestanden, so wäre dies dennoch aus normativen Gründen, auf die an dieser Stelle nicht weiter eingegangen werden soll, als höchst problematisch anzusehen. Vor allem aber sind solche Vorschläge politisch wohl kaum durchsetzbar, da sie keine Mehrheit im Parlament hinter sich vereinen könnten. Einen weniger starken Einschnitt würde die Einführung einer reinen Listenwahl darstellen. Zumindest der „Grundcharakter der Verhältniswahl" des aktuellen Systems, wie er vom Bundesverfassungsgericht immer wieder betont worden ist, würde auf diese Weise erhalten, ja sogar noch akzentuiert werden. Verloren ginge „lediglich" das personale Element des aktuellen Systems. Daher ist auch hier damit zu rechnen, dass es keine Parlamentsmehrheit finden würde. Als am aussichtsreichsten sind immer solche Reformen zu betrachten, die vom Status Quo ausgehen und das aktuelle System nur soweit korrigieren, wie es notwendig ist, um den normativen Vorgaben gerecht zu werden. Nur wenn dies nicht möglich sein sollte, wird eine Aufgabe der Orientierung am Status Quo als erforderlich und daher hinnehmbar erscheinen. Kurz: Reformen sollten so konservativ wie möglich und so radikal wie nötig sein. In der Wahlreformdebatte wurde diese Haltung oft auch mit dem Begriff des „minimal invasiven Eingriffs" versehen. Wobei das, was als notwendig erachtet wird, natürlich davon abhängen wird, welchen normativen Vorgaben man gerecht werden will.

Im Folgenden diskutiere ich aufgrund des eben Gesagten nur Wahlsystemreformen, die an den Grundzügen des bisherigen Systems einer personalisierten Verhältniswahl festhalten. Das zu behandelnde Problem besteht wie gesagt in den Überhangmandaten, wobei diese eben sowohl als interne als auch als externe Überhangmandate anfallen können. Streng genommen sind externe Überhangmandate auch immer in einem Land interne Überhangmandate. Um etwaige Verwirrungen zu vermeiden, werde ich daher von strikt internen Überhangmandaten sprechen, wenn diese nicht zugleich als externe Überhangmandate anfallen. Die strikt internen Überhangmandate sind sozusagen der Rest der internen Überhangmandate, der erhalten bleibt, wenn man von diesen die externen abzieht. Ob und zu welchem Teil interne Überhangmandate strikt interne oder externe Überhangmandate sind, hängt letztlich davon ab, wie viele Listenmandate die betroffene Partei erhält. Übersteigt die Anzahl der Listenmandate die Anzahl der internen Überhangmandate, dann kommt es zu keinen externen Überhangmandaten und alle internen Überhangmandate sind strikt intern. Gibt es gar keine Listenmandate, sind alle internen Überhangmandate auch externe Überhangmandate. Gibt es zwar Listenmandate, ihre Anzahl fällt aber geringer aus als die der internen Überhangmandate, dann ist die Anzahl der strikt internen Überhangmandate die der Listenmandate und die Anzahl der externen Überhangmandate demnach die Differenz aus der Anzahl der internen Überhangmandate und der Listenmandate. Welche der internen Überhangmandate strikt intern und welche extern sind, lässt sich nicht ermitteln, lediglich die entsprechenden Zahlen können festgelegt werden. Dies ist aber auch alles, was für die Diskussion bzw. auch Durchführung der verschiedenen Reformvorschläge notwendig ist. Diese können also schlicht im Wesentlichen danach unterschieden werden, wie sie einerseits mit strikt internen Überhangmandaten und andererseits mit externen Überhangmandaten umgehen.

Es ist sinnvoll, mit einer Diskussion der Grünenentwürfe von 2009 und 2011 zu beginnen, da diese ein wichtiges Element enthalten, nämlich das der Kompensation von strikt internen Überhangmandaten mit Listenmandaten (Ausführlicher zu dieser Vorgehensweise siehe Behnke 2002, 2003, 2007; Pukelsheim 2008). Überhangmandate werden nach dieser Logik mit Listenmandaten der Partei verrechnet, die diese in Bundesländern erzielt, in denen keine Überhangmandate entstehen. 2017 erhielt die CDU nur noch 17 Listenmandate, alle anderen von ihr errungenen Mandate waren Direktmandate. Die Listenmandate der CDU können aus Tabelle 7 herausgelesen werden und sind zusammenfassend in Abbildung 1 aufgeführt.

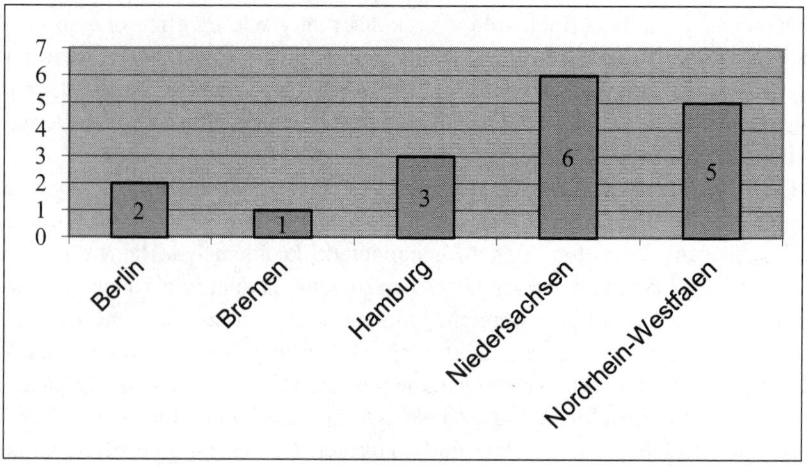

Abbildung 1: Listenmandate der CDU bei der Bundestagswahl 2017

Diese 17 Listenmandate können zur Teilkompensation der 34 Überhangmandate der CDU herangezogen werden. Die Überhangmandate einer Partei werden in einem Kompensationsmodell also mit den Listenmandaten dieser Partei in den Ländern bezahlt, in denen keine Überhangmandate entstehen. Konkret wären es vor allem die großen Bundesländer wie Nordrhein-Westfalen und Niedersachen, die hier den absolut größten Beitrag zu leisten hätten, weil in ihnen meistens wegen der großen Heterogenität dieser Länder keine Überhangmandate anfallen. Konkret hätten 2017 in einem Kompensationsmodell Nordrhein-Westfalen fünf und Niedersachsen sechs ihrer Listenmandate abgeben müssen. Relativ fällt der Verlust allerdings für die kleinen „Geberländer" noch dramatischer aus. So müsste Bremen sein einziges Mandat, das es überhaupt erhält, abgeben und Hamburg würde drei seiner vier Mandate wieder verlustig werden. Die Kritik an Kompensationsmodellen lautet daher, dass sie manchen Ländern ein nicht zumutbares relatives oder absolutes Opfer abverlangen. Überdies verstärken Kompensationsmodelle den durch die Überhangmandate schon verletzten Proporz zwischen den landesbezogenen Mandatskontingenten innerhalb der Parteien. Nicht nur ist Baden-Württemberg gegenüber Nordrhein-Westfalen aufgrund der dort errungenen Überhangmandate insofern bevorzugt, dass auf Baden-Württemberg im Verhältnis zu den dort errungenen Zweitstimmen deutlich mehr Mandate anfallen, zusätzlich muss dieser Vorteil noch dadurch kompensiert werden, dass Nordrhein-Westfalen Sitze weggenommen werden, so dass sich die Relation zu Ungunsten von Nordrhein-Westfalen noch einmal verschlechtert. Ob die Verstärkung des innerparteilichen Disproporzes verfassungsrechtlich relevant sein könnte, sei dahingestellt. In jedem Fall stellt aber der Umstand, dass bestimmte Länder mit ihren Mandaten die Überhangmandate in anderen Ländern bezahlen sollen, einen problematischen Verstoß gegen Fairness- und Gerechtigkeitsgrundsätze dar (vgl. Behnke 2012: 684–686) und dürfte überdies schwer vermittelbar und durchsetzbar sein, weil es in diesem Fall ja gerade die mächtigen Landesverbände der CDU wären, die besonders hohe absolute Opfer zu bringen hätten.

Gehen wir aber davon aus, dass diese Kompensation tatsächlich durchgeführt wird. Solange die Direktmandate weiterhin unberührt bleiben, können aber nur ebendiese 17 Listenmandate zur Kompensation herangezogen werden. Es verblieben also 17 externe Überhangmandate der CDU, was sich ja auch unmittelbar daran erkennen lässt, dass die CDU 185 Direktmandate gewonnen hat, aber nur auf 168 Sitze insgesamt einen aufgrund ihrer Zweitstimmen begründeten Anspruch hätte. Im Umgang mit diesen externen Überhangmandaten unterscheiden sich nun die Reformvorschläge der Grünen von 2009[4] und 2011[5]. Der Reformvorschlag von 2009 sah noch vor, dass diese externen Überhangmandate unkompensiert stehen gelassen werden. Insgesamt gäbe es dann sogar 24 nicht kompensierte Überhangmandate, denn auch die sieben Überhangmandate der CSU sind ja externe. Damit wäre diese Regelung aber nach dem Verfassungsgerichtsurteil von 2012[6] verfassungswidrig, denn dieses sah eine Höchstgrenze von 15 nicht kompensierten Überhangmandaten vor. Unproblematisch – zumindest in dieser Hinsicht – wäre hingegen der Reformentwurf der Grünen von 2011. Dieser sah vor, dass externe Überhangmandate durch Nichtvergabe von Direktmandaten aufgelöst werden. Wenn die CSU nur Anspruch auf 39 Sitze aufgrund ihrer Zweitstimmen besitzt, kann sie eben auch nur 39 Mandate vergeben. Wenn nun 46 Kandidaten der CSU eine relative Mehrheit in ihrem Wahlkreis an Erststimmen erhalten haben, können nur 39 von diesen tatsächlich mit einem Mandat belohnt werden. Der Vorschlag der Grünen sieht vor, dass dies die mit den 39 höchsten Erststimmenanteilen in ihren Wahlkreisen wären. Dieser Verfahrensvorschlag

4 BT-Drucksache 16/11885.

5 BT-Drucksache 17/4694.

6 BVerfG, 2 BvF 3/11 vom 25. 7. 2012, Absatz-Nr. (1 - 164).

macht sichtlich, dass die Grünen – wie alle anderen auch – davon ausgingen, dass die Problematik von externen Überhangmandaten nur im Zusammenhang mit der CSU auftreten könnte. Denn wenn die externen Überhangmandate bei einer Partei auftreten, die in mehreren Bundesländern antritt, würde diese Priorisierung entsprechend des Entwurfs von 2011 bedeuten, dass 14 der externen Überhangmandate in den neuen Bundesländern und 3 in Baden-Württemberg abgebaut würden. Wegen der unterschiedlichen Parteienstruktur in den west- und in den ostdeutschen Ländern gewinnt die CDU ihre Direktmandate im Osten durchschnittlich mit einem geringeren Anteil der Erststimmen. Insofern weist der Entwurf von 2011 sicherlich noch eine Regelungslücke auf. Diese könnte allerdings leicht behoben werden[7].

Die Streichung von Direktmandaten ist auf den ersten Blick sicherlich ungewöhnlich und würde von vielen wohl ebenfalls als schwerwiegender Eingriff empfunden werden. Sie widerspricht der etablierten Logik, dass der Sieger nach Erststimmen im Wahlkreis diesen sozusagen als Prämie erhalten muss (vgl. auch Behnke 2012: 684 f.). Aber nur weil etwas ungewohnt ist, sollte es nicht von vornherein ausgeschlossen werden. In gewisser Weise wäre die Verweigerung eines Mandats für den Erststimmensieger aus gerechtigkeitstheoretischer Sicht weniger ein Problem als die Streichung von Listenmandaten.

Ein von den Zweitstimmen unabhängiger Sitzanspruch auf ein Direktmandat allein aufgrund eines Sieges bezüglich der Erststimmen kann überdies, wenn die dann entstehenden externen Überhangmandate nicht ausgeglichen werden, zu absurden Effekten führen und unter Umständen sogar perverse Anreize für bestimmte Formen strategischen Wählens auslösen. Solange die CSU ihre Direktmandate auf jeden Fall erhält und kein Ausgleich erfolgt, sind Zweitstimmen für die CSU streng genommen als „verschwendete Stimmen" zu betrachten, da sie keinerlei Einfluss auf die Sitzverteilung hätten. Strategisch denkende Wähler könnten sich dann versucht sehen, ihre ansonsten wertlose Zweitstimme einer anderen Partei zu geben. Damit hätten diese Wähler aber im klassischen Sinne ein doppeltes Stimmgewicht. Dieses doppelte Stimmgewicht kann logischerweise nur vermieden werden, wenn letztlich alle Mandate durch die Zweitstimmen

[7] Dazu muss zuerst die Anzahl der externen Überhangmandate bestimmt werden, die in einem Bundesland abgeschmolzen werden müssen, und erst anschließend werden diese nach den relativen Erststimmenanteilen in den jeweiligen Bundesländern bestimmt. Die Anzahl der in einem bestimmten Bundesland abzuschmelzenden Überhangmandate kann relativ leicht bestimmt werden. Da beim Sainte-Laguë-Verfahren die Mandate ja in einer bestimmten Reihenfolge vergeben werden, würden die 168 Mandate der CDU sukzessive verteilt, bis sie alle aufgebraucht sind, wobei die Anzahl der Direktmandate in einem Bundesland die Obergrenze der auf ein Bundesland entfallende Mandatszahl darstellen würde. Wenn das der Partei in einem bestimmten Bundesland aufgrund der Zweitstimmen zustehende Sitzkontingent in Form von Listenmandaten darüber hinausreichen würde, wird es eben entsprechend nicht ausgeschöpft.

abgedeckt werden, wie es entweder durch den kostspieligen Ausgleich garantiert wird, oder – falls dieser unterlassen wird – wenn durch Zweitstimmen nicht abgedeckte Direktmandate erst gar nicht vergeben werden. Dieser Vorschlag der Grünen von 2011 wäre sicherlich relativ radikal, er wäre aber gleichzeitig unter allen kursierenden Vorschlägen der einzige, der die Sollzahl von 598 Sitzen einhalten würde[8].

Der SPD-Vorschlag von 2011[9] ist ein Ausgleichsmodell, das in den Grundzügen dem jetzigen Ausgleich weitgehend entspricht, allerdings ohne den Zwischenschritt der Ländersitzkontingente anhand der Bevölkerungszahlen. Wie im Wahlgesetz von 2008 werden die Sitze erst zwischen den Parteien verteilt, dann innerhalb der Parteien auf ihre Landeslisten. Die so entstehenden Überhangmandate werden dann ausgeglichen. Im vorliegenden Fall würde sich der Ausgleich auch in diesem Modell an der CDU orientieren. Sowohl die Landeslistenkontingente als auch die Direktmandate blieben also unangetastet. Der Preis dafür besteht eben in einem relativ hohen Ausgleich. Da die CDU inklusive der Überhangmandate auf 202 Sitze Anspruch hätte, müsste dieser sogar noch geringfügig höher ausfallen als der nach dem aktuellen Wahlsystem. Es käme zu einer Endgröße des Bundestags von 715 Sitzen.

Der Vorschlag der Linken von 2011[10] stellt eine interessante Kombination der Elemente des Grünen-Vorschlags und des SPD-Vorschlags dar. (Strikt) interne Überhangmandate sollen nach diesem Vorschlag durch Listenmandate kompensiert werden, externe Überhangmandate durch einen Ausgleich. Der gewünschte Effekt einer nur maßvollen Vergrößerung des Bundestags aufgrund der Kompensation der internen Überhangmandate würde aber im aktuellen Fall der Wahl von 2017 durch die CSU-Überhangmandate ausgehebelt. Wie schon erwähnt müsste der Bundestag, um diese auszugleichen, immer noch auf 700 Sitze vergrößert werden, die Aufblähung des Bundestags würde also nur ein wenig geringer ausfallen, bliebe aber bei der dramatischen Größenordnung, die wir aktuell haben. Besonders absurd erscheint dieser Effekt, weil die Hebelwirkung der CSU-Überhangmandate besonders hoch ausfällt. Unter dem Hebeleffekt soll der Faktor des Ausgleichs verstanden werden, also die Anzahl an Mandate, um die der Bundestag insgesamt (inklusive des Überhangmandats selbst) aufgrund des Anfallens eines Überhangmandats vergrößert werden muss (Behnke 2017a). Während dieser Hebeleffekt bezüglich der CDU bei ungefähr 3 liegt, d.h. die Vergrößerung des Bundestags beträgt ungefähr das Dreifache der zu kompensierenden Über-

---

8 Dies gilt auch für ähnlich gelagerte Vorschläge, bei denen ebenfalls die Unantastbarkeit der Direktmandate aufgegeben wird, wie z. B. bei einem Vorschlag von Albert Funk (http://www.tagesspiegel.de/themen/agenda/neues-wahlrecht-fuer-den-bundestag-einfach-gerecht-und-demokratisch/19292792.html).

9 BT-Drucksache 17/5895.

10 BT-Drucksache 17/5896.

hangmandate, beträgt er bezüglich der CSU schon bei drei Überhangmandaten ungefähr 12 und steigt mit jedem zusätzlichen Überhangmandat sogar noch an, so dass er bei 10 Überhangmandaten der CSU schon bei 16 liegen würde (Behnke 2017a: 63). Ein zusätzliches Überhangmandate aber durch 15 weitere Ausgleichsmandate zu neutralisieren, ist offensichtlich extrem ineffizient und erscheint intuitiv absurd. Der an sich sehr clever konstruierte Entwurf der Linken weist daher in Form der externen Überhangmandate der CSU eine Achillesferse auf.

Auch andere reflektierte Reformüberlegungen erweisen sich angesichts des aktuellen Wahlergebnisses als wenig tauglich. Der Vorschlag von Peifer et al. (2012) z. B. sieht grundsätzlich einen Ausgleich der internen Überhangmandate wie im Grünen-Entwurf vor. Um aber eine zu gravierende Verzerrung des föderalen Proporzes, also des Proporzes innerhalb der Parteien, zu vermeiden, wird eine Art von Puffer an Listenmandaten geschaffen, der im Wesentlichen durch einen Aufschlag von 10% auf die errungenen Direktmandate besteht. Gleichzeitig aber, so die Intention, soll der Ausgleich geringer ausfallen als beim SPD-Modell. Beim aktuellen Wahlergebnis hätte das Verfahren aber zu einer Größe des Parlaments von 723 Sitzen geführt, hätte also nicht nur nicht zu einer Verminderung des typischen Ausgleichs a la SPD geführt, sondern sogar zu einer noch stärkeren Aufblähung und damit offensichtlich weit über das Maß hinaus, das man in der inhärenten Logik des Modells noch sinnvoll begründen könnte.

Auch der sogenannte Lammert-Vorschlag vom Frühling 2016[11] wäre wohl kaum eine akzeptable Lösung gewesen. Im Wesentlichen sah dieser Vorschlag eine Deckelung auf 630 Mandate vor, d.h. dies war zumindest die mit dem Vorschlag offensichtlich verfolgte Intention. Allerdings gibt es zwei Lesarten des Vorschlags, die sehr unterschiedliche Konsequenzen hätten. Die erste Lesart sieht eine Unantastbarkeit der Ländersitzkontingente und der Direktmandate vor, d.h. die Parteien behielten grundsätzlich ihre aufgrund der ersten Zuteilungsschritte erworbenen Sitzansprüche, für den Ausgleich bliebe dann nur noch ein Reservoir an Sitzen übrig, bis der Bundestag auf insgesamt 630 Sitze aufgefüllt wäre. Da die anfallenden Überhangmandate dieses Reservoir aber schon mehr als aufgezehrt hätten, käme es nach dieser Lesart zu keinerlei Ausgleich. Diese Interpretation hätte demnach zu einem verfassungswidrigen Ergebnis geführt, da nach dem Urteil von 2012 ja nur maximal 15 unausgeglichene Überhangmandate anfallen dürften.

Die zweite Lesart des Lammert-Vorschlags, die wohl inhaltlich dem veröffentlichten Text des Gesetzesentwurfs[12] entsprechen würde, wäre mehr oder weniger

[11] https://www.bundestag.de/dokumente/textarchiv/2016/kw15-wahlrechtsreform/418312.

[12] https://www.bundestag.de/blob/418390/32adcebc780611d4aaa61e39f5a92059/kw15_wahlrechtsreform_vorschlag-data.pdf.

identisch mit dem Grünen-Entwurf von 2009 bei einer Parlamentsgröße von 630. Interne Überhangmandate würden demnach durch Listenmandate kompensiert, d.h. es käme auch hier zum Verlust aller Listenmandate der CDU in der Ausgangsverteilung. Selbst dann bestünden aber immer noch 12 unausgeglichene Überhangmandate, nämlich 7 für die CDU und 5 für die CSU. Diese hohe Anzahl an unausgeglichenen Überhangmandaten wäre zwar nicht verfassungswidrig[13], würde aber das Prinzip des Proporzes zwischen den Parteien erheblich verletzen. Damit käme es hier wie bei den Grünenentwürfen eben zu der bekannten Gerechtigkeitsproblematik durch die Opferung von Listenmandaten und der damit einhergehenden bedeutenden Schwächung der Repräsentation bestimmter Landesverbände. Brisant wäre an dieser Lesart vor allem der Umstand, dass der von der CDU unterstützte Lammert-Vorschlag dann ja den Landesverbänden, die über Listenmandate verfügen würden, genau dieselben Opfer auferlegen würde wie die beiden Grünenentwürfe, die aber immer mit dem Verweis auf die Unzumutbarkeit dieser Opfer abgelehnt worden waren.

Die zweite große Schwäche des Lammert-Vorschlags – in beiden Lesarten – besteht darin, dass er auf dem verunglückten Gesetz von 2013 aufsetzt und damit all dessen bekannte Schwächen übernimmt (Behnke 2013, 2014a). Der ganze Umweg über die Ländersitzkontingente im Verhältnis zu den Bevölkerungszahlen ist aber offensichtlich unsinnig, denn er führt zu absurden Effekten, wie z. B. dem, dass es selbst dann zu einer Parlamentsvergrößerung kommt, wenn kein einziges Überhangmandat entsteht. Diese sogenannte „Verfahrensrendite“ (Behnke 2013) kann, wie es das Wahlergebnis von 2013 gezeigt hat, durchaus beachtlich ausfallen. Die Vergrößerung des Bundestags um 33 Sitze kam 2013 zustande, weil in Bayern die Wahlbeteiligung unterdurchschnittlich ausfiel und dort überdurchschnittlich viele Stimmen für nachher nicht im Parlament vertretene Parteien abgegeben worden waren (Behnke 2014b); kaum Ursachenfaktoren, aus denen sich die Notwendigkeit einer Parlamentsvergrößerung mit normativ zwingenden Gründen ableiten ließe. Da der Ausgleich letzten Endes der Logik des SPD-Modells folgt, wäre es daher konsequenter gewesen, sich an diesem von Anfang an zu orientieren. Dies wurde jedoch von der CDU mit dem Argument abgelehnt, dass dieses Modell das Problem des „negativen Stimmgewichts“ nicht grundsätzlich beseitige, weil es nur das „relative negative Stimmgewicht“, aber nicht das „absolute negative Stimmgewicht“ verhindere. Diese Begründung erscheint aber in keiner Weise stringent und überzeugend (vgl. genauer Behnke 2015)

Übersichtshalber sei noch einmal in Tabelle 8 aufgeführt, wie in den einzelnen Reformvorschlägen mit den Problemen von strikt internen und externen Überhangmandaten umgegangen wird.

---

[13] Der vorliegende Gesetzesentwurf könnte allerdings nicht grundsätzlich ausschließen, dass es bei der Obergrenze von 630 Mandaten, die proportional verteilt werden, zu mehr als den zulässigen 15 unausgeglichenen Überhangmandaten kommen kann.

Tabelle 8

Lösungen verschiedener Reformvorschläge für den Umgang mit strikt internen und externen Überhangmandaten

Reformvorschlag	Strikt interne Überhangmandate	Externe Überhangmandate
Grünenentwurf 2009	Kompensation mit Landeslistenmandaten	Bleiben unangetastet ohne Ausgleich
Grünenentwurf 2011	Kompensation mit Landeslistenmandaten	Nichtvergabe von Direktmandaten
SPD-Ausgleichsmodell	Bleiben unangetastet und werden ausgeglichen	Bleiben unangetastet und werden ausgeglichen
Linkenentwurf	Kompensation mit Landeslistenmandaten	Bleiben unangetastet und werden ausgeglichen
Peifer et al.	Schaffung eines hinreichenden Puffers von Listenmandaten, danach Kompensation der internen Überhangmandate mit Landeslistenmandaten	Bleiben unangetastet und werden ausgeglichen

Jeder der diskutierten Vorschläge weist also bedeutende Schwächen auf und verletzt wichtige normative Forderungen an ein „gutes Wahlsystem". Um sich der Lösung zu nähern und zumindest gewisse Vergleiche der Vor- und Nachteile der einzelnen Entwürfe zu ermöglichen, sollen nun diese normativen Kriterien in Hinsicht auf die verschiedenen Modelle diskutiert und die Modelle anhand der jeweiligen Wichtigkeit, die sie ihnen zuordnen, klassifiziert werden.

IV. Normative Kriterien

Als wesentliche Kriterien für die Beurteilung der Tauglichkeit einer Reform sollen die folgenden normativen Forderungen untersucht werden.

- Proporz zwischen den Parteien (kurz Interparteienproporz)
- Proporz der Länderkontingente innerhalb der Parteien (kurz Intraparteienproporz)
- Unantastbarkeit der Direktmandate
- Unantastbarkeit der Länderkontingente bzw. der Listenmandate der Parteien (entspricht dem Versuch, den Intraparteienproporz weitgehend aufrechtzuerhalten bzw. ihn zumindest nicht weiter zu vergrößern)
- Einhaltung der Regelgröße von 598 Sitzen

Alle momentan diskutierten realistischen Lösungsmöglichkeiten unterscheiden sich im Wesentlichen dadurch, welche Hierarchie der angewandten Kriterien sie definieren. Einer der wichtigsten Unterschiede zwischen den verschiedenen Modellen bezieht sich auf die Gestaltung des Trade-Offs zwischen der Beibehaltung der Ausgangsgröße des Parlaments bzw. der Minimierung von als unvermeidlich empfundenen Abweichungen und dem Intraparteienproporz. Wie in Bezug auf die Diskussion des Grünenvorschlags schon zu sehen war, führt z. B. ein Kompensationsmodell zu einer nochmaligen Vergrößerung des schon durch die Überhangmandate bewirkten Disproporzes innerhalb der Parteien. Die Aufgabe der Unantastbarkeit der Listenmandate ist also immer mit einer stärkeren Verletzung des Intraparteienproporzes verbunden. Umgekehrt ließe sich durch den Verzicht auf die Heranziehung von Listenmandaten zur Kompensation von Überhangmandaten vermeiden, den Intraparteienproporz noch stärker zu verletzen, als es durch die Überhangmandate an sich schon der Fall ist. Der Extremfall bestünde darin, den Intraparteienproporz nicht nur nicht weiter zu verletzten, sondern ihn sogar wieder herzustellen. Dazu bedürfte es eines sogenannten „großen“ oder „doppelten Ausgleichs“ (Behnke 2002: 34, 2012: 681), bei dem erst z. B. die Überhangmandate der CDU durch Ausgleichsmandate für die anderen Landeslisten der CDU kompensiert würden und dann die so ermittelte Gesamtzahl an überschüssigen Mandaten der CDU durch Ausgleichsmandate für die anderen Parteien. Der doppelte Ausgleich würde eine erhebliche weitere Vergrößerung des Bundestags nach sich ziehen. Der Ausgleich orientierte sich dann an dem am stärksten überrepräsentierten Landeskontingent einer Partei. Das wäre 2017 in Baden-Württemberg der Fall gewesen, wo die CDU 38 Direktmandate gewann, obwohl ihr nur 28 Mandate aufgrund ihrer Zweitstimmen zugestanden hätten. Ein doppelter Ausgleich hätte zu einer Parlamentsgröße von mehr als 800 Sitzen geführt. Tatsächlich wurden Ausgleichsmodelle anfangs in der Regel in der Logik des doppelten Ausgleichs diskutiert, womit sie automatisch als diskreditiert galten. Erst die Beschränkung des Ausgleichs auf die Wiederherstellung des Proporzes zwischen den Parteien, aber nicht zwischen allen Landeslisten, hat Ausgleichsmodelle akzeptabel erscheinen lassen (vgl. auch Lübbert et al. 2011). Da der doppelte Ausgleich aus den genannten Gründen nicht als realistischer Vorschlag gilt, ist die Verletzung oder Aufrechterhaltung des Intraparteienproporzes nur im Zusammenhang mit der Unantastbarkeit der Landeslisten relevant. Daher wird der Intraparteienproporz in den folgenden Darstellungen nicht als eigenes Kriterium für die „normative“ Differenzierung der verschiedenen Modelle aufgeführt.

Lediglich die radikale Lösung, dass nicht nur die externen Überhangmandate, sondern auch die internen Überhangmandate durch den Wegfall von Direktmandaten vermieden werden, würde sowohl die Ausgangsgröße und den Interparteienproporz als auch den Intraparteienproporz beibehalten, d.h. die Landeslistenmandate unangetastet lassen. Allerdings wird dieser Vorschlag bisher von keiner Partei aufgegriffen, da er das ihnen sehr wichtige Prinzip der Unantastbarkeit der Direktmandate als allererstes preisgibt. Lässt man die Direktmandate unangetastet, dann muss der Bundestag in jedem Fall vergrößert werden, falls es zu externen Überhangmandaten kommt. Die minimal mögliche Vergrößerung ist dann die um die Zahl der externen Überhangmandate selbst und nur um diese allein (solange diese nicht zugleich die verfassungsrechtliche Obergrenze von 15 überschreiten), die unter den realistischen Vorschlägen maximale Vergrößerung ist die, die durch die vollständige Herstellung des Interparteienproporzes erreicht würde, wie im Vorschlag der SPD oder der Linken. Theoretisch ließen sich Zwischenabstufungen denken, bei denen ein Teil der ursprünglichen Anzahl der externen Überhangmandate ausgeglichen wird und ein Rest unausgeglichen stehen bleibt, wie es z. B. beim Lammert-Vorschlag in der zweiten Lesart der Fall wäre. Das macht klar, dass es sich in der Realität bei den Kriterien nicht um kategorische bzw. diskrete Eigenschaften handelt, die entweder ganz oder gar nicht erfüllt sind, sondern dass es Abstufungen gibt hinsichtlich des Ausmaßes, in dem diese verletzt sind. Für die Klassifizierung der Modelle aber ist es sinnvoll, die Kriterien so zu behandeln, als ob sie nur diskrete Ausprägungen im Sinne von „ja“ oder „nein“ besitzen. Für die „Eckmodelle“, die bestimmte Kriterien konsequent umsetzen, gilt dies ja tatsächlich und die wichtigen Referenzmodelle sind in diesem Sinne auch alle Eckmodelle, was in gewisser Weise womöglich gerade ihre Schwäche ausmacht. Für die Diskussion aller Modelle gilt zudem die Minimierungs-Nebenbedingung, dass jede zur Erfüllung bestimmter Kriterien unvermeidbare Vergrößerung des Bundestags niemals höher ausfällt als notwendig.

Die bisher diskutierten Modelle können also aufgrund der Hierarchie der Kriterien erörtert und eingeordnet werden. In den folgenden Darstellungen werden diese Hierarchien grafisch bzw. visuell durch die räumliche Anordnung der Kriterien erfasst. Je wichtiger ein Kriterium ist, desto weiter oben in der Darstellung befindet es sich, das oberste Kriterium ist in der Regel daher eines, das absolut unverletzbar ist. Alle diese Kriterien aber stellen grundsätzlich wünschbare Eigenschaften dar, die im Idealfall alle verwirklicht sein sollten. Die Hierarchie definiert nun die Wertigkeit eines Kriteriums durch seine Verletzbarkeit bzw. Widerstandsfähigkeit, d.h. durch die Umstände bzw. Kontextbedingungen, unter denen es zur Disposition gestellt wird. Die grundsätzliche Logik der hierarchischen Ordnung der Modelle besteht darin, dass ein in der Hierarchie weiter unten stehendes Kriterium immer nur dann aufgegeben werden darf bzw. dann sogar aufgegeben werden muss, wenn seine Einhaltung ein wichtigeres, d.h. ein in der Hierarchie weiter oben stehendes Kriterium verletzen würde. Für die visuelle Darstellung im Sinne dieser Logik werden drei Hierarchiestufen benötigt. Die verschiedenen Modelle werden wie in Tabelle 9 dargestellt repräsentiert, wobei ich mich auf die wichtigsten Referenzmodelle bzw. Eckmodelle beschränke.

Tabelle 9

Klassifizierung der Modelle anhand der Hierarchie ihrer Kriterien

	Grünenentwurf von 2009	Grünenentwurf von 2011	SPD-Entwurf	Linkenentwurf
Wichtigste Kriterien, unverzichtbar	Unantastbare DM	Interparteien-proporz, Soll-größe	Unantastbare DM und LM, Interpar-teienproporz	Unantastbare DM, Interpar-teienproporz
Zwischen-stufe	Interparteien-proporz, Soll-größe	Unantastbare DM		Sollgröße
Erstes Opfer	Unantastbare LM	Unantastbare LM	Sollgröße	Unantastbare LM

DM=Direktmandate, LM= Listenmandate

Wie leicht zu erkennen ist, gibt das Ausgleichsmodell à la SPD, das ja weitgehend auch der Ausgleichslogik des aktuellen Wahlgesetzes entspricht, am wenigsten auf. Sowohl die Unantastbarkeit der Direktmandate und der Listenmandate, als auch der Interparteienproporz werden gewahrt. Die Sollgröße des Bundestags hingegen ist das am niedrigsten bewertete Kriterium, das dementsprechend als erstes und einziges geopfert wird, um die anderen Werte zu erhalten. Es ist unmittelbar einleuchtend, dass dieses Modell unter den diskutierten Vorschlägen zur stärksten Vergrößerung des Bundestags führt. Orientiert sich der Ausgleich ausschließlich an den externen Mandaten, kommt der Linkenentwurf zu der gleichen Größe. Orientiert sich der Ausgleich aber zumindest am Anfang an internen Überhangmandaten bzw. der Überrepräsentation einer Partei, die zumindest teilweise durch interne Überhangmandate verursacht worden ist, dann fällt der Ausgleich beim Linkenentwurf geringer aus. Interne Überhangmandate werden solange durch den Wegfall von Listenmandaten kompensiert, bis sich der Ausgleich an externen Überhangmandaten orientieren würde. Beim Linkenentwurf definiert der Ausgleich der externen Überhangmandate gewissermaßen die Untergrenze, die durch die Kompensation der internen Überhangmandate durch Listenmandate erzielt werden kann. Im aktuellen Fall liegt diese Untergrenze unglücklicherweise nur geringfügig unter der des SPD-Modells, da sie durch den benötigten Ausgleich für die sieben externen Überhangmandate der CSU gesetzt wird. Hätte die CSU hingegen keine oder maximal drei Überhangmandate erhalten, hätte sich der Ausgleich im Linkenmodell an den 17 externen Überhangmandaten der CDU orientiert bzw. der Bundestag wäre so vergrößert worden, dass alle 185 Direktmandate der CDU durch ihren Zweitstimmenanteil abgedeckt gewesen wären. Dies wäre bei 656 Mandaten der Fall gewesen. Orientierte sich der Ausgleich an der CDU oder der SPD würde das Linkenmodell daher fast immer zu einer geringeren Vergrößerung als das Modell der SPD führen, da ja mit höchster Wahrscheinlichkeit immer einige Listenmandate zur Kompensation zur Verfügung stehen würden. Wie schon erwähnt ist die Achillesferse des Linkenmodells daher eindeutig die CSU. Ein Ausgleich von externen Überhangmandaten bei einem Kompensationsmodell droht die Verwirklichung des damit beabsichtigten Zwecks zu verhindern, weil er verhindert, dass die Kompensation überhaupt zum Laufen kommt.

Externe Überhangmandate stellen aber für jedes Kompensationsmodell eine Schwachstelle dar. Dies gilt auch für die beiden Grünenmodelle, die die externen Überhangmandate zwar nicht ausgleichen, aber letztlich auch nur halbherzig anmutende Vorschläge für die Behandlung externer Überhangmandate vorsehen. Die simple Akzeptanz von nichtausgeglichenen Überhangmandaten wäre in Bezug auf die Verwirklichung der Chancengleichheit zwischen den Parteien sogar ein Rückschritt gegenüber dem aktuellen Wahlgesetz und würde sich darüber hinaus sehr einseitig überwiegend zum Vorteil einer ganz bestimmten Partei auswirken, nämlich der CSU. Der Grünenentwurf von 2009 ist daher in gewisser Weise eine „lex CSU" und allein aus diesem Grund wohl nicht vermittelbar. Dies versucht der Vorschlag von 2011 dadurch zu korrigieren, indem die nach der Kompensation verbleibenden externen Überhangmandate dadurch abgebaut werden, dass entsprechend weniger Direktmandate vergeben werden. Aber auch diese stellt einen starken Einschnitt in die bestehende Praxis dar und dürfte auf entsprechende Akzeptanzprobleme stoßen.

V. Eigener Reformvorschlag

Akzeptanzprobleme müssen nicht zwangsläufig ein Anzeichen dafür sein, dass bestimmte Vorschläge auch aus inhaltlichen Gründen abzulehnen seien. Denn die Ablehnung kann auch lediglich einer Abneigung gegenüber Veränderungen des Status Quo zu verdanken sein. Es stellt daher eines der schwierigsten Probleme einer Reformdiskussion dar zu unterscheiden, inwiefern Akzeptanzprobleme tatsächlich auf schwerwiegenden und ernstzunehmenden inhaltlichen Gründen beruhen oder lediglich einem Beharren auf der Gewohnheit geschuldet sind. Denn während im ersteren Fall die entsprechenden Vorschläge wohl tatsächlich verworfen werden müssen (bzw. sollten), können im zweiten Fall zumindest theoretisch die Vorbehalte durch überzeugende Argumente abgebaut werden. Aus normativer Sicht kommt es dabei weniger darauf an, ob die Anerkennung dieser Argumente tatsächlich erfolgt, sondern ob sie bei entsprechender Unvoreingenommenheit erfolgen müsste. Dass die praktische Umsetzung in Politik dabei natürlich immer der tatsächlichen Anerkennung bedarf, kann daher zuerst einmal vernachlässigt werden, weil zumindest nicht von vornherein als unplausibel verworfen werden sollte, dass das als normativ richtig erkannte auch die tatsächliche Anerkennung finden kann. Sicherlich wäre es naiv anzunehmen, dass Parteien sich für Lösungen aussprechen, bei denen sie ihre eigenen Interessen ignorieren. Dies wiegt umso schwerer, weil Wahlsystemfragen ja unmittelbar sogar die für Parteien elementarste Form von Interessen, nämlich Machtinteressen, berühren. Es ist aber keineswegs naiv davon auszugehen, dass auch die Parteien sehr wohl zwischen legitimen Machtinteressen und bloßen Machtinteressen zu unterscheiden wissen. Und weil auch die Bürger und Wähler dazwischen zu unterscheiden wissen, haben die Parteien ihrerseits ein genuines Interesse daran, dies in ihren Überlegungen und in ihrem Handeln zu berücksichtigen, wenn sie nicht ihre Glaubwürdigkeit verlieren wollen.

Grundsätzlich müsste es also möglich sein, eine allgemeine Akzeptanz für die Einhaltung bestimmter Kriterien zu erlangen, wenn alle Parteien von ihren Eigeninteressen absehen können und insofern unparteiisch agieren. Sofern nur objektiv nachvollziehbare Gründe für ein Kriterium sprechen, müsste hier sogar grundsätzlich Einstimmigkeit zu erzielen sein. Keine der Parteien könnte jedenfalls einen solchen Vorschlag mit vernünftigen Gründen zurückweisen (Scanlon 1998)[14]. Allerdings muss gar nicht verlang werden, dass Parteien von allen Eigeninteressen absehen müssen. Die Wahrung bestimmter Eigeninteressen kann sehr wohl als legitim erachtet werden. Nur muss es sich hier um eine Art von Eigeninteressen handeln, deren Verfolgung von allen als legitim akzeptiert werden kann, d.h. es muss eine Art von überparteiischen Beschluss über das Ausmaß der zulässigen Parteilichkeit geben (Nagel 1991). Das Interesse der Union an unausgeglichenen Überhangmandaten z.B. ist sehr leicht als von parteiischem Eigeninteresse motiviert zu entlarven und kann sehr wohl mit vernünftigen Gründen zurückgewiesen werden, womit ein solcher Vorschlag aus der Menge der ernsthaft zu erörternden Vorschlägen ausscheidet. Hingegen aber handelt es sich bei der Unantastbarkeit der Direkt- und der Listenmandate sehr wohl um Eigeninteressen der CDU, deren Legitimität nicht einfach in Abrede gestellt werden kann. Die Kompensationsmodelle der Grünen und der Linken sind insofern billig, als sie Konsequenzen fordern, die diese Parteien selbst nie betreffen werden, die aber auf Seiten der CDU und CSU sehr wohl schmerzliche Opfer verlangen würden. Eine dramatische Vergrößerung des Bundestags wie die derzeitige, oder gar noch dramatischere zukünftige Vergrößerungen, die bei einer wahlgesetzbezogenen Untätigkeit des Bundestag zu erwarten wären, stellen aber ein allgemeines Übel eines solchen Ausmaßes dar, dass Opfer durchaus gerechtfertigt sein können, wenn das Übel ansonsten nicht beseitigt werden kann. Auch wenn das Opfer dann nur von einer bestimmten Partei erbracht werden kann, bedeutet diese Asymmetrie keineswegs, dass es nicht gerechtfertigt sein kann,

14 Das muss nicht zwangsläufig zu einem eindeutigen Ergebnis führen, es kann durchaus mehrere, sich gegenseitig ausschließende Vorschläge geben, die nicht mit vernünftigen Gründen zurückgewiesen werden können.

dieses Opfer dennoch zu verlangen. Die Notwendigkeit des Opfers muss aber gut begründet sein, d.h. das Opfer muss als zumutbar betrachtet werden können, und zwar aus Gründen, die von allen, auch denen, die das Opfer zu bringen haben, bejaht werden können.

Genau in dieser Logik der Definition von „zumutbaren Opfern“ bewegt sich der sogenannte „flexible und zielgerichtete Ausgleich“ (Behnke/Weinmann 2016). Es handelt sich dabei weniger um einen konkreten, detaillierten Vorschlag, sondern eher um eine Art von Ansatz. Die konkrete und detaillierte Ausgestaltung des Ansatzes kann dann entsprechend variieren, je nachdem, welche Opfer als zumutbar betrachtet werden[15].

Am einfachsten nähert man sich hierbei von der anderen Seite, also indem man sich darauf verständigt, welche Opfer auf jeden Fall als unangemessen betrachtet werden müssen. In Bezug auf die Kompensationsmodelle kann z. B. mit guten Gründen argumentiert werden, dass eine Partei nicht ihr einziges Mandat, das sie in einem Land erhält, für die Kompensation zur Verfügung stellen muss. Das einzelne Listenmandat der CDU in Bremen wäre demnach als „geschützt“ zu betrachten. Wenn Opfer überhaupt gerechtfertigt sein können und da sie als Sitze immer nur in Form ganzer Zahlen erbracht werden könne, folgt daraus, dass ein Opfer von einem Sitz von jedem Landesverband grundsätzlich verlangt werden kann, soweit es sich dabei eben nicht um den einzigen Sitz handelt. Darüber hinausgehend sollte die Abgabe von Sitzen aber nur verlangt werden, wenn dies keinen unverhältnismäßig hohen Anteil des Gesamtkontingents bedeutet. Wie hoch nun dieser zumutbare Anteil zu beziffern ist, ist nicht eindeutig zu bestimmen, da es hier keine normativ einleuchtenden Ankerpunkte für eine solche Festsetzung gibt. Hier muss man sich pragmatisch allgemein anerkannter „focal points“ bedienen. Ein solcher üblicher Anteilswert könnte z. B. 10% oder vielleicht auch 20% betragen. Bei einem maximalen Anteilswert von 10% müsste demnach die CDU in Nordrhein-Westfalen 4 ihrer fünf Listenmandate abgeben, da ihr gesamter Sitzanspruch hier 43 Sitze beträgt. Niedersachsen müsste zwei seiner sechs Listenmandate abgeben. Berlin und Hamburg müssten aber beide nur das Minimum von einem Listenmandat abgeben, da schon das zweite über der Grenze liegen würde. Insgesamt stünden daher acht Listenmandate zur Verfügung, die für die Kompensation von strikt internen Überhangmandaten herangezogen werden können. Läge die Grenze bei 20%, wären es elf Listenmandate, da die CDU in Niedersachsen dann vier Listenmandate für die Kompensation zur Verfügung stellen müsste und in Nordrhein-Westfallen alle fünf.

Gehen wir im Folgenden von der 10%-Grenze aus, dann können 8 Überhangmandate kompensiert werden, indem man Landeslistenmandate streicht.

[15] Die hier vorgestellte Form des flexiblen Ausgleichs unterscheidet sich daher auch von der in der Publikation von Behnke und Weinmann von 2016.

Es verblieben demnach weiterhin 26 Überhangmandate, also Mandate, die über die Anzahl hinausgingen, die der CDU aufgrund ihrer Zweitstimmen eigentlich zustehen. Man könnte diese Mandate auch als „quasi-externe“ Überhangmandate bezeichnen, insofern, als sie Überhangmandate darstellen, zu deren Kompensation keine Ressourcen in Form von Landeslistenmandaten mehr zur Verfügung stehen. Die noch verbliebenen Landeslistenmandate sind ja jetzt sozusagen als „gesperrt“ zu betrachten. Wie bei den klassischen externen Überhangmandaten gibt es nun drei Möglichkeiten, die sich aus zwei Wegen ergeben, von denen einer wiederum in zwei Abzweigungen verläuft. Die erste Weggabelung besteht in der Entscheidung, ob das Prinzip der Unantastbarkeit der Direktmandate gelten soll oder nicht. Sprechen wir uns für die Unantastbarkeit aus, dann gibt es wiederum zwei Möglichkeiten, damit umzugehen. Die erste Möglichkeit beschreibt der Ausgleich, wie ihn die Entwürfe von SPD und Linke vorsehen, wenn man neben der Unantastbarkeit der Direktmandate auch an der Aufrechterhaltung des Interparteienproporzes festhält. Der Bundestag müsste also solange vergrößert werden, bis die CDU einen Anspruch auf 194 Mandate hätte. Das wäre dann der Fall, wenn der Bundestag die Größe von 688 Mandaten hätte. Allerdings müssten auch die externen Überhangmandate der CSU ausgeglichen werden, die ja nicht einmal teilweise durch Listenmandate in anderen Ländern kompensiert werden können. Der Ausgleich müsste also den Bundestag immer noch auf 700 Sitze vergrößern, selbst der maßvolle Umfang an Sitzeinsparungen, wie er durch den flexiblen Ausgleich in Bezug auf die Überhangmandate der CDU realisiert werden könnte, bliebe auf halbem Wege stehen, gestoppt durch das institutionelle Veto der externen CSU-Mandate. Diese Bindung an den Ausgleich für externe Überhangmandate der CSU ist gerade deshalb so schwer vermittelbar, weil der Ausgleich der CSU-Überhangmandate so offenkundig absurde Züge trägt. Während CDU-Überhangmandate wie schon erwähnt mit ca. 2 Ausgleichsmandaten kompensiert werden, beträgt dieser Faktor bei CSU-Überhangmandaten deutlich über 10 und erreicht am Schluss sogar Werte über 15. Ob es tatsächlich noch Sinn ergibt, Überhangmandate auszugleichen bei derart hohen Kosten, darf mit guten Gründen hinterfragt werden. Vorstellbar wäre daher eine Obergrenze des zulässigen Hebelfaktors, mit dem Überhangmandate ausgeglichen werden dürfen. Der Ausgleich fände dann nur statt, wenn er nicht zu inakzeptabel hohen Kosten führt. Ein kritischer Schwellenwert für den Hebelfaktor könnte dann so bestimmt werden, dass die nach der Kompensation immer noch verbliebenen quasi-externen Überhangmandate der CDU weiterhin ausgeglichen werden, die der CSU hingegen nicht. Nach dem flexiblen Ausgleichsmodell würde man dann bei den erwähnten 688 Sitzen landen (oder 678, wenn man das zulässige Opfer bei den Listenmandaten auf 20% erhöht), die CSU hätte dann nur noch ein einziges unausgeglichenes Überhangmandat (bei einer Parlamentsgröße von 678 verblieben zwei unausgeglichene externe Überhangmandate der CSU), die dann entweder unausgeglichen stehen gelassen werden könnten oder durch die Nichtvergabe von Direktmandaten neutralisiert werden könnte. Hält man an der Unantastbarkeit der Direktmandate fest, könnten diese wenigen Überhangmandate der CSU wie beim Grünenentwurf von 2009 der CSU unausgeglichen verbleiben.

Allerdings lassen sich Ergebnisse vorstellen, bei denen alle internen Überhangmandate der CDU ohne Vergrößerung des Bundestags kompensiert werden könnten und die CSU dennoch noch eine größere Anzahl von Überhangmandaten erhält. Damit hätten wir wieder das Problem einer normativ schwer begründbaren Ungleichbehandlung, dass nur die CSU in den Genuss bestimmter Vorteile kommen kann. Es sollte zumindest in diesen Fällen nicht von vornherein ausgeschlossen werden, den zweiten Weg einzuschlagen und die Unantastbarkeit der Direktmandate in solchen Fällen aufzugeben.

Dies ließe sich durchaus begründen. Man muss sich vor Augen halten, dass die extreme Zunahme der Überhangmandate vor allem damit zu erklären ist, dass die großen Parteien so schlecht wie nie zuvor abgeschnitten haben. Die Sicherung und Garantie von Direktmandaten, die mit so wenig Stimmen wie nie zuvor errungen wurden, aber lässt sich nur noch schwerlich als so gewichtiges Gut deklarieren, dass ihm sogar die Wahrung des Proporzes zwischen den Parteien geopfert werden sollte. Hält man also an der strikten Wahrung des Interparteienproporzes fest und möchte die Vergrößerung des Parlaments bestenfalls maßvoll gestalten oder sogar an der Ausgangsgröße festhalten, dann ist die Nichtvergabe von Direktmandaten, die nicht durch Zweitstimmen gedeckt sind, die unumgängliche Konsequenz. Würden alle 26 „quasi-externen“ Überhangmandate durch Nichtvergabe von 26 Direktmandaten neutralisiert, dann würde die Ausgangsgröße von 598 beibehalten. Der wesentliche Unterschied zum Grünenentwurf von 2011 aber würde darin bestehen, dass nur ein Teil der bestehenden Listenmandate für die Kompensation der Überhangmandate geopfert würde und nicht alle, bevor dann der Rest der nicht-kompensierten Überhangmandate mit Hilfe der Nichtvergabe von Direktmandaten abgebaut würde. Die maßvollere Version könnte darin bestehen, dass nur solche externen Überhangmandate, bei denen der Ausgleich zu exorbitanten Kosten führen würde, in Form der Nichtvergabe von Direktmandaten abgebaut würden. Das würde im Zusammenhang mit dem oben diskutierten flexiblen Ausgleich bedeuten, dass die CSU nur auf die Vergabe eines (bei einer Parlamentsgröße von 688 Mandaten) oder zweier Überhangmandate (bei einer Parlamentsgröße von 678) verzichten müsste. Damit die betroffenen Wahlkreise nicht verwaisen, könnte man dort als „Nachrücker“ den Kandidaten der anderen Parteien mit dem nächsthöchsten Stimmenergebnis das entsprechende Wahlkreismandat vergeben.

VI. Fazit

Das Wahlergebnis der letzten Bundestagswahl führte zu einer dramatischen Aufblähung des Bundestags. Ursache dafür war der seit 2013 existierende Ausgleich für Überhangmandate und der Umstand, dass diese in einer noch nie vorhandenen Größenordnung anfielen. Neben den sonstigen Mängeln des aktuellen Wahlgesetzes, mit denen sich die meisten Parteien wohl grundsätzlich abgefunden hätten, ist die Vergrößerung des Bundestags eine Eigenschaft, die das Scheitern des Wahlsystems in seiner vorliegenden Form offen sichtbar macht. Eine Reform ist allerdings nicht so einfach, wie es auf den ersten Blick scheinen mag. Solange Überhangmandate in größerer Zahl anfallen, kann dem Übel der Aufblähung nur durch verschiedene Methoden abgeholfen werden, von denen jede schwerwiegende Nachteile besitzt. Jede dieser Methoden verletzt Kriterien, die der einen oder anderen Partei wichtig sind. Letztlich ist die Aufblähung nur zu vermeiden, wenn man entweder bereit ist, eine größere Anzahl von unausgeglichenen Überhangmandaten zu akzeptieren oder wenn man die bisher geltende Unantastbarkeit von Direktmandaten oder Listenmandaten aufhebt. Unter den geltenden Bedingungen, d.h. unter der Annahme, dass Überhangmandate schon vorhanden sind, ist schlichtweg keine in jeder Hinsicht zufriedenstellende Lösung vorstellbar. Jede Reform in diesem Kontext kann daher immer nur bestenfalls einen Kompromiss darstellen, der von allen schlechten Lösungen die noch am annehmbarsten erscheinende darstellt.

Solche Reformen können dennoch sinnvoll sein, wenn es erst einmal – z.B. aufgrund des Zeitdrucks –nicht möglich ist, den Kontext zu verändern. Für eine langfristig tragende, nachhaltige Reform aber kommt es darauf an, den Kontext zu verändern, also die Entstehung von Überhangmandaten an sich zu verhindern. Hält man gleichzeitig am System der personalisierten Verhältniswahl fest, dann gibt es dafür nur einen einzigen Weg, den man einschlagen kann. Es muss durch die Reform erreicht werden, dass die stärkste Partei mit ihrem Anteil der Direktmandate nicht oder nur unwesentlich über der Anzahl der Mandate liegt, die sie aufgrund ihrer Zweitstimmen erhalten würde. Eine Möglichkeit, um dies zu erreichen, besteht in der Reduktion des Anteils der Direktmandate selbst (vgl. u.a. Behnke 2010, 2017b; Schröder 2014). Diese Reduktion müsste theoretisch so stark ausfallen, dass die stärkste Partei selbst dann, wenn sie alle oder annähernd alle Direktmandate erhält, keine Überhangmandate bekommt. D.h. der Anteil der Direktmandate dürfte nicht höher ausfallen als der Anteil an Zweitstimmen, mit denen eine Partei alle oder annähernd alle Direktmandate gewinnen kann. Tatsächlich hat die CDU die Überhangmandate teilweise in Bundesländern errungen, in denen sie nur um 30% der Zweitstimmen erhalten hat, in manchen – Brandenburg, Sachsen und Thüringen – lag sie sogar noch unter diesem Wert. Um Überhangmandate vollständig auszuschließen, müsste man daher – wenn man die Wahl 2017 als Richtwert nimmt – die Anzahl der Direktmandate von derzeit 299 auf ca. 200, eher sogar noch darunter in der Größenordnung von 170 bis 180, verringern. Eine Verkleinerung auf 220 bis 240 Sitze würde allerdings immerhin schon einen großen Teil der Überhangmandate beseitigen, so dass der dann noch verbleibende Rest mit einem Ausgleich in zumutbarer Größe kombinierbar wäre. Der dann immer noch benötigte Ausgleich könnte dann, um möglichst sparsam auszufallen, in der Logik des flexiblen kriterienbasierten Ausgleichs durchgeführt werden.

Möchte man das Element der Personalwahl stärker erhalten, d.h. die Anzahl der Direktmandate nicht ganz so drastisch oder überhaupt nicht senken, ließe sich dies bewerkstelligen, indem man die bisherigen Einpersonenwahlkreise durch Zweipersonenwahlkreise ersetzt, in denen zwei Kandidaten aufgrund der Erststimmenergebnisse gewählt würden. Es gäbe dann noch 150 Zweipersonenwahlkreise, in denen diejenigen mit den höchsten und zweithöchsten Erststimmenergebnissen gewählt würden. Die stärkste Partei würde dann nicht mehr alle oder fast alle Direktmandate erhalten, was ebenfalls zu einer starken Reduktion der Überhangmandate führen würde (Behnke 2010, 2017b). Auch dieses Modell könnte dann für die verbleibenden Überhangmandate mit einem Kompensationsmodell in der Logik des flexiblen kriterienbasierten Ausgleichs kombiniert werden.

Eine Reform ist in jedem Fall unabdingbar. Denn mit der dramatischen Vergrößerung um 100 Sitze bei der Wahl von 2017 ist das Potenzial des neuen Wahlgesetzes noch keineswegs ausgeschöpft. Größenordnungen von über 750 oder gar mehr als 800 Sitzen sind durchaus realistisch, wenn die CSU z. B. nur noch zwischen 34 und 36 Prozent der Zweitstimmen erhielte. Davon war sie bei der letzten Wahl schon nicht mehr so weit entfernt und im Zuge des allgemeinen Popularitätsverlusts der ehemals großen Volksparteien wird auch die CSU früher oder später bei solchen Werten landen. Es wäre also fatal, die Wahl von 2017 als einmaligen Ausrutscher zu sehen und darauf zu hoffen, dass zukünftige Ergebnisse weniger dramatisch ausfallen werden. So schwierig auch jetzt schon eine Reform des Wahlgesetzes durchzuführen ist, eine Reform mit dem Ziel einer Rückführung des Bundestags auf die Normalgröße wird umso schwieriger durchzusetzen sein, umso mehr Abgeordnete eben nur aufgrund der Vergrößerung überhaupt im Parlament sitzen. Denn diese werden nachvollziehbar kein Interesse daran haben, ein Wahlgesetz zu verabschieden, mit dem sie erst gar nicht im Parlament gelandet wären und dementsprechend auch zukünftig mit hoher Wahrscheinlichkeit sich nicht wieder im Parlament wiederfinden würden.

Literatur

Balinski, Michel L./*Young,* H. Peyton (2011): Fair Representation. Meeting the Ideal of One Man, One Vote. New Haven/London

Behnke, Joachim (2002): Bundestagswahl 2002. Die Bombe tickt weiter: Das immer noch existierende Problem der Überhangmandate und mögliche Lösungen (Bamberger Beiträge zur Politikwissenschaft: Forschungsschwerpunkt Theorie der Politik, Nr. I-4). Unter: https://www.researchgate.net/publication/270339492_Bundestagswahl_2002_Die_Bombe_tickt_weiter_Das_immer_noch_existierende_Problem_der_berhangmandate_und_mgliche_Lsungen

– (2003): Überhangmandate: Ein (behebbarer) Makel im institutionellen Design des Wahlsystems. In: Zeitschrift für Politikwissenschaft, 13, 1235–1269

– (2007): Das Wahlsystem der Bundesrepublik Deutschland. Logik, Technik und Praxis der Verhältniswahl. Baden-Baden: Nomos

– (2009): Sainte-Laguë/Schepers Verfahren. In: Dieter Nohlen/Rainer-Olaf Schultze (Hg.): Lexikon der Politikwissenschaft. Band 2. München, 934

– (2010): Überhangmandate und negatives Stimmgewicht: Zweimannwahlkreise und andere Lösungsvorschläge. In: Zeitschrift für Parlamentsfragen, 41, 247–260

– (2012): Ein sparsames länderproporzoptimierendes parteienproporzgewährendes automatisches Mandatszuteilungsverfahren mit Ausgleich ohne negatives Stimmgewicht. In: Zeitschrift für Parlamentsfragen, 43, 675–693

– (2013): Das neue Wahlgesetz, sicherlich nicht das letzte. In: Recht und Politik, 49, 1–10

– (2014a): Das neue Wahlgesetz im Test der Bundestagswahl 2013. In: Zeitschrift für Parlamentsfragen, 45, 17–37

– (2014b): Das neue Wahlgesetz – oder: Was lange währt, wird nicht unbedingt gut. In: Reimut Zohlnhöfer/Thomas Saalfeld (Hrsg.): Politik im Schatten der Krise. Eine Bilanz der Regierung Merkel 2009–2013. Wiebaden, 49–72

– (2015): Die Lösung des Problems des negativen Stimmgewichts als notwendige Nebenbedingung zukünftiger Reformen des Wahlsystem. In: Zeitschrift für Politik, Null, Null

– (2017a): Die mögliche Vergrößerung des Bundestages durch Überhang- und Ausgleichsmandate. In: GWP – Gesellschaft. Wirtschaft. Politik, Null, 59–70

– (2017b): Zweipersonenwahlkreise oder die Reduktion der Anzahl der Einpersonenwahlkreise als „Catch all"-Reformoption. In: Joachim Behnke/Frank Decker/Florian Grotz/Robert Vehrkamp/Philipp Weinmann (Hg.): Reform des Bundestagswahlsystems. Gütersloh: Verlag Bertelsmann Stiftung, 137–184

Behnke, Joachim/*Grotz*, Florian/*Hartmann*, Christof (2017): Wahlen und Wahlsysteme. Berlin Boston: DeGruyter Oldenbourg

Behnke Joachim/*Weinmann*, Philipp (2016): Flexibler und Zielgerichteter Ausgleich – Eine am innerparteilichen Proporz orientierte Alternative zum geltenden Bundestagswahlrecht, in Zeitschrift für Parlamentsfragen, 47. Jg. (2/2016), 369–388

Dehmel, Niels/*Jesse*, Eckhard (2013): Das neue Wahlgesetz zur Bundestagswahl 2013. Eine Reform der Reform der Reform ist unvermeidlich. In: Zeitschrift für Parlamentsfragen, 44, 201–213

Grotz, Florian (2014): Happy End oder endloses Drama? Die Reform des Bundestagswahlsystems. In: Eckhard Jesse/Roland Sturm (Hg.): Bilanz der Bundestagswahl 2013, Voraussetzungen, Ergebnisse, Folgen. Baden-Baden: Nomos, 113–140

Lübbert, Daniel/*Arndt*, Felix/*Pukelsheim*, Friedrich (2011): Proporzwahrende Anpassung der Bundestagsgröße – ein Lösungsvorschlag für das Problem der negativen Stimmgewichte bei Bundestagswahlen. In: Zeitschrift für Parlamentsfragen, 42, 426–435

Meyer, Hans (2010): Die Zukunft des Bundestagswahlrechts. Baden-Baden: Nomos

Nagel, Thomas (1991): Equality and Partiality. Oxford: Oxford University Press

Peifer, Richard/*Lübbert*, Daniel/*Oelbermann*, Kai-Friederike/*Pukelsheim*, Friedrich (2012): Direktmandatsorientierte Proporzanpassung: Eine mit der Personenwahl verbundene Verhältniswahl ohne negative Stimmgewichte. In: DVBL, 127, 725–730

Pukelsheim, Friedrich (2008): Bundeswahlgesetz – Nächste Etappe. In: Deutsches Verwaltungsblatt, 123, 889–897

Scanlon, Thomas M. (1998): What we owe to each other. Cambridge, Mass.: Belknap Press

Schröder, Valentin (2014): Parteienproporz, Länderproporz und Bundestagsgröße im neuen Bundestagswahlrecht. In: Zeitschrift für Parlamentsfragen, 45, 838–858

Präsidentialisierung: Entmachtung des Parlaments?

Thomas Poguntke

I. Einleitung

Der Parlamentarismus hat schon bessere Zeiten erlebt. Die These ist nicht neu, sondern wurde im Zusammenhang mit der Debatte über die Deparlamentarisierung intensiv diskutiert (Blumenthal 2003; Heinze 2002; Kropp 2003; Schüttemeyer 2007). Die Verlagerung der Gesetzgebungsinitiative in die Regierungsapparate ist eine bekannte Tatsache und hat sich mit zunehmender Komplexität der Gesetzgebungsgegenstände nicht verlangsamt. Die Neigung, politische Entscheidungen in sogenannte nicht-majoritäre Institutionen zu verlagern, bedeutet einen weiteren Einflussverlust der zentralen majoritären Institution der Demokratie, nämlich der Parlamente (Braun/Gilardi 2006). Wenn entscheidende wirtschaftspolitische Weichenstellungen, um ein aktuelles Beispiel zu nennen, von der Europäischen Zentralbank vorgenommen werden, schwindet die Macht der Regierungen und damit der sie kontrollierenden Parlamente. Regieren im europäischen Mehrebenensystem, um den wohl wichtigsten Faktor zu benennen, bedeutet eben auch Gesetzgebung durch europäische Exekutivversammlungen, den Ministerrat in seinen verschiedenen Zusammensetzungen, im Zusammenwirkungen mit dem Europäischen Parlament, welche nationalen Parlamenten entweder Kompetenzen entzieht oder ihnen die Rolle eines Ratifikationsorganes zuweist (Schmidt 2007: 161).

Die Schwächung der Parlamente lässt sich allerdings auch in den Zusammenhang eines generellen Trends zur Präsidentialisierung der Funktionsweise moderner Demokratien einordnen, der neben den bereits angeführten Entwicklungen eine Reihe weiterer Ursachen hat (Poguntke/Webb 2005a). Es handelt sich hier um den in vielen parlamentarischen Demokratien feststellbaren Trend zur Verschiebung politischer Macht von kollektiven Akteuren zu einzelnen Amtsinhabern. Anders formuliert: Es gibt eine ganze Reihe struktureller Faktoren, die den Machtzuwachs der Regierungschefs und Parteiführer zu Lasten von Kabinetten, Parlamenten und Parteien begünstigen. Bevor auf die Schwächung der Parlamente im Besonderen eingegangen wird, sollen zunächst die wichtigsten Elemente der These von der Präsidentialisierung moderner Demokratien erläutert werden. Hierbei wird vor allem auf das deutsche Beispiel Bezug genommen, obgleich ähnliche Prozesse in den meisten parlamentarischen Demokratien zu diagnostizieren sind.

II. Die These von der Präsidentialisierung

Die These von der Präsidentialisierung der Politik bezeichnet einen Prozess, der dazu führt, dass die politische Praxis in modernen Demokratien zunehmend präsidentielle Züge annimmt. Hiermit ist eine Veränderung der Verfassungspraxis gemeint, die ohne Veränderungen des konstitutionellen Regelwerkes vonstattengeht, also prinzipiell reversibel ist (Foley 1993; Mughan 2000; Poguntke/Webb 2005b). Es handelt sich also um Veränderungen innerhalb der Systemgrenzen. Dies wurde in der wissenschaftlichen Diskussion gelegentlich falsch interpretiert und führte zu entsprechenden Kontroversen (Dowding 2013; Webb/Poguntke 2013; Foley 2013). Die Bezeichnung leitet sich aus der idealtypischen Funktionsweise präsidentieller Systeme ab, die dadurch gekennzeichnet ist, dass die Exekutivmacht in einer Hand konzentriert ist, der Präsident aufgrund seiner festen Amtsperioden vergleichsweise große Handlungsspielräume hat und mit erheblichen Machtressourcen ausgestattet ist (Steffani 1979; Lijphart 1992). Politische Parteien spielen, wiederum idealtypisch, in präsidentiellen Systemen eine andere Rolle als in parlamentarischen, da die Exekutive für ihr politisches Überleben nicht auf die Unterstützung vergleichsweise disziplinierter Parteien angewiesen ist. Sie sind tendenziell ideologisch weniger geschlossen und spielen im Prozess der Personalrekrutierung eine wichtige Rolle, während die Formulierung politischer Ziele und ihre legislative Umsetzung hauptsächlich die Sache der Legislative insgesamt und weniger der Fraktionen und der ihnen zugeordneten Parteien ist.

Die Präsidentialisierung des politischen Prozesses bezeichnet also eine Entwicklung, die sich in drei miteinander eng verknüpften politischen Arenen feststellen lässt, innerhalb der Exekutive, der politischen Parteien sowie des Wahlprozesses. Diese „drei Gesichter der Präsidentialisierung“ (Poguntke/Webb 2005b) können unterschiedlich stark ausgeprägt sein, wobei landesspezifische Faktoren, wie beispielsweise das Wahlsystem, eine wichtige Rolle spielen. Die Präsidentialisierung der Exekutive manifestiert sich in einer zunehmenden Konzentration der exekutiven Macht beim Regierungschef (oder, im Falle von Koalitionsregierungen, bei sehr kleinen Führungszirkeln). Diese wird begleitet von einer Schwächung der durch disziplinierte Parteien gewährleisteten engen Verbindung zwischen Regierung und Parlamentsmehrheit. Stattdessen öffnet sich Raum für eine wachsende wechselseitige Unabhängigkeit – wenn auch innerhalb der Grenzen des konstitutionellen Regelwerkes. Analog hierzu vollzieht sich die Präsidentialisierung politischer Parteien, die sich von programmatisch vergleichsweise integrierten Organisationen zu vielfach fragmentierten Organisationen wandeln. Die Macht des Parteichefs beruht in erster Linie auf elektoralem Erfolg, nicht auf seiner Verankerung in der dominanten innerparteilichen Koalition (Panebianco 1988). Zentrales Merkmal der Präsidentialisierung der Parteien ist, wie bei der Präsidentialisierung der Exekutive, die wachsende Macht des Inhabers des Führungsamtes bei gleichzeitig wachsender wechselseitiger Autonomie von Partei und Parteiführer. Ein weiteres wichtiges Element des Präsidentialisierungsprozesses ist die Personalisierung des Wahlprozesses. Zentraler Gedanke der These ist es, dass sich die Funktionsweise politischer Systeme auf einem Kontinuum zwischen parteiendominiert und präsidentialisiert bewegen kann, wobei es strukturelle Faktoren gibt, die eine Präsidentialisierung begünstigen, wenngleich situative Faktoren auch eine Entwicklung in die umgekehrte Richtung auslösen können.

III. Die drei Gesichter der Präsidentialisierung

Alle drei Gesichter der Präsidentialisierung rekurrieren auf eine Verschiebung der Machtbalance zwischen kollektiven Akteuren (Parteien, Fraktionen, Parlamente) und individuellen Akteuren (Regierungschefs, Parteiführer, Spitzenkandidaten). Die analytische Leitfrage lautet also, ob sich tatsächlich zeigen lässt, dass sich Macht bei den genannten individuellen Führungsfiguren konzentriert, während die entsprechenden Kollektivorgane an Macht einbüßen. Bevor am Beispiel Deutschlands empirische Belege angeführt werden können, soll zunächst geklärt werden, was unter Macht verstanden werden soll. Ausgangspunkt hierfür bildet Max Webers klassische Definition, wonach Macht in der Fähigkeit besteht, Ziele auch gegen Widerstand zu erreichen (Weber 1980: 28). Daraus leitet sich ab, dass Autonomie eine wichtige Voraussetzung von Macht darstellt, da sie die Wahrscheinlichkeit von Widerstand verringert, Machtausübung also im Idealfall überflüssig macht. Machtgewinn ist also aus dieser Perspektive das Resultat zweier Prozesse:

1. des Anwachsens von Zonen autonomer Kontrolle, und
2. des Anwachsens von Fähigkeiten, Widerstände gegebenenfalls zu überwinden.

Autonomie ist hier nicht nur zu verstehen als Bereich der formalen Entscheidungskompetenz, sondern auch als ein Bereich, über den die handelnde Person in der Regel allein entscheidet, weil ihr diese Alleinentscheidung von anderen Machtzentren zugebilligt wird. Ein Beispiel hierfür wäre das in keiner Parteisatzung verankerte „Erstzugriffsrecht" des Parteivorsitzenden auf die Spitzenkandidatur, das im Vorfeld des Bundestagswahlkampfes 2017 dazu geführt hat, dass sich Martin Schulz und Angela Merkel de facto selbst als Spitzenkandidaten nominierten. Die Fähigkeit von Eliten, Widerstände zu überwinden, bemisst sich nach den ihnen zur Verfügung stehenden Machtressourcen. Dies schließt formale Kompetenzen ebenso ein wie eine Palette von Machtmitteln, die Politikern zur Verfügung stehen, von Geld bis zum privilegierten Zugang zu den Massenmedien oder der Kontrolle über administrative Apparate. Indikatoren und Wirkungsweise dieser Machtverschiebung sollen nun am Beispiel Deutschlands erläutert werden.

1. Die Präsidentialisierung der Exekutive

Die wachsende Macht und Autonomie des Bundeskanzlers lässt sich zunächst einmal an der Ressourcenausstattung des Amtes festmachen. Schon die Architektur des Berliner Kanzleramtes unterscheidet sich fundamental von der des ehemaligen Bonner Amtssitzes und symbolisiert einen gewachsenen Machtanspruch, der sich in einer über die Jahrzehnte erheblich gewachsenen Ressourcenausstattung des Amtes manifestiert (Knoll 2004; Müller-Rommel 1994, 2000). Darüber hinaus lassen sich vielfältige Beispiele finden, die den Versuch der Zentralisierung der politischen Steuerung zeigen und als Indikator eines Prozesses der Machtkonzentration gewertet werden können, auch wenn diese Versuche nicht immer erfolgreich waren. Erinnert sei an die Genese der Agenda 2010 unter Kanzlerschaft Schröders im Kanzleramt (und weitgehend ohne Beteiligung von Partei und Fraktion) oder die Koordination der Flüchtlingspolitik auf dem Höhepunkt der Flüchtlingskrise 2015 durch Kanzleramtsminister Peter Altmaier. Auch die Federführung bei der Ausarbeitung des CDU-Bundestagswahlprogrammes 2017 lag offiziell beim Kanzleramtsminister.

Eine wichtige Rolle im Prozess der Präsidentialisierung der Exekutive spielt die Nutzung der Meinungsforschung für die strategische politische Planung. Die Strategie der asymmetrischen Demobilisierung von Kanzlerin Merkel ist so entstanden. Auch die erheblich gewachsene Bedeutung des Bundespresseamtes muss in diesem Zusammenhang erwähnt werden.

Zentrales Element des Prozesses der Präsidentialisierung ist die Beanspruchung eines persönlichen Mandates durch den Regierungschef. Dieses basiert auf dem Versprechen, für die eigene Partei Wahlen gewinnen zu können aufgrund seiner herausgehobenen Stellung (auch im Wahlprozess) und wird nicht primär aus der Vertretung der zentralen Ziele der eigenen Partei und einem entsprechenden politischen Führungs- und Vertretungsanspruch abgeleitet. Dem entsprechen die Federführung des Kanzleramtes bei der Programmformulierung und die deutliche Tendenz zur Selbstnominierung der Spitzenkandidaten. Nominiert wird derjenige, der den größten Wahlerfolg verspricht, nicht der, der die Ziele der Partei insgesamt am besten vertritt. Nur so lässt sich beispielsweise ein Kanzlerkandidat Steinbrück erklären (Poguntke 2015). Eine offensichtliche Begleiterscheinung dieses Prozesses sind schwache Kabinette, da die Förderung von Führungsnachwuchs die starke Stellung des präsidentialisierten Kanzlers gegenüber seiner eigenen Partei notwendigerweise gefährdet.

Die quasi-plebiszitäre statt parteiendemokratische Führungsauswahl birgt allerdings auch Risiken für das Führungspersonal. Wird das Wahlziel verfehlt oder beginnt die durch Umfragen scheinbar dokumentierte wahlpolitische Anziehungskraft nachzulassen, so fehlt die sichere Verankerung in der Partei. Konnten Helmut Kohl und Willy Brandt noch mehrfach als Kanzlerkandidaten antreten, so blieb dies den SPD Spitzenkandidaten in jüngerer Vergangenheit regelmäßig verwehrt.

2. Die Präsidentialisierung der Parteien

Die enge Verbindung zwischen Prozessen der Machtkonzentration in der Exekutive und an der Spitze der Parteien ist offensichtlich und in einer Parteiendemokratie strukturell angelegt. Parteien, die die Regierungsführung für sich beanspruchen, lassen sich schon bei der Auswahl des Parteichefs von der Logik der in der Präsidentialisierung angelegten Dominanz elektoraler Gesichtspunkte leiten. Angesichts des oben erwähnten „Erstzugriffsrechtes" der Parteiführer auf die Kanzlerkandidatur liegt dies auch nahe. Parteichef wird zunehmend nicht mehr derjenige, der in der dominanten Koalition der Partei verankert ist, sondern der elektoral am vielversprechendsten erscheint. Mit anderen Worte: Die politischen Ziele treten hinter die Machtperspektive zurück. Die Kanzlerkandidatur von Martin Schulz ist ein offensichtliches Beispiel, viele andere aus dem In-und Ausland ließen sich anführen. So war der britische Premierminister Tony Blair nie wirklich im Mainstream der Labour Party verankert und der italienische Premierminister Matteo Renzi konnte seinen Anspruch auf die Parteiführung nur über eine offene Mitgliederabstimmung durchsetzen. Auch in der innerparteilichen Führung zeigt sich die Tendenz zur Inanspruchnahme eines persönlichen Mandates als zentraler Machtressource, häufig untermauert durch innerparteiliche Plebiszite, die die mittleren Parteieliten, also das Funktionärskorps umgehen. Die Forschung zeigt klare Tendenzen hin zu einer häufigeren Nutzung plebiszitärer Entscheidungsverfahren, vor allem bei Personalentscheidungen (von dem Berge/Poguntke 2017; Bolin et al. 2017, Detterbeck 2013; Poguntke et al. 2016).

3. Präsidentialisierung des Wahlprozesses

Verstärkt werden die oben skizzierten Prozesse durch den Zuschnitt der Wahlkampfführung auf die Person der Spitzenkandidaten. Zwar ist es in der Wahlforschung umstritten, ob es tatsächlich einen klar identifizierbaren Trend zu einem stärkeren Einfluss des Spitzenkandidaten auf die Wahlentscheidung gibt (Garzia 2014; Karvonen 2010; Lobo/Curtice 2015; McAllister 2007; Karvonen 2010; Mughan 2015). Dies liegt bis zu einem gewissen Grad in der geringen Zahl von nationalen Wahlen pro Land und an der erheblichen Zahl von kontextabhängigen, intervenierenden Faktoren begründet. In den Wahlkampfzentralen der Parteien gibt es allerdings kaum Zweifel an der Existenz dieses Trends, so dass sich die Wahlkampfstrategien und Kampagnenplanungen entsprechend verändert haben. Mit anderen Worten: Die Parteien haben ihre Wahlkämpfe zunehmend personalisiert und hieraus leiten die Spitzenkandidaten, die ja ihre Nominierung zumindest partiell der vermuteten oder tatsächlichen elektoralen Anziehungskraft verdanken, einen erweiterten Einfluss auf Strategie und Inhalt des Wahlkampfes ab. Der Zuschnitt des Wahlkampfes auf das Führungspersonal erhöht zwangsläufig den persönlichen Einfluss der Spitzenkandidaten auf Strategie und Politikinhalte ihrer Parteien. Die Präsidentialisierung des Wahlprozesses wirkt also verstärkend auf die Präsidentialisierung der Parteien, die ihre programmatischen Ziele ein Stück weit am Profil des Spitzenkandidaten ausrichten.

Das vielleicht eindrücklichste Beispiel für die Personalisierung der Wahlkampfführung ist das Plakat der CDU aus dem Bundestagswahlkampf 1994, das Kanzler Kohl inmitten einer Menschenmenge zeigt, ohne dass das Plakat die Partei des Kanzlerkandidaten vermerkt. Auch die ‚Kanzlerinnenraute' aus dem Wahlkampf 2014 lässt sich hier anführen. Theoretisch aussagekräftiger ist jedoch der Blick auf die Entwicklung der Grünen, die als anti-elitäre Partei begonnen haben. Schon zur Zeit Joschka Fischers fügte sich die Parteimehrheit, teils noch widerstrebend, der perzipierten Notwendigkeit, einen Spitzenkandidaten zu nominieren (Poguntke 2003: 98 f.). War die Konzentration der grünen Kampagne auf die Person Fischers im Bundestagswahlkampf 2002 sicher auch der Popularität des grünen Außenministers geschuldet, so ist inzwischen die Nominierung von Spitzenkandidaten und eine auf sie zugeschnittene Wahlkampfstrategie auch bei den Grünen der Normalfall geworden. Jüngstes Beispiel für die Personalisierung einer Wahlkampagne durch die Parteien selbst ist der FDP-Wahlkampf von 2017, der fast ausschließlich auf die Person des Spitzenkandidaten Christian Lindner fokussiert war.

Eine wesentliche Ursache der beschriebenen Veränderungen der Wahlkampfführung politischer Parteien liegt in der durch vielfältige kommunikationswissenschaftliche Studien belegten Personalisierung der Medienberichterstattung (Holtz-Bacha 1999, 2002; Keil 2003). Die TV-Duelle der Kanzlerkandidaten sind das augenfälligste Beispiel. Viel grundlegender hat allerdings der Siegeszug des Fernsehens die politische Berichterstattung und vor allem die Wahlkampfberichterstattung verändert, weil es in der Logik der Bildmedien liegt, die handelnden Personen in den Vordergrund zu rücken und die programmatischen Inhalte weniger stark zu beachten. Der Trend zu Infotainment-Formaten und zu einer Verlagerung politischer Debatten in Talkshows tut ein Übriges.

IV. Erklärungsfaktoren

Nachdem die wichtigsten Merkmale des Präsidentialisierungsprozesses und deren Wechselwirkungen dargestellt wurden, soll nun kurz auf die wichtigsten Faktoren eingegangen werden, die diesen Prozess erklären können. Zunächst sind kontingente Faktoren in den Blick zu nehmen, also Ursachen, welche die der Präsidentialisierung zugrunde liegenden strukturellen Kausalfaktoren in ihrer Wirkung abschwächen oder auch verstärken können. Grundsätzlich gibt es hier zwei

Faktorenbündel, den politischen Kontext und die Persönlichkeit der politisch Handelnden. Letzteres benötigt kaum Erläuterung: Eine schwache Führungspersönlichkeit wird auch bei strukturell guten Bedingungen die ihr zur Verfügung stehende Macht nicht entsprechend der Möglichkeiten nutzen können.

Auch der politische Kontext übt einen erheblichen Einfluss auf das Ausmaß der Präsidentialisierung aus. Krisenzeiten stärken in der Regel die Macht der politischen Führung, aber auch die parlamentarischen Mehrheitsverhältnisse beeinflussen die Handlungsmöglichkeiten des Regierungschefs (und in geringerem Maße auch der Parteichefs). Allerdings stimmt die naheliegende Gleichung, nach der eine große Mehrheit eine große Machtfülle des Regierungschefs zu Folge habe, meist nicht. Vielmehr erlauben knappe Mehrheiten bisweilen eher ein Durchregieren und auch Koalitionsregierungen ermöglichen häufig starke Regierungschefs, sofern diese es verstehen, die Koalitionspartner geschickt gegeneinander auszuspielen (Poguntke/Webb 2005b).

Hinsichtlich der These von der Präsidentialisierung sind allerdings die strukturellen Ursachen wichtiger, weil sie erklären, warum es eine erkennbare Tendenz gibt, dass sich politische Systeme in ihrem Funktionsmodus einer präsidentiellen Logik annähern, obwohl die skizzierten kontingenten Schwankungen natürlich auch Bewegung in die gegenläufige Richtung verursachen können. So hat der lang anhaltende Trend zu einer Ausweitung der Staatsaufgaben und einer wachsenden Komplexität des Staates dazu geführt, dass die Regierungschefs ihre Steuerungskapazitäten und damit ihre Fähigkeit zur politischen Führung ausgebaut haben. Die gestiegene politische Dominanz der Regierungszentralen, die sich in einem vielfach dokumentierten personellen Aufwuchs niedergeschlagen hat, ist allerdings nicht gleichbedeutend mit einer substantiell gewachsenen Steuerungsfähigkeit. Mit anderen Worten: Die gewachsene Fähigkeit des Regierungschefs zur Durchsetzung der gewünschten politischen Maßnahmen ist nicht gleichbedeutend mit der tatsächlichen Erreichung der damit verbundenen Ziele.

Vergleichbares gilt für den Trend zu einer zunehmenden Internationalisierung der Politik, die innerhalb der Europäischen Union besonders ausgeprägt ist. Verbindliche Entscheidungen werden zunehmend von supranationalen Exekutivgremien getroffen, die von den nationalen Parlamenten in der Regel nur noch ratifiziert, aber nicht mehr inhaltlich mitgestaltet werden (Hix/Goetz 2000). Diese Exekutivlastigkeit moderner Politikgestaltung stärkt zunächst die Handlungsfreiheit der Exekutive und vor allem die des Regierungschefs. Allerdings bedeutet der Trend zu echten supranationalen Entscheidungsmodi bisweilen auch, dass der Regierungschef Entscheidungen gegenüber seiner Partei und dem Parlament durchsetzen muss, die gegen seine Stimme beschlossen wurden. Insofern ist der Machtzuwachs von präsidentialisierten Regierungschefs bisweilen nur eine Schimäre, wenngleich es Regierungschefs von mächtigen Staaten meist gelingen dürfte, unliebsame Entscheidungen zu vermeiden.

Die zunehmende Fokussierung politischer Entscheidungsgewalt bei den Regierungschefs bleibt nicht ohne Rückwirkungen auf die innerparteilichen Machtverhältnisse, zumal in den meisten parlamentarischen Systemen Koalitionsregierungen die Regel sind und somit die Parteiführer (oder die engere Parteiführung) in die exekutivlastige Entscheidungsfindung eingebunden sind. Innerhalb der politischen Parteien vollzieht sich also ein paralleler Prozess der Machtkonzentration bei der politischen Führung, der bei Regierungsparteien ausgeprägter ist als bei Parteien ohne Regierungsverantwortung.

Die wachsende Macht und Autonomie des politischen Führungspersonals wird vor allem von zwei gesellschaftlichen Entwicklungen befördert, die hier kurz skizziert werden sollen. Zunächst muss die Veränderung der Massenkommunikation in den Blick genommen werden. Der Siegeszug des Fernsehens hat, wie bereits erwähnt, zu einer Personalisierung der Berichterstattung geführt, die den handelnden Führungspersonen in die Hände spielt und die Parlamente oder Parteien tendenziell in den Hintergrund rücken lässt. Vor allem ermöglichen die elektronischen Medien die direkte Beeinflussung der politischen Agenda und die direkte Ansprache der Wahlbevölkerung – also die Inanspruchnahme eines persönlichen Mandates an der eigenen Parteiorganisation oder Parlamentsfraktion und deren Entscheidungsgremien vorbei. Der Vollständigkeit halber sei hier allerdings angemerkt, dass die Wirkungen der neuen sozialen Medien eventuell hier gegenläufige Wirkungen entfalten können, da sie vergleichsweise kostengünstige Kampagnen ermöglichen, die auch geeignet sein können, die Eliten herauszufordern.

Neben der Veränderung der Medienlandschaft hat die Erosion der traditionellen Wählermilieus erheblichen Einfluss auf die Präsidentialisierung der Politik. Das weitgehende Verschwinden großer, vergleichsweise homogener Wählergruppen mit gleicher Interessenlage erschwert die Formulierung klarer Entscheidungsalternativen und schwächt somit die Überzeugungskraft politischer Ideologien oder zumindest kohärenter Programme. Damit geht der Rückgang politischer Loyalitäten, gemessen über die Parteibindung, einher (Dalton 2000; Dalton et al. 2002; Franklin 1992). Dies öffnet Raum für einen personalisierten Führungsanspruch, der den Wahlerfolg primär über die wahlpolitische Anziehungskraft der Führungspersönlichkeiten erreichen will und programmatische Aussagen in den Hintergrund rückt.

Die hier skizzierten Faktoren wirken nicht gleichermaßen auf alle drei Dimensionen der Präsidentialisierung. So fördert beispielsweise die wachsende Komplexität des Staates primär die Präsidentialisierung der Exekutive, während die nachlassende Bindungskraft sozialstruktureller Cleavages in erster Linie auf den Wahlprozess und die Parteien wirkt. Da aber Parteien den Zugang zum exekutiven Führungsamt bestimmen, bleibt dies nicht ohne Wirkung auf die Handlungsmöglichkeiten des Regierungschefs. Abhängig von den Spezifika bestimmter politischer Parteien oder Länder können die drei Gesichter der Präsidentialisierung unterschiedlich stark ausgeprägt sein. In jedem Falle verstärken sie sich wechselseitig.

V. Die Entmachtung der Parlamente

Die wechselseitige Unabhängigkeit von Exekutive und Legislative ist in präsidentiellen Systemen konstitutionell angelegt und führt tendenziell – auch wenn die gegenwärtige Politik in den Vereinigten Staaten dieser Lehrbuchweisheit widerspricht – zu wenig disziplinierten Parteien. Ein wichtiger Bestandteil des Prozesses der Präsidentialisierung ist dementsprechend die Auflösung der engen Verbindung von Regierungsmehrheit und Regierung im Parlamentarismus, obwohl die Regierung auf die parlamentarische Unterstützung angewiesen bleibt. Da sich an den konstitutionellen Kräfteverhältnissen im Zuge des Präsidentialisierungsprozesses nichts ändert, muss der Blick auf die realen Interaktionsbeziehungen zwischen Parlamentsmehrheit und Regierung gerichtet werden.

Während Parteienregierung idealtypisch die Einheit von Regierung und Regierungsmehrheit[1] impliziert, löst sich diese enge Bindung im Zuge der Präsidentialisierung tendenziell auf. Die Parlamentsmehrheit – nicht unbedingt die die Regierung tragenden Parteien – wird zur Stütze der Regierung. Mit anderen Worten: Die starre Bindung zwischen Regierung und Regierungsmehrheit flexibilisiert sich zugunsten von Mehrheitsbildungsprozessen, die bisweilen auch auf Unterstützung der Opposition bauen, während die geschlossene Unterstützung der Regierungsmehrheit nicht immer gewährleistet ist.

Ein Indiz dieser Ablösung des Regierungshandelns von den Parteien ist die zunehmende Promiskuität der Koalitionsbildung (Mair 2008: 216) – versinnbildlicht wird dies im deutschen Beispiel durch den letztlich gescheiterten Versuch der Kanzlerin, nach den Bundestagswahlen 2017 eine Jamaika-Koalition zu bilden. Dies wäre dann die dritte Koalitionsformel im vierten Kabinett Merkel gewesen. Diese richtungspolitische Flexibilität ist keine deutsche Besonderheit, sondern ein international nachweisbarer Trend, der durch die Fragmentierung der Parteiensysteme befördert wird. Einen bemerkenswerten Sonderfall stellt die italienische Politik dar, wo in der 17. Legislaturperiode von den 945 Abgeordneten der beiden Kammern 345 die Fraktion wechselten, manche sogar mehrfach.[2]

Der hier skizzierte Prozess bedeutet, dass die entscheidenden politischen Weichenstellungen tendenziell immer weniger von den Parlamentsfraktionen und

[1] Dies umfasst auch die Parteien, die eine Minderheitsregierung parlamentarisch unterstützen.

[2] Der Autor dankt dem Leiter des Büros der Friedrich-Ebert-Stiftung in Rom, Ernst Hillebrand, für diese Zahlen.

den sie tragenden Parteien ausgehen. Hierfür gibt es eine Reihe von Erklärungen, die bereits diskutiert wurden, wie die Inanspruchnahme eines persönlichen Mandates durch den Regierungschef und das Regieren in übergroßen Koalitionen, das dem Regierungschef viel Bewegungsfreiheit gegenüber den Parlamentsfraktionen verschafft. Besonders folgenreich ist jedoch die Internationalisierung der Politik, deren Auswirkungen anhand jüngerer Beispielen der deutschen Politik illustriert werden sollen.

Wie bereits erwähnt erweitert die Internationalisierung der Politik, die innerhalb der EU durch deren großen Regelungsbereich besonders ausgeprägt ist, ständig und strukturell die Fähigkeit der politischen Eliten (vor allem Regierungschefs, aber auch wichtiger Kabinettsmitglieder), Entscheidungsalternativen gegenüber ihren Fraktionen und den sie tragenden Parteien zu definieren. Die Ergebnisse von (europäischen) Gipfelverhandlungen sind nicht ‚nachverhandelbar'. Regierungsmehrheit und das Parlament insgesamt werden durch die inhärente Logik von (europäischen) Exekutivverhandlungen häufig in eine klassische Ratifikationslage gebracht, die der Logik der außenpolitischen Prärogative der Exekutive entspricht. Einmal getroffene Vereinbarungen (oder Verträge) lassen sich zwar blockieren, aber nicht mehr gestalten – und eine Blockade stellt in wichtigen Fragen zwangsläufig das politische Überleben der Exekutive zur Disposition. Die verschiedenen Euro-Rettungspakete stellen besonders ausgeprägte Beispiele für die Wirksamkeit dieses Mechanismus dar: Es ist unbestritten, dass eine auch nur annähernd wirksame parlamentarische Debatte der zu beschließenden Sachverhalte, die ja erheblich Haushaltsrisiken beinhalteten, schon aus Zeitgründen unmöglich war. Die partielle Entkoppelung von Regierungsmehrheit und Regierung zeigt sich hier auch darin, dass zwei wichtige Beschlüsse zur Euro-Rettung den Bundestag nur mit Hilfe von Stimmen der Opposition passierten (Murswiek 2015: 178). Allerdings zeigt sich hier wie in einem Brennglas die Ambivalenz der gewachsenen Macht der Exekutive: Sie ist in ihren Entscheidungen zwar weitgehend autonom gegenüber den nationalen Parlamenten, hat aber gleichzeitig die alleinige Kontrolle über die Entscheidungsalternativen eingebüßt. Mit anderen Worten: Präsidentialisierung der Exekutive (und der Parteien) geht einher mit der Aushöhlung nationaler Souveränität. Die Debatte um das Freihandelsabkommen TTIP zeigte die Einschränkung parlamentarischer Mitwirkungsmöglichkeiten besonders deutlich: Erst nach langen öffentlichen Diskussionen wurden den Bundestagsabgeordneten überhaupt begrenzte Einblicksrechte in die Verhandlungsunterlagen gewährt.

Weitere Beispiele zeigen, dass es sich bei der Euro-Rettung zwar um ein besonders prägnantes Beispiel handelt, die Handlungslogik sich jedoch nicht von weniger spektakulären Entscheidungen unterscheidet. Ob es sich um Abgasgrenzwerte für PKWs handelt oder um die international eingegangene Verpflichtung zur Inklusion behinderter Schüler – zu dem Zeitpunkt, zu dem bestimmte Politiken national zur Streifrage werden, sind sie der Regelungskompetenz des Parlamentes bereits entzogen.

Dieser Aspekt hat nichts mit der möglicherweise vorhandenen substantiellen Wünschbarkeit solcher Abkommen zu tun. Aus demokratietheoretischer Sicht bleibt zu konstatieren, dass die Aushöhlung nationalstaatlicher Souveränität an den Parlamenten nicht spurlos vorbei geht. Im Zusammenwirken mit den anderen erwähnten Faktoren ist es vor allem die Internationalisierung der Politik, die es den Regierungschefs erlaubt, am Parlament vorbei zu regieren. Ob im Falle der europäischen Integration die Stärkung des Europäischen Parlamentes den Kontrollverlust der nationalen Parlamente auszugleichen vermag, ist zumindest diskutabel.

VI. Schlussfolgerungen

Wie bereits zu Beginn des vorigen Kapitels angesprochen, geht die Entmachtung der Parlamente mit der Entmachtung der Parlamentsmehrheit einher. Das wohl prägnanteste Beispiel einer folgenreichen Entscheidung am Parlament vorbei war die Öffnung der Grenzen zu Beginn der Flüchtlingskrise im Sommer 2015. Auch wenn vielfach kritisiert wurde, dass die Bundeskanzlerin ihre Politik in erster Line gegenüber der Talkmasterin Anne Will statt im Deutschen Bundestag erläutert hat, so steht außer Zweifel, dass eine breite Mehrheit des Parlamentes diese Politik unterstützte.

Aus Sicht der Präsidentialisierungsthese interessanter ist die Vielzahl von Politikwechseln der verschiedenen von Angela Merkel geführten Regierungen, die primär weder das Ergebnis innerparteilicher noch inner-fraktioneller Diskussionsprozesse der Unionsparteien waren. Viele dieser Politikwechsel lassen sich auch nicht auf Internationalisierungs- oder Europäisierungsprozesse zurückführen. Sie belegen die Plausibilität der These im Sinne eines umfassenderen politischen Paradigmenwechsel, der in Bezug auf die Parlamente auf die oben angeführten Faktoren zurückgeht. Die Einführung der Ehe für alle, der starke Ausbau der staatlichen Kinderbetreuung, die Abschaffung der Wehrpflicht, der ins Auge gefasste Abschied von der Hauptschule, die Entscheidung zur Verlängerung der Laufzeiten von Atomkraftwerken und die kurz darauf eingeleitete Energiewende, die Einführung des Mindestlohnes – all diese Entscheidungen waren eher Mehrheitswille des Parlamentes als Mehrheitswille des eigene politischen Lagers (Poguntke 2015).

Die Entmachtung der Parlamente ist nur ein Aspekt der Präsidentialisierung, der vor allem seine Ursache in der Internationalisierung und Europäisierung hat. Dies bedeutet angesichts der Relevanz der betroffenen Politikfelder einen erheblichen Wandel des tatsächlichen Funktionierens der parlamentarischen Demokratie.

Gleichzeitig ist eine tendenzielle Entmachtung des jeweiligen Mehrheitslagers zu konstatieren. Dies schwächt eines der zentralen Elemente der Parteienregierung, nämlich die klare Bindung der Exekutive an den Willen der sie tragenden Parteien im Sinne der Partyness of Government (Katz 1986). Was Kanzler Schröder einst bei einer Abstimmung zum Einsatz in Afghanistan und vor allem bei der Agenda-Politik vorgemacht hat, wurde von seiner Nachfolgerin perfektioniert – das Regieren an der eigene Partei vorbei. Die Zwänge des parlamentarischen Systems bedeuten, dass dies nicht automatisch bedeutet, dass am Parlament vorbei regiert werden kann. Allerdings hat dies in vielen Fragen weniger Gestaltungsmöglichkeiten – dass es auch phasenweise kaum noch Forum politischer Auseinandersetzung war, ist jedoch eher eine Frage des politischen Stils als eine Folge der Präsidentialisierung.

Literatur

Berge, Benjamin von dem/*Poguntke*, Thomas (2017): Varieties of Intra-Party Democracy: Conceptualisation and Index Construction, in: Scarrow, Susan E./Webb, Paul D./Poguntke, Thomas (Hrsg.): Organizing Political Parties: Representation, Participation, and Power. Oxford: Oxford University Press, S. 136–157.

Blumenthal, Julia von (2003): Auswanderung aus den Verfassungsinstitutionen: Kommissionen und Konsensrunden, in: Aus Politik und Zeitgeschichte, 43 (3), S. 9–15.

Bolin, Niklas, et al. (2017): Patterns of Intra-Party Democracy across the World, in: Scarrow, Susan E./Webb, Paul D./Poguntke, Thomas (Hrsg.): Organizing Political Parties: Representation, Participation, and Power. Oxford: Oxford University Press, S. 158–184.

Braun, Dietmar/*Gilardi*, Fabrizio (Hrsg.) (2006): Delegation in Contemporary Democracies. London and New York: Routledge.

Dalton, Russell J. (2000): The Decline of Party Identification, in: Dalton, Russell J./Wattenberg, Martin P. (Hrsg.): Parties without Partisans. Political Change in Advanced Industrial Democracies. 1. Auflage. Oxford: Oxford University Press, S. 19–36.

Dalton, Russel J./*McAllister*, Ian/*Wattenberg*, Martin P. (2002): Political Parties and their Publics, in: Luther, Kurt Richard/Müller-Rommel, Ferdinand (Hrsg.): Political Parties in the New Europe: Political and Analytical Challenges. Oxford: Oxford University Press, S. 19–42.

Detterbeck, Klaus (2013): The Rare Event of Choice: Party Primaries in German Land Parties, in: German Politics, 22 (2), S. 270–287.

Dowding, Keith (2013): The Prime Ministerialisation of the British Prime Minister, in: Parliamentary Affairs, 66 (3), S. 617–635.

Foley, Michael (1993): The Rise of the British Presidency. Manchester: Manchester University Press.

– (2013): Prime Ministerialisation and Presidential Analogies: A Certain Difference in Interpretive Evolution, in: Parliamentary Affairs, 66, S. 655–662.

Franklin, Mark (1992): The Decline of Cleavage Politics, in: Franklin, Mark/Mackie, Thomas T./Valen, Henry (Hrsg.): Electoral Change. Responses to Evolving Social and Attitudinal Structures in Western Countries. Cambridge: Cambridge University Press, S. 383–405.

Garzia, Diego (2014): Personalization of Politics and Electoral Change. Houndmills, Basingstoke: PalgraveMacmillan.

Heinze, Rolf G. (2002): Die Berliner Räterepublik: Viel Rat – wenig Tat? Wiesbaden: Westdeutscher Verlag.

Hix, Simon/*Goetz*, Klaus H. (2000): Introduction: European Integration and National Political Systems, in: West European Politics, 23 (4), S. 1–26.

Holtz-Bacha, Christina (1999): Bundestagswahlkampf 1998 - Modernisierung und Professionalisierung in: Holtz-Bacha, Christina (Hrsg.): Wahlkampf in den Medien – Wahlkampf mit den Medien. Opladen/Wiesbaden: Westdeutscher Verlag, S. 9–23.

– (2002): Parteien und Massenmedien im Wahlkampf, in: Alemann, Ulrich von/Marschall, Stefan (Hrsg.): Parteien in der Mediendemokrartie. Wiesbaden: Westdeutscher Verlag, S. 42–56.

Karvonen, Lauri (2010): The Personalization of Politics. Colchester: ECPR Press.

Katz, Richard S. (1986): Party Government: A Rationalistic Conception, in: Wildenmann, Rudolf/Castles, Francis G. (Hrsg.): The Future of Party Government – Visions and Realities of Party Government. Berlin/New York: Walter de Gruyter, S. 31–71.

Keil, Silke I. (2003): Wahlkampfkommunikation in Wahlanzeigen und Wahlprogrammen. Frankfurt u.a.: Peter Lang.

Knoll, Thomas (2004): Das Bonner Bundeskanzleramt von 1949–1999. Wiesbaden: VS Verlag für Sozialwissenschaften.

Kropp, Sabine (2003): „Deparlamentarisierung" als Regierungsstil?, in: Gohr, Antonia/Seeleib-Kaiser, Martin (Hrsg.): Sozial- und Wirtschaftspolitik unter Rot-Grün. Wiesbaden: VS Verlag für Sozialwissenschaften, S. 329–334.

Lijphart, Arend (1992): Introduction, in: Lijphart, Arend (Hrsg.): Parliamentary versus Presidential Government. Oxford u.a.: Oxford University Press, S. 1–27.

Lobo, Marina Costa/*Curtice*, John (Hrsg.) (2015): Personality Politics? The Role of Leader Evaluations in Democratic Elections? Oxford: Oxford University Press.

Mair, Peter (2008): The Challenge to Party Government, in: West European Politics, 31 (1–2), S. 211–234.

McAllister, Ian (2007): The Personalization of Politics, in: Dalton, Russell J./Klingemann, Hans-Dieter (Hrsg.): The Oxford Handbook of Political Behaviour. Oxford: Oxford University Press, S. 571–588.

Mughan, Anthony (2000): Media and the Presidentialization of Parliamentary Elections. Basingstoke: Macmillan.

– (2015): Parties, Conditionality and Leader Effects in Parliamentary Elections, in: Party Politics, 21 (1), S. 28–39.

Müller-Rommel, Ferdinand (1994): The Chancellor and his Staff, in: Padgett, Stephen (Hrsg.): Adenauer to Kohl. The Development of the German Chancellorship. London: Hurst & Co, S. 106–126.

– (2000): Management of Politics in the German Chancellor's Office, in: Peters, B. Guy/ Rhodes, R. A. W./Wright, Vincent (Hrsg.): Administering the Summit. Administration of the Core Executive in Developed Countries. Basingstoke: Macmillan, S. 81–100.

Panebianco, Angelo (1988): Political Parties: Organisation and Power. Cambridge: Cambridge University Press.

Poguntke, Thomas (2003): Die Bündnisgrünen nach der Bundestagswahl 2002: Auf dem Weg zur linken Funktionspartei?, in: Niedermayer, Oskar (Hrsg.): Die Parteien nach der Bundestagswahl 2002. Opladen: Leske + Budrich, S. 89–107.

– (2015): Die Präsidentialisierung des politischen Prozesses: Welche Rolle bleibt den politischen Parteien?, in: Krüper, Julian/Merten, Heike/Poguntke, Thomas (Hrsg.): Parteienwissenschaften. Baden-Baden: Nomos, S. 261–282.

Poguntke, Thomas, et al. (2016): Party Rules, Party Resources and the Politics of Parliamentary Democracies: How Parties Organize in the 21st Century, in: Party Politics, 22 (6), S. 661–678.

Poguntke, Thomas/*Webb*, Paul D. (Hrsg.) (2005a): The Presidentialization of Politics. A Comparative Study of Modern Democracies. Oxford: Oxford University Press.

Poguntke, Thomas/*Webb*, Paul D. (2005b): The Presidentialization of Politics in Democratic Societies. A Framework for Analysis, in: Poguntke, Thomas/Webb, Paul D. (Hrsg.): The Presidentialization of Politics: A Comparative Studies of Modern Democracies. Oxford: Oxford University Press, S. 1–25.

Schmidt, Manfred G. (2007): Das politische System Deutschlands. München: C.H.Beck.

Schüttemeyer, Suzanne S. (2007): Modewort oder Alarmsignal? Befunde und Überlegungen zur Entparlamentarisierung, in: Patzelt, Werner J./Sebaldt, Martin/Kranenpohl, Uwe (Hrsg.): Res Publica Semper Reformanda – Wissenschaft und politische Bildung im Dienste des Gemeinwohls. Wiesbaden: VS Verlag für Sozialwissenschaften, S. 240–253.

Steffani, Winfried (1979): Parlamentarische und präsidentielle Demokratie. Strukturelle Aspekte westlicher Demokratien. Opladen: Westdeutscher Verlag.

Webb, Paul D./*Poguntke*, Thomas (2013): The Presidentialization of Politics Thesis Defended, in: Parliamentary Affairs, 66 (3), S. 646–654.

Weber, Max (1980): Wirtschaft und Gesellschaft: Grundriß der verstehenden Soziologie. Tübingen: Mohr.

Das Europäische Parlament zwischen Zerrbild und Realität

Sven Giegold

Vielen Dank für die äußerst freundliche Einführung. Ich hatte mir viel Schlimmeres vorgestellt. Herr von Arnim, auch Ihnen vielen Dank für die Einladung. Ich wollte schon vor ein oder zwei Jahren kommen, was dann terminlich nicht ging. Ich bin froh, jetzt hier zu sein, schon auch, weil ich wissen wollte, wie die Person mit den vielen Klagen und Büchern in der Realität aussieht und was Sie hier im wissenschaftlichen Kontext treiben.

I. Vorbemerkungen zu meiner Person

Bevor ich zur Sache komme, will ich noch einige Worte zu mir sagen, schon, um wieder lebendig rausgelassen zu werden. Als Mitglied der „Politikerkaste", der „Selbstdiener" und „Unfähigen" ist es natürlich wichtig, hier erst einmal ein paar Dinge klarzustellen. Bitte nehmen Sie, Herr von Arnim, meine Rede auch als eine Antwort auf einige der Argumente und Meinungen, die Sie in Ihren Büchern und Interviews veröffentlicht haben.

Mein Weg in die Politik war ungewöhnlich, weil ich nicht aus den Parteien erwachsen bin, sondern vor meiner Arbeit im Parlament politisch wie beruflich andere Dinge gemacht habe. Sie haben eben einiges geschildert, was ich vorher in Umweltorganisationen und anderen Nicht-Regierungsorganisationen unternommen habe. Was man vielleicht noch hinzufügen könnte: In meiner Heimatstadt Hannover habe ich auch 70 Arbeitsplätze mitgeschaffen durch ein Netzwerk von Unternehmen, welches wir da aufgebaut haben. Das wächst und gedeiht sehr schön und operiert in verschiedenen Märkten im Bereich Bauen, Umwelt und Soziales. Auch beim politischen Engagement wollte ich eigentlich nie in eine Partei eintreten. Das war überhaupt nicht meine Sache, ich wollte immer die Gesellschaft aus der Zivilgesellschaft heraus verändern. Mit 18 hielt ich mich für einen Anarchisten. Dazu gehört eine tiefe Skepsis gegenüber Parteien. Im Studium habe ich dann ganz schnell begriffen, wie ungeeignet der Anarchismus als vernünftige Basis politischer Theorie eigentlich ist. Aber der anarchische Geist ist mir in Bezug auf manche Fragen geblieben: Politische Machtstrukturen sind genauso fragwürdig wie ökonomische Machtstrukturen. Das Ziel bleibt eine Gesellschaft, die ein möglichst großes Maß an Freiheit sowie an Gleichheit verwirklicht. Es war also völlig ungeplant, als die Grünen mich gefragt haben, ob ich auf ihrer

Liste für das Europaparlament kandidieren möchte. Ich wurde als Quereinsteiger aufgestellt zusammen mit Barbara Lochbihler, die damals Generalsekretärin von Amnesty International in Deutschland war und mit dem Sprecher von „Mehr Demokratie“, Gerald Häfner. Leider ist das die Ausnahme geblieben. Es ist schwer Quereinsteiger zu finden, die für eine solche Kandidatur zur Verfügung stehen. Und noch schwerer ist es, in der Partei Akzeptanz für Quereinsteiger zu finden, die nicht bereits eine große Bekanntheit mitbringen. Jedenfalls sind meine Versuche dahingehend immer wieder im Sande verlaufen.

Im Parlament hat mich in den letzten neun Jahren vor allem die Gesetzgebung umgetrieben. Wir haben praktisch die gesamte Finanzmarktgesetzgebung der EU nach der Krise reformiert, also die Regulierung und Aufsicht von Banken, Versicherungen, Fonds und anderen Finanzmarktakteuren. Als Berichterstatter hatte ich dabei u.a. Verantwortung für die Übertragung der Aufsichtskompetenz über die Großbanken in der Eurozone auf die Europäische Zentralbank. Erst bei dieser Gesetzgebungstätigkeit habe ich wirklich gelernt, wie die Demokratie in Europa funktioniert. Mit den Büchern und Klagen von Professor von Arnim im Hinterkopf möchte ich Ihnen nun einige Erfahrungen schildern.

II. Grundsätzliches zur Demokratie in EU-Institutionen

Ja, es gibt sie, die schwerwiegenden Strukturprobleme der Europäischen Demokratie. Die zentrale Schwäche ist der Mangel an Übersichtlichkeit und Durchschaubarkeit. Zu oft können Bürgerinnen und Bürger nicht nachvollziehen, wer für welche Entscheidung tatsächlich verantwortlich war. Es gibt einen Mangel an Rechenschaftspflicht, weil viele der getroffenen Entscheidungen intransparent sind. Der Rat der Mitgliedsländer bleibt eine Dunkelkammer, deren Kompromisse nicht nachvollziehbar sind. Die Regierungen der Mitgliedsländer sind im Rat die entscheidenden Akteure. Ihre Legitimation speist sich aus nationalen Wahlen, in denen die Europapolitik kaum eine Rolle spielt. Die demokratische Legitimationskette existiert zwar formal, ist aber nicht richtig funktional. Dagegen ist im Europäischen Parlament zwar alles transparent, aber die transparenten Informationen kommen bei den Wählerinnen und Wählern kaum an. Eine mediale Berichterstattung über die Konflikte im Europaparlament gibt es kaum. Es gibt auch keine richtige europäische Öffentlichkeit, wo die Bürgerinnen und Bürger wirklich über Grenzen hinweg miteinander diskutieren oder auch nur in der Breite informiert werden.

Dabei sind die Partizipationsmöglichkeiten in den europäischen Institutionen zum Teil sogar stärker ausgeprägt als auf nationaler Ebene. Wir haben nicht nur ein Petitionsrecht, sondern auch eine wirkungsvolle Bürgerbeauftragte (Ombudsmann). Die europäische Bürgerinitiative bietet einen ersten Schritt zu direktdemokratischem Einfluss. Genauso gibt es auch die Möglichkeit, sich an die europäische Verwaltung zu wenden und dort genaue Informationen zu bekommen. Die Kultur der EU-Kommission ist dabei ungleich offener als die der deutschen Bundes- und Landesministerien. Viele Dinge sind also der Form nach partizipativer gestaltet als in Deutschland. Aber tatsächlich werden diese Mitwirkungsmöglichkeiten von den Bürgerinnen und Bürgern weniger genutzt als auf nationaler Ebene.

Ein weiteres Problem ist der übermäßige Einfluss gut organisierter Sonderinteressen im Gegensatz zum Gemeinwohl. Der zentrale Grund dafür ist, dass man parallel in verschiedenen Hauptstädten plus in den europäischen Institutionen aktiv werden muss, wenn man in Brüssel Politik beeinflussen will. Das setzt ein Maß an Organisiertheit voraus, das zivilgesellschaftliche Organisationen in der Regel nicht zustande bringen. Einzelne Bürger können das schon gar nicht. Dagegen können gut finanzierte Lobbys diese „Mehrebenenpolitik“ erfolgreich bespielen. Auf europäischer Ebene sind das ganz überwiegend Wirtschaftsunternehmen und deren Verbände.

Schwerwiegende Demokratiedefizite mussten aber nicht in Brüssel oder Straßburg erfunden werden. Sie existieren auch auf nationaler Ebene, auch in Deutschland. Schauen Sie sich die Transparenz des Bundesrates als Mitgesetzgeber an. Ich sehe hier im Saal die Embleme unserer geschätzten Bundesländer. Monatlich sitze ich als Vertreter der Delegation von Bündnis 90/Die Grünen im Europaparlament im sogenannten „G-Kamin“. Vor den Sitzungen des Plenums des Bundesrats treffen sich dort die Grünen aus den unterschiedlichen Landesregierungen, der Bundestagsfaktion, dem Bundesvorstand und eben uns Europäern, um uns zu koordinieren. CDU/CSU und SPD machen Entsprechendes. Wenn man nachvollziehen will, warum letztlich ein Gesetz so oder so beschlossen wird, muss man den komplexen Kuhhandel zwischen Bundesländern, dem Bundestag, der Bundesregierung und vor allem Herrn Altmaier verstehen. Hinzu kommt, dass das Abstimmungsverhalten der Bundesländer bei wichtigen Vorbereitungsarbeiten in den Arbeitsgruppen des Bundesrates nicht einmal dokumentiert wird. Das ist in keinster Weise transparenter, klarer oder rechenschaftspflichtiger als das, was wir in Brüssel erleben. Und wie viel demokratische Öffentlichkeit gibt es tatsächlich für die meisten Entscheidungen in Landtagen und Landesregierungen? Inzwischen gibt es in vielen Bundesländern kaum noch eine breit berichtende Landespresse, geschweige denn eine, die wirklich gelesen wird. Die Medien berichten über diese Ebene vergleichsweise wenig, vielleicht mit Ausnahme der Bildungspolitik, die natürlich viele Menschen interessiert und berührt. Kein Wunder also, dass Wahlen auf Landesebene ganz überwiegend von bundespolitischen Stimmungen und nicht von landespolitischen Entscheidungen beeinflusst werden.

Es gibt also Demokratiedefizite auf der Input-Seite in Europa. Aber demokratische Legitimation speist sich nicht nur aus dem Input – sie folgt auch aus dem

Output demokratischer Institutionen. Es geht darum, ob die Politik am Schluss tatsächlich das entscheidet, was Bürgerinnen und Bürger wollen. Die Output-Legitimation des Nationalstaats wird zunehmend und systematisch ausgehöhlt, weil viele Probleme, die Bürgerinnen und Bürger gelöst sehen wollen, auf nationaler Ebene nicht mehr zu bewältigen sind. Da hat die europäische Ebene ein anderes Potential. Nehmen wir ein aktuelles Beispiel, die Auseinandersetzung mit den neuen Monopolisten im Internet: Wer hat die Fähigkeit, Datenschutzgesetze im digitalen Raum durchzusetzen? Wer kann die großen Internetkonzerne dazu zu bringen, Steuern zu bezahlen? Relativ kleine europäische Staaten wohl kaum. Wenn aber Europa gemeinsam handelt, gibt es die Möglichkeit von Apple Steuern in Höhe von 18 Milliarden Euro nachzufordern. Das hätte sich kein Mitgliedsland getraut. Das Beispiel Apple hat die Potentiale der europäischen Output-Legitimation demonstriert. Die Bürgerinnen und Bürger wollen faire Steuern. Sie wollen, dass nicht nur die kleinen, sondern auch die großen, grenzüberschreitenden Unternehmen besteuert werden. Auch Finanzmärkte kann man nicht national kontrollieren, ohne sich selbst erheblichen Schaden zuzufügen. Wir können das Klima nicht national schützen und wir werden auch die Steueroasen nicht national austrocknen können. Für all das braucht man internationale Handlungsfähigkeit. Zwar gibt es starke Demokratiedefizite der EU auf der Input-Seite der Legitimation. Sie zu beklagen löst aber nicht die Output-Legitimationsschwäche der nationalen Ebene. Unser Ziel muss sein, ein hohes Maß an Output-Legitimation durch internationale Entscheidungsfindung zu erreichen und dabei die Legitimationsprobleme auf der Input-Seite zu minimieren. Mehr Demokratie bleibt in diesem Sinne eine Daueraufgabe, nicht nur in Brüssel, sondern auf allen politischen Ebenen.

III. Eigene Erfahrungen als Europaparlamentarier

Auf dieser Basis würde ich gerne ein paar Dinge aus meiner Erfahrung als Parlamentarier mit Ihnen teilen und damit auf einige Vorhaltungen gegen die europäische Demokratie reagieren.

1. Die Rechte des Europaparlaments

Zunächst soll es um die Rechte des Parlaments gehen. Dabei hangele ich mich an den grundlegenden Parlamentsfunktionen entlang, also das Gesetzgebungsrecht, das Budgetrecht, das Ernennung- und Abberufungsrecht und die Kontrollrechte.

a) Das Gesetzgebungsrecht

Eine der großen Fragen zum Gesetzgebungsrecht des Europaparlaments betrifft das Initiativrecht: Das europäische Parlament sei gar kein richtiges Parlament, weil es nicht einmal das Initiativrecht habe, heißt es. Es könne also nicht unabhängig von der „Regierung" selbst ein Gesetz einbringen und beschließen. Dazu muss man sagen: Ein Initiativrecht des Europaparlaments existiert sehr wohl – nur nicht vollwertig. Ein Beispiel aus der Praxis: Als wir an den Finanzreformen ab 2009 arbeiteten, kam das Thema Zugang zu einem Bankkonto auf die Tagesordnung. Ohne Bankkonto hat man praktisch keinen Zugang zum europäischen Binnenmarkt, zumindest nicht als Verbraucher, da man kaum grenzüberschreitend bezahlen kann. Doch 25 Millionen Europäerinnen und Europäer wurde der Zugang zu einem Bankkonto verwehrt. Das stand aber nicht auf der Liste der Probleme der Finanzmarktregulierung nach der Krise. Darum habe ich im Parlament eine kleine Allianz aus Abgeordneten verschiedener Fraktionen formiert. Wir sind zum Finanzmarktkommissar gegangen und haben gesagt: „Herr Barnier" (übrigens Monsieur Barnier, der jetzt die Brexit-Verhandlungen für die EU leitet) „das kann doch nicht sein: Wir geben hier wegen einer Bankenkrise so viel Geld aus und die Institute geben bestimmten Kunden nicht einmal ein Konto". Er sagte, wir hätten wohl Recht, aber er wolle erst einmal keinen Gesetzesvorschlag machen, sondern das Problem subsidiär lösen. Er schrieb also die Mitgliedsländer an, mit der Bitte, dafür zu sorgen, dass die Leute endlich ein Bankkonto bekommen. Nach einem Jahr schrieb er die Länder wieder an, er habe kaum Veränderungen wahrgenommen. Die Mitgliedsländer scherten sich also nicht um seinen Brief, immer noch hatten 25 Millionen Menschen keinen Zugang zu einem Bankkonto. Dann haben wir im Parlament einen „legislativen Initiativbericht" – den gibt es seit dem Lissabon-Vertrag – auf den Weg gebracht. Das funktioniert so: Das Parlament macht einen Beschluss und sagt: „Liebe Kommission, wir wollen von Euch eine Gesetzgebungsinitiative". Die Kommission muss darauf reagieren, entweder mit einem Gesetzesvorschlag oder mit einer Begründung, warum sie den nicht machen will. Freilich, der Bundestag hätte das Gesetz direkt auf den Weg bringen und beschließen können. Das passiert zwar fast nie, aber er könnte es zumindest. Und der US-Kongress hat ein noch viel stärkeres Gesetzesinitiativrecht. Doch auch im Europaparlament sind wir nicht ohnmächtig: Wir können zwar keine Gesetzesvorlage erzwingen, aber wir können Daumenschrauben anlegen. Notfalls kann das Parlament Teile des Budgets der EU-Kommission auf Eis legen oder die jährliche Budget-Entlastung verweigern. Doch auch ohne diese Hebel hat unser legislative Initiativbericht dazu geführt, dass Herr Barnier gesagt hat: „Jawohl, Sie haben völlig Recht, die Länder haben nichts gemacht, also legen wir jetzt ein Gesetz vor". Der Gesetzesvorschlag ist gekommen, wurde nach einem guten Jahr europäisches Recht und musste dann nach zwei Jahren in nationales Recht überführt werden. Dabei habe ich folgende Erfahrung gemacht, die für mich sehr illustrativ war. Als im Bundestag das Gesetz auf den Weg gebracht wurde, mit dem alle Bürgerinnen und Bürger das Recht auf ein Bankkonto bekamen, war von Europa überhaupt nicht mehr die Rede. Frau Merkel und Herr Schäuble feierten sich zusammen mit Herrn Maas für dieses großartige soziale Recht, das sie dem Bürger nun angedeihen ließen. Sie verschwiegen jedoch, dass sie dazu gezwungen waren, weil wir es im Europaparlament durchgesetzt haben. Und die ursprüngliche Skepsis der Bundesregierung zu einem solchen Gesetz wurde freilich auch nicht mehr erwähnt. Sie haben sich stattdessen darin gesonnt, dass auch Flüchtlinge und Wohnsitzlose dieses Recht bekommen. Dabei erinnere ich mich noch sehr genau, wie wir mit den Mitgliedsländern darum gekämpft haben, auch diesen Menschen das Recht auf ein Bankkonto zuzusprechen.

Wir sehen beim Initiativrecht also Folgendes:

1. Das Parlament hat sehr wohl ein Initiativrecht, bloß kann es nicht direkt erzwingen.
2. Das Parlament verfügt über Daumenschrauben, es ist aber selten bereit diese wirklich zu nutzen.
3. Wenn Europa etwas macht, was die Bürgerinnen und Bürger gut finden, dann verkaufen die Mitgliedsländer das am Schluss als ihr gutes Werk. Alles Unbeliebte wird auf Brüssel geschoben, so als hätten die Mitgliedsstaaten an den Entscheidungen nicht mitgewirkt. Hinter verschlossenen Türen werden Entscheidungen mitgetroffen, die nachher als europäischen Sachzwang darstellt werden können. Das führt dazu, dass kein Mensch weiß, wer was im Guten wie im Schlechten auf den Weg gebracht hat. Die Kette demokratischer Rechenschaft ist durchbrochen.

Das zweite große Thema bei der Gesetzgebung ist die vermeintlich geringe Macht des Parlaments. Da kann ich nur sagen, ich habe ganz andere Erfahrungen gemacht. Fast alle Gesetze auf europäischer Ebene müssen vom Rat der Mitgliedsländer in qualifizierter Mehrheit und im Parlament im normalen Mehrheitsverfahren abgestimmt werden. Mit Ausnahme der Steuerpolitik gilt das für alle Rechtsbereiche, die mit dem Binnenmarkt zu tun haben. Bei den allermeisten Gesetzen übt das Europaparlament erheblichen Einfluss aus. Sie verändern sich oft sehr stark gegenüber dem, was der Rat und die Kommission vorgeschlagen haben. Das Parlament ist nicht so schwach, wie viele Bürger glauben. Das zeigt sich auch an der Belagerung des Europaparlaments durch Lobbyisten. Sehr große Zahlen von Interessensvertretern von Wirtschaftsunternehmen und ihren Verbänden umlagern das Parlament. Interessensorganisationen bezahlen Lobbyisten aber nur, wenn deren Aktivität irgendeinen Effekt hat; die Leute sind ja teuer. Das wäre verschwendetes Geld, wenn das Parlament wenig Einfluss hätte. Sicher, der Rat der Mitgliedsländer ist immer noch einflussreicher als das Parlament. Aber es kommt tatsächlich entscheidend darauf an, welche Mehrheiten es im Parlament gibt, wie das Parlament organisiert ist und wie die Einflussmöglichkeiten auf das Parlament ausgestaltet sind. Es ist nicht einfach alles nur Geldverschwendung in Prachtbauten in Brüssel und Strasbourg, wie ich in einem Ihrer Bücher lesen musste, Herr von Arnim.

Schwach ist das Europaparlament allerdings beim sogenannten Komitologie-Verfahren. Dieses ist eigentlich ein Fossil, das jedoch bei zahlreichen Ausführungsgesetzen der EU angewandt wird. Bekanntestes Beispiel ist die Glühbirne. Der Angriff aus dem Brüsseler Hinterzimmer auf das beliebte Leuchtmittel regte damals viele Deutsche auf. Doch das Ende der Glühbirne hat weder das Parlament noch irgendeine Regierung jemals ausdrücklich beschlossen. Es gab ein Rahmengesetz für Energieeffizienz, das im ordentlichen Gesetzgebungsverfahren beschlossen wurde. Darin enthalten war eine Ermächtigung zu Ausführungsverordnungen, die eben im Komitologie-Verfahren beschlossen werden. Hier konnte das Parlament nur eine reine Rechtskontrolle und keine Kontrolle in der Sache ausüben. Das ist heute anders. Mit dem Lissabon-Vertrag haben wir bei allen neuen Gesetzen auch beim Komitologie-Verfahren eine Kontrolle in der Sache. Die üben wir auch aus. Ich hatte auch schon meinen Spaß, einzelne Rechtsakte zurückzuweisen bzw. im Vorfeld zu verbessern, zuletzt einen völlig widersinnigen Rechtsakt zur Verbraucherinformation bei Investmentprodukten, der Risiken eher verschleiert als transparent gemacht hätte. Den haben wir zurückgewiesen. Da merkt man: Wird dieses Instrument genutzt, bezieht die Kommission das Parlament auch stärker ein und die demokratische Kontrolle wird gestärkt. Es gibt aber immer noch alte Komitologie-Verfahren, die nicht „lissabonisiert“ sind. Diese führen dann in der Tat zu seltsamen Ergebnissen. Aktuelles Beispiel: Glyphosat. Was da derzeit zwischen Mitgliedsländern und der Kommission entschieden wird, ist nicht neues Komitologie-Verfahren, sondern altes. Hier kann das Parlament nur Ratschläge geben, aber nichts entscheiden.

Darüber hinaus gibt es Transparenzprobleme. Die Beschlüsse im Parlament sind zwar transparent. Man kann genau sehen, welcher Abgeordnete welche Vorschläge gemacht hat und wie er und seine Fraktion abgestimmt haben. Ein solches Maß an Transparenz haben wir sonst nirgendwo auf internationaler Ebene; Staaten diskutieren miteinander praktisch immer hinter verschlossenen Türen. Nicht transparent ist aber der Verhandlungsprozess zwischen Parlament, Rat der Mitgliedsländer und EU-Kommission. In über 80 % der EU-Gesetze wenden wir inzwischen das sogenannte Trilog-Verfahren an. Dieses ist nicht in den europäischen Verträgen angelegt, sondern eine Erfindung der Institutionen, damit die Gesetzgebung schneller geht. Für das Parlament sitzt dort die Gruppe der Berichterstatter für das betroffene Gesetz, die fraktionsübergreifend zusammenarbeiten. Sie verhandeln unter Begleitung der Europäischen Kommission mit dem Rat der Mitgliedsländer, der von dem Land vertreten wird, das den Vorsitz des Rates innehat. Zwar einigt man sich fast immer. Aber der Prozess inklusive der dazugehörigen Dokumente ist intransparent. Er ist genauso intransparent wie das Vermittlungsverfahren zwischen Bundestag und Bundesrat. Denn dort werden die eigentlichen Deals gemacht und man kann sie nachher nicht nachvollziehen, denn es gibt keine öffentlich zugänglichen Protokolle. Das müsste man ändern, um mehr Rechenschaft zu bekommen.

b) Das Budgetrecht

Im Budgetrecht ist das Parlament tatsächlich geschwächt. Denn alle Mitgliedsländer müssen dem europäischen Haushalt zustimmen. Damit ist der Verhandlungsspielraum von vorne herein sehr beschränkt. Immer wenn das Europaparlament ernsthafte Konflikte mit einzelnen Mitgliedsstaaten in Budgetfragen hat, haben die nationalen Parlamente letztlich das Sagen. Zudem hat Europa kein Steuererhebungsrecht, auch kein Verschuldungsrecht. Darüber kann man ökonomisch diskutieren, aber auch das macht natürlich das europäische Parlament schwächer als vergleichbare nationale Parlamente.

Doch selbst wenn die wirklich großen Linien des EU-Haushalts eher von den Mitgliedsländern bestimmt werden, so bleibt für das Europaparlament ein großes Mitgestaltungsrecht: Regelmäßig setzt das Parlament höhere Investitionen in Gemeinschaftsgüter wie Bildung, Forschung, Nachhaltigkeit, Kultur, usw. durch. Zudem kann über den Haushalt die Kontrollfunktion des Parlaments gestärkt werden, indem Teile des Haushalts in die „Reserve gestellt“ werden. Damit kann das Parlament Veränderungen der Verwaltungspraxis erzwingen, wie etwa vor kurzem bei der stärkeren Transparenz der Expertengruppen.

c) Das Ernennungs- und Abberufungsrecht

Im Bereich der Ernennung und Abberufung haben wir uns immer mehr Rechte erstritten. Das wichtigste ist vermutlich die Wahl des Chefs der europäischen Kommission. Früher wurde er in einem intransparenten Verfahren zwischen den Mitgliedsländern, ich sage mal, „ausgeklüngelt“ und hinterher vom europäischen Parlament zwar noch angehört, aber ohne eine eigentliche Wahl. Das hat sich mit der letzten Europawahl geändert. Damals haben die europäischen Parteifamilien und das Parlament vorab erklärt: „Wir organisieren einen Spitzenkandidatenprozess. Wir ernennen keinen anderen Kommissionschef als den oder die Spitzenkandidat/in, der bzw. die nach der Europawahl eine Mehrheit im europäischen Parlament hinter sich versammeln kann.“ Und so wurde Herr Juncker, mit dem ich ansonsten den einen oder anderen Strauß auszufechten habe, Kommissionschef. Dieses Recht wird sich das Parlament, trotz des erbitterten Widerstands der Bundesregierung und von Frau Merkel, auch bei der nächsten Europawahl nicht nehmen lassen. Das Spitzenkandidatenverfahren hat natürlich auch Nachteile, darüber kann man gerne streiten. Aber es bringt unter dem Strich eine enorme Stärkung der europäischen Demokratie. Denn die Bürgerinnen und Bürger erfahren bei jeder Wiederholung des Verfahrens, dass ihre Wahlentscheidung zum Europaparlament tatsächlich bestimmt, wer an der Spitze der Kommission steht. Beim letzten Mal haben das viele noch nicht so richtig geglaubt. Aber in Zukunft kann eben keiner mehr behaupten, die Kommission sei eine von der demokratischen Legitimationskette weit abgerückte Institution. Herr Juncker ist dem Parlament verantwortlich und dank der Wahlentscheidung der Bürgerinnen und Bürger im Amt. Er weiß, dass seine Berufung letztlich aus der Wahl folgt, die auch das Parlament zusammengesetzt hat.

Die Ernennungsrechte des Parlaments gehen aber noch weiter: Anders als der Bundestag und die Landtage bei der Ernennung von Ministern hört das Europaparlament vor der Bestätigung der Kommission jeden Kommissarsanwärter einzeln an. Diese Anhörungen sind Sternstunden der Demokratie. Da muss sich jeder Kandidat vor den Augen der europäischen Öffentlichkeit extrem harten Fragen stellen. Von den Abgeordneten der gleichen Parteienfamilie sind sie zwar häufig lasch, aber von den anderen Parteienfamilien sind sie sehr häufig hart und deutlich. Und es gibt immer einzelne Kandidaten, die dieses Verfahren nicht überstehen, weil es einfach zu peinlich ist. Müssten auch deutsche Ministerkandidaten das über sich ergehen lassen, wäre uns Herr Dobrindt als Verkehrsminister vermutlich erspart geblieben. Allerdings ist auch hier nicht alles Gold, was glänzt. Die Kommissare kommen ja jeweils durch die Vorschläge der nationalen Regierung auf die Vorschlagsliste des Kommissionschefs. Die nationalen Regierungen werden in der Regel jeweils aus nationalen Parteien gebildet, die ihrerseits europäischen Parteienfamilien angehören. Wenn wir etwa mit Herrn Moscovici einen französischen Finanzkommissarsanwärter bekommen, der schon auf nationaler Ebene nicht viel zu Wege gebracht hat, wird er im Anhörungsverfahren von seiner sozialdemokratischen Parteienfamilie mit aller Härte verteidigt. Es war nicht möglich, ein Nein zu seiner Berufung zu empfehlen, obwohl er auch in der Anhörung keine besonders gute Figur gemacht hatte und viele Fragen nicht beantworten konnte. Doch die Sozialdemokraten im Parlament haben gesagt: „Wenn ihr das macht, dann lassen wir auch alle wackelnden Christdemokraten durchfallen". Faktisch haben die beiden großen Parteifamilien ihre Kommissarskandidaten jeweils unter „Naturschutz" gestellt. Zudem bekommen Anwärter, die aus kleineren Mitgliedsländern kommen, im Schnitt eine unangenehmere Anhörung als die aus größeren Mitgliedsländern. Man kann das alles als Schwächung des Europaparlaments begreifen oder auch als machtpolitische Normalisierung des Parlamentarismus auf europäischer Ebene.

Darüber hinaus ernennen wir auch eine ganze Reihe von zentralen Personen in den Agenturen der Europäischen Union. Diese Agenturen sind von großer Wichtigkeit, obwohl sie wenige kennen. Zum Beispiel bei der Frage, was bei uns auf den Teller kommt. Der Streit wiederum, ob Glyphosat gefährlich ist oder nicht: Die entscheidenden Gutachten dafür werden von europäischen Agenturen angefertigt oder beauftragt. Wer diesen Agenturen vorsitzt, wie sie intern aufgebaut sind, hat große Auswirkung auf das, was im europäischen Binnenmarkt möglich ist und was nicht. Bei einem Teil der Agenturen hat das Parlament durchgesetzt, die Chefs zu ernennen. In den meisten Fällen ist das aber nicht der Fall, weil die noch nach altem Recht gestaltet sind. Wir haben auch die Möglichkeit von Abberufungsverfahren für einige der Agenturchefs, aber leider nicht für alle. Wir haben diese Rechte etwa hinsichtlich der Chefin der europäischen Bankenaufsicht durchgesetzt.

d) Das Kontrollrecht

Dann wäre noch viel zum Kontrollrecht zu sagen. Wir haben grundsätzlich sehr viele Rechte in diesem Bereich. Akteneinsicht und Fragerechte – schriftlich wie mündlich. Wir können einen Untersuchungsausschuss einberufen, wenn EU-Recht gebrochen oder schlecht angewendet wird. Wir haben die Möglichkeit, den Haushalt zu entlasten und zwar sehr präzise auch nach den einzelnen Einrichtungen und Agenturen der EU. Wir haben auch Klagerechte. Doch im Vergleich zum Bundestag sind die Rechte häufig defizitär. Dazu ein paar Beispiele: Bei der Akteneinsicht gibt es sehr viele wichtige Unterlagen, die wir nicht bekommen, weil laufende Verfahren davon ausgenommen sind. Daher haben wir dort deutlich schlechtere Möglichkeiten als die Kollegen im Bundestag. Bei den Fragerechten haben wir zwar alle Möglichkeiten der schriftlichen und auch der mündlichen Befragung. Meine Erfahrung ist allerdings, dass die Qualität der Antworten ähnlich schlecht ist, wie es die Kollegen im Bundestag beklagen: Es wird häufig ausweichend oder nicht wirklich sachgerecht geantwortet; unangenehme Fragen werden vermieden und umschrieben. Dagegen kann man sich kaum wehren. Es ist sehr schwierig, eine Institution, die nicht antworten will, zu einer Antwort zu bewegen. Diese Defizite beruhen allerdings nicht so sehr darauf, dass Europa per se defizitär gegenüber den Mitgliedsländern ist, sondern dass viele Parlamente unserer Mitgliedsstaaten auch viel weniger Rechte als der deutsche Bundestag haben.

Auch beim Untersuchungsrecht würde man sich mehr Rechte wünschen. In London haben wir uns am Rande einer Reise angesehen, dass das Parlament immer noch einen kleinen Gefängnisraum und mit Hellebarden bewaffnete Parlamentsdiener hat, die Leute zum Erscheinen bei Befragungen nötigen können. Das ist wohl in den letzten 100 Jahren nicht mehr passiert. Aber der Raum existiert noch und die Mitarbeiter mit den lustigen Waffen sind auch noch da. Ein nationales Parlament kann sagen: „Bei dem Thema beschlagnahmen wir einfach die Unterlagen in einer bestimmten Behörde oder laden Zeugen vor“. Das Europaparlament kann beides nicht. Zeugen kann es nur *ein-* aber nicht *vor*laden. Faktisch können sich die Zeugen aussuchen, ob sie kommen. Das gilt ausdrücklich nicht für die Mitarbeiter der EU-Institutionen, aber mehr oder weniger für alle anderen. Ebenso unwürdig ist die monatelange Bettelei um Überstellung von Unterlagen an das Parlament. Hier zeigt sich am grundsätzlichsten der Unterschied zwischen einem nationalen und dem europäischen Parlament. Und wir können wenig erzwingen, weil Europa keine polizeiliche Gewalt hat. Wir können niemanden einsammeln, vorladen und vorführen.

Immerhin haben wir es geschafft, dass es bei den privaten Akteuren eine Sanktion gibt, wenn sie nicht kommen. Da haben wir vor kurzem auf meinen Antrag hin beschlossen, dass alle den Lobbyzugang zum Europaparlament verlieren, die Einladungen des Parlaments keine Folge leisten. Das hat seitdem einmal die Credit Suisse versucht. Die haben sich in relativ kurzer Zeit eines Besseren besonnen und sind doch erschienen, weil es ja schon sehr wertvoll ist, im europäischen Lobbytransparenzregister zu stehen und den Zugang zu den Institutionen zu haben. Folglich haben wir gegenüber den Privatakteuren inzwischen ganz gute Durchsetzungsmöglichkeiten.

Anders sieht es bei den Mitgliedsländern und Akteuren in Institutionen aus: Hier stoßen wir an die Grenzen der Rechtskontrolle durch das Europaparlament in einem weiteren Sinne. Immer wieder sieht oder vermutet man den Bruch europäischen Rechts. Im Bundestag könnte eine Parlamentsfraktion in vielen vergleichbaren Fällen mit Minderheitenklagerecht nach Karlsruhe ziehen und die Angelegenheit überprüfen lassen. Im Europaparlament braucht man dagegen eine Plenarmehrheit, um eine Klage einzureichen. Diese kommt aber nie zustande, weil die Mehrheit im Parlament die Kommission stützt. In neun Jahren Parlamentszugehörigkeit habe ich noch nicht erlebt, dass das Parlament dieses Recht genutzt hat. Es ist mir und auch Kollegen noch nie gelungen, eine Plenarmehrheit zur Rechtsdurchsetzung zu organisieren, selbst bei starken Hinweisen auf Rechtsverstöße. Das begrenzt das Kontrollrecht des Parlaments besonders für Minderheiten empfindlich. Allerdings haben Minderheiten auch in den meisten nationalen Parlamenten der Mitgliedsländer viel weniger Rechte als im deutschen Bundestag.

Die Rechte des Europaparlaments sind also in vielen Bereichen stark. Es muss sich vor anderen Parlamenten nicht verstecken, bei allen verbleibenden Defiziten. Diese Rechte sind das Ergebnis von mehreren Jahrzehnten der immer weiteren Parlamentarisierung der europäischen Einigung.

2. Weitere Aspekte

a) Die Europäischen Parteifamilien

Ich habe manchmal gelesen, die europäischen Parteifamilien gäbe es nur auf Papier. Das entspricht nicht meiner Erfahrung. In immer mehr Rechtsbereichen stimmen die Fraktionen im Europaparlament tatsächlich zusammen, und zwar ohne dass es einen formalen Fraktionszwang gäbe. Die Abgeordneten folgen immer mehr der Orientierung der zuständigen Abgeordneten ihrer Parteifamilie. So gesehen gibt es schon einen starken und wachsenden Zusammenhalt der Fraktionen im Europäischen Parlament. Auch die Treffen der Minister bzw. der Staats- und Regierungschefs einer Parteienfamilie vor den jeweiligen Treffen des Rates der Mitgliedsländer haben kontinuierlich an Bedeutung gewonnen.

b) Die fehlende Wahlgleichheit

Immer wieder wird die Legitimation des Europaparlaments wegen der fehlenden Gleichheit der Wahl in Frage gestellt. Auch das Bundesverfassungsgericht hat sich dazu geäußert. Natürlich ist es einerseits problematisch, dass ein deutscher Abgeordneter über zehnmal mehr Bürgerinnen und Bürger zu vertreten hat, als ein Abgeordneter aus Malta. Gleichzeitig gibt es aber auch einen Unterschied zwischen quantitativer Gleichheit und Gleichheit im Ergebnis. Denn die Abgeordneten aus kleinen Mitgliedsländern haben das Problem, dass es in ihrer jeweiligen Fraktion allenfalls noch eine Kollegin oder einen Kollegen aus ihrem Land gibt – sie sind ja insgesamt nur zu sechst. Sie können nicht einmal in allen Ausschüssen präsent sein. Es gibt also viele Ausschüsse, in denen etwa maltesische Interessen nicht vertreten sind. Bei den großen Mitgliedsländern sieht es ganz anders aus. Wenn wir Deutschen z. B. unsere Sparkassen gegen schlecht begründete Übergriffe aus der EU-Kommission schützen wollen, dann kommen die entsprechenden Stimmen aus allen Fraktionen. Gemeinsame deutsche Interessen sind fraktionsübergreifend in jedem Ausschuss vertreten. Das macht einen großen Unterschied. Zudem ist es für Abgeordnete kleinerer Staaten viel schwerer in einflussreiche Positionen zu kommen, weil sie gar nicht so viele Kollegen in der eigenen Fraktion haben, die sie als Verhandlungsmasse um Posten in die Waagschale werfen können. Der Einfluss eines deutschen Abgeordneten ist ungleich größer als der eines maltesischen Abgeordneten, und zwar unabhängig von der Fraktion. Und deshalb ist die quantitative Gleichheit nicht der richtige Maßstab, um die Gleichheit der Wahl zum Europaparlament zu messen. Die Interessen eines Wählers aus Deutschland sind keinesfalls schwächer repräsentiert als eines Wählers aus Malta.

Zudem wird Europa nach wie vor aus Nationalstaaten gebildet und die Menschen empfinden sich auch auf alle absehbare Zukunft hinweg zuvorderst als Bürgerinnen und Bürger ihres Landes und ihrer Stadt und erst danach als Bürgerinnen und Bürger Europas. Darum wäre es hoch problematisch, wenn man eine absolute quantitative Gleichheit der Wahl herstellen würde. Dann müsste entweder das Parlament gigantisch werden – das wäre ein noch schrecklicherer „Prachtbau". Oder es gäbe eben keinen Malteser mehr im Parlament, weil Malta bei 750 Abgeordneten gar nicht mehr vertreten wäre. Vielmehr müsste es einen Wahlkreis mit einem Teil Italiens oder vielleicht mit Zypern bilden. Das ist aber nicht sinnvoll, sollen sich die Menschen im Europaparlament repräsentiert fühlen. Daher ist die degressive Proportionalität nach wie vor richtig und das europäische Parlament trotzdem demokratisch legitim, denn das Gewicht einer Stimme aus Deutschland ist letztlich nicht kleiner als das einer maltesischen Stimme.

c) Die finanzielle Ausstattung

Häufig wird den europäischen Institutionen eine Mentalität und Praxis der Selbstbedienung vorgeworfen. Das hat mich seit der Aufstellung für die Europawahl 2009 stark beschäftigt. Ich habe da auch meine eigenen Erfahrungen gemacht und ich muss sagen, dass ich die Klage teilweise berechtigt finde. Vorher habe ich von ganz wenig Geld gelebt, um meine Politik ehrenamtlich machen zu können, ohne von irgendjemanden abhängig zu sein. Ich habe also vor allem von Vortragshonoraren gelebt und den größten Teil meiner Zeit mit Kampagnenarbeit verbracht. Der neue Status war ein kleiner Schock: Mitarbeiter, Reisen, Büropauschalen, Bewirtungskosten, Pensionsansprüche und so weiter und so fort. Als ich verstanden hatte, was ich alles bekomme, bin ich zu meinen Parteifreunden gegangen und habe gesagt: „Liebe Leute, das können wir doch nicht machen. Wir müssen uns da irgendwie selbst verpflichten, wie wir damit umgehen, wenn wir das schon nicht von heute auf morgen selbst ändern können. Lasst uns doch eine Selbstverpflichtung abgeben, dass wir für alle Einkünfte jenseits der Abgeordnetendiät voll transparent werden." Ich habe aber keine Mehrheit dafür gefunden. Das fand ich, ehrlich gesagt, ziemlich befremdlich.

Dagegen teile ich nicht die Auffassung, das Parlament an sich sei zu groß oder zu gut ausgestattet. Meine Erfahrung ist, dass wir in meinem Bereich nach wie vor zu wenig Personal haben, um die Institutionen in unserer Zuständigkeit wirklich effektiv zu kontrollieren – die Europäische Zentralbank, die fünf Generaldirektionen der Kommission, die Europäische Investitionsbank und die Europäische Bankenaufsicht. Dazu habe ich die zeitlichen und materiellen Ressourcen nicht, denn Europa ist inzwischen groß und einflussreich geworden. Dagegen ist die Ausstattung sowohl einzelner Beamter als auch eines Teils unserer Mitarbeiter häufig zu üppig im Vergleich zu dem, was sie in entsprechenden nationalen Posten verdienen würden.

Daraus folgt für mich: Die Institution sollte gestärkt werden, aber einzelne Missstände beim Umgang mit Geld müssen beseitigt werden. Dazu gibt es, Gott sei Dank, auch eine kritische Öffentlichkeit, die zumindest zu einigen Veränderungen geführt hat. So gibt es immer mehr Abgeordnete, die öffentlich darlegen, wie sie die Sekretariatszulage von rund 4.300 Euro monatlich tatsächlich verwenden, darunter die ganze grüne Fraktion. Viele Abgeordnete fliegen inzwischen Economy statt Business. Bei den Reisekosten wurden alle übergroßzügigen Pauschalen abgeschafft, so dass nur tatsächlich ausgegebene Kosten erstattet werden. Zumindest innerhalb des Europaparlaments hat der öffentliche Druck zu Veränderungen geführt, so dass ich meine Selbstverpflichtung von 2009 zu diesen Themen vielleicht bald von der Webseite nehmen kann.

d) Die Debattenkultur

Grundsätzlich habe ich im Europaparlament eine positive Demokratie-Erfahrung gemacht. Als ich als Attac-Aktivist in Brüssel angekommen bin, hatte ich natürlich viele Vorurteile. Ich war extrem überrascht, wie offen die meisten Kolleginnen und Kollegen auf grüne Ideen reagiert haben. Und wie sehr es möglich war, in Verhandlungen zumindest erst einmal die Dinge von der Sache her zu diskutieren. Die Ausschussarbeit habe ich als ganz erstaunlich offen erlebt. Allerdings ist das sehr unterschiedlich von Ausschuss zu Ausschuss. Im Agrarausschuss herrscht vielmehr das Muster „Taliban gegen den Westen". Da sind wir Grünen mit unseren Vorstellungen ökologischer und naturnaher Landwirtschaft für die Vertreter der Groß-Agrarier natürlich ein Grauen. Da gibt es auch keine so gut funktionierende Kooperation zwischen den proeuropäischen Fraktionen, wie ich das im Ausschuss für Wirtschaft und Währung (ECON) erlebt habe. Natürlich ändert das – richtigerweise – nichts daran, dass nach Verhandlungsprozessen immer wieder wechselnde Mehrheiten entscheiden. Davon träumen meine Kolleginnen und Kollegen im Bundestag nur, wo viel stärker die Logik Regierungs- versus Oppositionsfraktionen herrscht. Wenn mein Bundestagskollege im Finanzausschuss Gerhard Schick etwas einbringt, wird das fast immer von der Regierungsmehrheit abgelehnt, ganz egal wie vernünftig es ist. Im Europäischen Parlament hat man mit dem gleichen Anliegen eine Chance, auch die Stimmen der CDU/CSU oder der Sozialdemokraten zu bekommen. Das ist wirklich eine sachorientierte Qualität, die ich so nicht erwartet habe. Darüber hinaus tagen unsere Ausschüsse öffentlich: Jeder kann in seiner Sprache sprechen, alle Bürger können im Internet – sowohl live als auch nachher – alles nachvollziehen.

IV. Die Beseitigung von Demokratiedefiziten

Nach diesen Ausführungen möchte ich ein paar Überlegungen zur Weiterentwicklung der Demokratie in Europa mit Ihnen teilen.

1. Renationalisierung versus Europäische Demokratie

Derzeit ringen zwei fundamentale Positionen miteinander: Renationalisierung und Europäische Demokratie. Die Renationalisierer sagen, die internationale, inklusive die europäische Ebene sei grundsätzlich weniger demokratisch als die nationale. Denn sie sei weiter weg von den Bürgerinnen und Bürgern. Deshalb sollten wir die Menge der Entscheidungen auf internationaler Ebene möglichst wieder reduzieren. Das Subsidiaritätsprinzip aus der katholischen Soziallehre wird also uminterpretiert: Aus dem „so dezentral wie sinnvoll möglich" wird ein „gegen das Internationale". Doch das ist ein Missbrauch des Subsidiaritätsprinzips, und zwar aus Gründen der Output-Legitimation, die von der katholischen Soziallehre, im Gegensatz zu den Renationalisierern, nicht ignoriert wurde. Wollen wir demokratische Kontrolle bewahren, brauchen wir bei entscheidenden Fragen internationale Entscheidungsfindung und Verrechtlichung von internationalen Beschlüssen. Aber wir dürfen diesen Raum nicht einer Technokratie überlassen. Dies ist nämlich derzeit häufig der Fall; die entscheidenden Fragen werden nicht transparent unter den Augen einer kritischen Öffentlichkeit getroffen. Und deshalb ist die spannende Frage: Wie gelingt es mit Blick auf eine immer kleiner werdende Welt, dass wir das, was wir international machen müssen und wollen, vollständig transparent und demokratisch durchführen? Das ändert nichts an der Richtigkeit des Subsidiaritätsprinzips. Es wird nicht alles besser, wenn es europäisch oder international wird. Was man dezentral erreichen kann, sollte man dezentral regeln. Aber die Regulierung des digitalen Kapitalismus wirft Probleme auf, die nur international zu lösen sind. Daher wäre es aus meiner Sicht völlig falsch, wegen der zurecht beklagten Demokratiedefizite das Kind mit dem Bade auszuschütten und sich von dem Prozess der internationalen Verrechtlichung und Demokratisierung zu verabschieden. Vielmehr besteht die Aufgabe darin, zur Vertiefung der Demokratie auf europäischer und internationaler Ebene beizutragen, genauso wie wir auf nationaler Ebene um Demokratie ringen.

Das ist für mich der Gegenentwurf zur Renationalisierung. Zu einem solchen Entwurf der Demokratisierung der internationalen und europäischen Politik können Viele beitragen. Nationale Regierungen und die sie kontrollierenden nationalen Parlamente, europäische und nationale Parteien, die Medien und die Zivilgesellschaft, die allesamt noch immer unter einem Globalisierungsrückstand leiden.

2. Einige meiner eigenen Projekte

All das hier weiter zu entwickeln, bräuchte einen weiteren Vortrag. Daher will ich mich darauf beschränken, ein paar kleine Projekte vorzustellen, die ich als einfacher Parlamentsabgeordneter vorangetrieben habe.

1. Worauf ich besonders stolz bin, ist die Stärkung der europäischen Zivilgesellschaft. Zusammen mit Freunden habe ich dazu beigetragen, dass die erste europäische Internet-Kampagnenorganisation entstanden ist. Sie kennen vielleicht Campact, die größte internetbasierte Kampagnenorganisation in Deutschland. Das gibt es nun auch auf europäischer Ebene: WeMove.EU. Inzwischen sind dort europaweit fast eine Million Menschen organisiert. In bisher sechs Sprachen werden da Petitionen auf den Weg gebracht und Aktionen koordiniert, mit denen sich Bürgerinnen und Bürger Gehör verschaffen zu aktuellen Fragen der europäischen Politik. So entsteht im Internet ein stückweit mehr an

europäischer Öffentlichkeit und Partizipation. Schon vor einigen Jahren habe ich zudem mit Kolleginnen und Kollegen die Gründung von financeWatch vorangetrieben. Angesichts des großen Übergewichts der Lobbyorganisationen der Finanzwirtschaft rund um die EU-Institutionen bilden hier 12 Finanzexperten eine Gegenlobby, die vom Europaparlament initiiert wurde, und ebenso europäische Öffentlichkeit für die Finanzmarkt-Politik der EU schafft.

2. Als ich zum Sprecher der Delegation der deutschen Abgeordneten von Bündnis 90/Die Grünen im Europaparlament wurde, haben wir angefangen, Abstimmungsdokumentationen als „sharepic“ im Internet zu veröffentlichen. Im Europaparlament sind zwar alle Entscheidungen transparent. Aber die Wählerinnen und Wähler wissen kaum, wie einzelne Abgeordnete und Parteien zu bestimmten Sachentscheidung abgestimmt haben, weil die Medien darüber kaum berichten. Somit ist die Kette demokratischer Legitimation zwar formell intakt, aber de facto dünn. Aus unserer Sicht zentrale Abstimmungen stellen wir nun auf Facebook und Twitter. Regelmäßig machen wir das bei namentlichen Abstimmungen, die wir für politisch relevant halten und einzelnen Abgeordneten tatsächlich Entscheidungsspielraum ermöglichen. Zum Beispiel bei der Frage, wer für die Zulassung einer neuen gentechnisch veränderten Sojabohne war. Die Abstimmungsdokumentationen sind auch deswegen aussagekräftig, weil es im Europaparlament keinen formellen Fraktionszwang gibt. Zwei deutsche Christdemokraten haben zum Beispiel jüngst gegen die Zulassung der Gen-Sojabohne gestimmt, während alle anderen dafür gestimmt haben. Sie können sich vorstellen, dass solche Veröffentlichungen bei meinen konservativen Kollegen zu großer Beliebtheit führen. In den sozialen Medien sind sie dagegen sehr beliebt.

3. Vor drei Jahren wurde ich zum Berichterstatter für einen Initiativbericht des Parlaments zu „Transparenz, Integrität und Rechenschaftspflicht der Europäischen Institutionen“ ernannt. Als die Kollegen der anderen Fraktionen im konstitutionellen Ausschuss diesen Bericht den Grünen überlassen haben, wussten sie nicht, was sie sich da ans Bein binden. Über zwei Jahre haben Christdemokraten und Liberale so ziemlich alle Tricks gezogen, um die Abstimmung des Berichts zu verhindern. Wir haben ihn trotzdem vor einem guten Monat mit einer breiten Mehrheit und vielen weitreichenden Forderungen und Vorschlägen durch das Parlament bekommen. Den ganzen Rechtsetzungsprozess habe ich transparent gemacht. Schon bei der Vorbereitung habe ich eine große Konsultation durchgeführt: Was wünschen sich Bürgerinnen und Bürger mehr an Transparenz, Rechenschaftspflicht und Integrität? Wir haben über 1.000 Vorschläge bekommen. Sie konnten dann im Internet gewichtet werden und sind in meinen Berichtsentwurf eingeflossen. Jetzt gibt es eine lange Forderungsliste des Parlamentsplenums. Daraus folgen die nächsten Schritte. Da ist das Parlament wegen des fehlenden Initiativrechts natürlich schwächer. Aber

ich habe es zum Beispiel gegen schweren Widerstand sowohl der Liberalen als auch der Christdemokraten geschafft, dass wir uns im Parlament verpflichtet haben, mehr Lobbytransparenz herzustellen – bisher allerdings nur unverbindlich, weil auch die Sozialdemokraten nicht weiter gehen wollten.

4. Darum haben wir Grünen einfach angefangen: Wir haben das Programm Lobbycal entwickelt, über das jeder Abgeordnete seine Lobbytermine aus Outlook mit wenigen Klicks veröffentlichen kann. Die meisten Grünen Europaabgeordneten haben sich dazu verpflichtet. Die veröffentlichte Liste ermöglicht nachzuvollziehen, mit wem man sich getroffen hat und damit auch, ob unterschiedliche Interessen abgebildet wurden. Selbstverständlich gehört Interessensvertretung zur Demokratie. Ich bin nicht gegen bezahltes Lobbying. Mich macht es aber stutzig, wenn manche Abgeordnete immer nur mit einer Seite sprechen oder dass bestimmte Sonderinteressen über ungleich mehr Geld zur Interessensvertretung verfügen als die häufig weniger konzentrierten Interessen des Gemeinwohls. Lobbytransparenz trägt zu mehr politischer Gleichheit bei, ohne die Freiheit aller Beteiligten relevant einzuschränken. Im Europaparlament, geschweige denn im Bundestag ist sie bisher leider unzureichend, während sie in Amerika oder Kanada selbstverständlich ist. Ich höre, die Linksfraktion im Bundestag will unsere Software jetzt übernehmen.
5. Im Internet kann man Demokratie heute dergestalt organisieren, dass potentielle Wählerinnen und Wähler mehr als nur pure Zuhörer sind. Das ist die Idee hinter meiner Veranstaltungsreihe „Europe Calling". Die organisiere ich regelmäßig im Netz und bringe so Leute aus den Europäischen Institutionen direkt ins Gespräch mit der organisierten Zivilgesellschaft und den Bürgerinnen und Bürgern. Diese können sich einfach über ihren Rechner oder Smartphone in eine Videokonferenz („Webinar") einwählen und dann z. B. eine europäische Kommissarin sehen und direkt mir ihr sprechen – mit Hilfe schriftlicher Verdolmetschung sogar in der eigenen Sprache. Ansonsten hilft „Globisch" als Verkehrssprache der Europäischen Union: Selbst mit schlechtem Englisch können sich sehr viele genügend verständigen, um eine solche Debatte zu führen und es werden ständig mehr. So können Europäerinnen und Europäer auch über Grenzen hinweg in einer europäischen Öffentlichkeit miteinander reden und über politische Fragen ringen. Wenn wir jetzt in Deutschland Jamaika sondieren, laden wir die Vertreter der grünen Parteifamilien in ganz Europa ein, mit uns darüber zu diskutieren. Da waren Grüne aus 12 verschiedenen europäischen Ländern, die kritische Fragen zu den Verhandlungen gestellt haben, weil die deutsche Regierung natürlich auch Auswirkungen in Griechenland, Irland oder Frankreich hat. So entsteht europäische Öffentlichkeit auch innerhalb einer Parteifamilie.
6. Zu guter Letzt zur europäischen Bürgerinitiative, dem Arbeitspferd der partizipativen Demokratie in Europa: Die letzte erfolgreiche Initiative verlangte

eine Rundumerneuerung des Zulassungsverfahrens für Pestizide, aufgezogen am Thema Glyphosat. 1,3 Millionen Menschen forderten die Kommission auf, das Zulassungsverfahren transparenter zu machen und grundsätzlich zu verändern – und letztlich konkret Glyphosat vom Markt zu nehmen. Sie haben vielleicht gesehen, dass diese Kampagne Wirkung zeigt: Es ist unklar, ob, und falls ja, für welchen Zeitraum die Zulassung kommt.

V. Fazit

Man muss sich nicht zwischen Pest und Cholera entscheiden: zwischen Globalisierung und Europäisierung auf der einen und Demokratie auf der anderen Seite. Sondern man kann auch darum ringen, die europäischen Institutionen transparenter, rechenschaftspflichtiger, kurzum demokratischer zu gestalten. Ich finde, es ist die Zukunftsaufgabe gerade der jüngeren Generation, Bürgernähe und Demokratie in Europa zu stärken, ohne damit zu behaupten, dies würde die nationale und regionale Demokratie ersetzen. Ob die Globalisierung das Ende oder die Stärkung der Demokratie mit sich bringt, ist für mich eine der zentralen Zukunftsfragen.

Verzeichnis der Autoren

Robin Alexander, Redakteur Die Welt

Prof. Dr. *Joachim Behnke*, Zeppelin Universität Friedrichshafen

Prof. Dr. *Frank Decker*, Universität Bonn

Sven Giegold, Mitglied des Europäischen Parlaments

Jens Gnisa, Direktor des Amtsgerichts Bielefeld, Vorsitzender des Deutschen Richterbundes

Prof. Dr. *Werner J. Patzelt*, Technische Universität Dresden

Prof. Dr. *Thomas Poguntke*, Universität Düsseldorf, Direktor des Instituts für Deutsches und Internationales Parteienrecht und Parteienforschung

Prof. Dr. Dr. h. c. *Bernd Rüthers*, Universität Konstanz

Prof. Dr. Dr. h.c. mult. *Hans-Werner Sinn*, Universität München, emeritierter Präsident am ifo-Institut

Prof. Dr. *Wolfgang Weiß*, Deutsche Universität für Verwaltungswissenschaften Speyer

Ursula Männle (Hrsg.)
unter Mitarbeit von Svea Burmester

Bedrohte Demokratie

Aktionisten, Autokraten, Aggressoren –
Welche Antworten haben die Demokraten?

Angesichts globaler Krisen, die sich immer deutlicher auf innenpolitische Fragen auswirken, ist die Demokratie mehr gefordert denn je. Ihre Legitimität und Effektivität stehen auf einem neuen Prüfstand und es erweist sich als zunehmend schwierig, die Bürgerinnen und Bürger mitzunehmen.

Wie es um den Zustand der Demokratie bestellt ist, wird in dem Sammelband »Bedrohte Demokratie« behandelt. Zwar ist eine Politisierung der Gesellschaft wahrzunehmen, doch äußert sich diese oft wenig konstruktiv. Unmutsbekundungen nehmen populistische Züge an und langfristiges Engagement in Parteien bleibt zusehends aus. Auch im internationalen Miteinander scheint das demokratische Ideal fern. Statt Kooperation bestimmen meist Machtinteressen das zwischenstaatliche Handeln und hemmen Reformen internationaler Organisationen sowie die Zivilgesellschaften in vielen Teilen der Welt. Doch die Autoren zeigen: Noch finden die Demokraten Antworten auf die Herausforderungen von Aktionisten, Autokraten und Aggressoren.

Abb., 91 Seiten, 2016
ISBN 978-3-428-15013-7, € 14,90
Titel auch als E-Book erhältlich.

www.duncker-humblot.de